Özvegyek, Árvák És Foglyok

Szabadság a kommunizmus szellemi öröksége alól

Egy rendhagyó könyv és lelkigondozói munkafüzet

Otto Bixler

© Ellel Ministries Hungary Kft.

A mű eredeti címe:
WIDOWS ORPHANS AND PRISONERS
Copyright © 2009 Otto C. Bixler Jr.
Minden jog fenntartva.

A kiadvány bármely részének bármilyen formában, bármilyen elektronikus vagy mechanikus eszközzel történő sokszorosítása vagy továbbadása, ideértve a fénymásoló, adatrögzítő berendezés vagy más jellegű adattároló és adatbeolvasó eszközök használatát is, kizárólag a kiadó írásos engedélyével történhet. Rövid idézetek illusztráció céljából felhasználhatók.

A bibliai idézeteket a Károli Gáspár fordítású bibliafordításból vettük át. Minden jog fenntartva.

Igazság és Szabadság Sorozat ISSN 2060-8322

ISBN 978-963-06-7193-4

A kiadó célja olyan könyvek publikálása, amelyek segítik terjeszteni és építeni Isten Királyságát. Nem feltétlenül értünk egyet a szerzők minden nézetével vagy Szentírás- értelmezésével. Azt várjuk, hogy az olvasók maguk alkossanak ítéletet Isten Igéje megértésének fényében, keresztényi szeretetben és közösségi gyakorlatnak megfelelően.

Fordította: Gulyás Csilla
Borítótervet készítette: Bicskei István, www.unicial.hu

Magyar kiadás - Hungarian Edition Copyright:
© Ellel Ministries Hungary kft. 2009

Kiadja:
Ellel Ministries Hungary kft
2162 Őrbottyán, Úr Rétje hrsz. 0120/2
Levélcím: 2112, Veresegyház, Pf. 17.
Telefon: 06 28 362 396; 06 30 6311 900
Email: info.hungary@ellelministries.org

www.ellelministries.org

Ajánlások a Magyar kiadáshoz

Hálás szívvel ajánlom Otto Bixler könyvét azoknak, akik átélték a szocializmus – kommunizmus leuraló, megnyomorító rendszerét és azoknak is, akik ezt csak kívülről szemlélték. A Krisztus Testében egy nagy hiány betöltése ez a könyv. Legfőbb erejét az adja, hogy az író szemét személyes tapasztalatai nyitották ki; milyen hatalmas pusztítást végzett a sátánnak ez a rendszere sok millió ember életében, és Isten adta a kulcsokat is a börtönajtók kinyitásához, a kiszabadult rabok helyreállításához. A könyv gyakorlati „útikalauz" a rabságból a szabadságba, jól alkalmazható a tanítványság bármelyik szintjén álló keresztyén számára.
Nagyon értékesek a „Függelék"- ben megfogalmazott Bibliai fogalmak, alapigazságok.

Otto személyes jó barátom, közel 20 éve ismerem. Szolgálata nagy hatást gyakorolt személyes életemre és gyülekezetünkre is. Abban az áldásban is részesültem, hogy évekig keze alatt dolgozhattam. Láttam a folyamatot, ahogy Isten az ő élet is formálja a próbák és áldások által. A könyvében leírt példák hitelesek, megtörténtek.
Kovács Dénes
Pünkösdi lelkipásztor

Ajánlás helyett, egy bizonyságtétel
Személyes bizonyságként mondhatom el, hogy a könyv olvasásával egy időben halt meg édesanyám és az ő holmija közül sok olyan anyag került elő, amely nyomán az én életemnek a könyvvel foglalkozó területei is felszínre kerültek. Édesapám ugyanis az ötvenes évek elején elszakadt a hittől és a kommunista párt tagja lett, így én már egy felemás igájú családba születtem és nőttem fel. Édesanyám imanaplója részletesen mutatta meg ennek az időnek egy családon belüli vívódásait, szellemi harcait, amit egybe vethet-

tem a saját ifjúkori tapasztalataimmal. Bár a könyvet arra kaptam, hogy véleményezéshez olvassam el, de Isten többet adott ez által, mert melegében én magam mentem végig a könyv vezérfonalán, hogy múltamnak ezeket a kötelékeit elvágjam és kitisztázzam. Számomra áldást jelentett és ezért minden érintettnek szívből ajánlom ezt a kézikönyvet!
Perjesi István
lelkipásztor

Köszönetnyilvánítások

Elsőként Istennek kell hálát adnom, aki helyesnek látta, hogy kijelentést adjon nekem az orosz típusú kommunizmus szellemi működéséről, hiszen ebből született ez a könyv. Másodszor szeretném kifejezni elismerésemet drága feleségemnek, Sharonnak, aki türelmesen tűrte, hogy ez a könyv sok órát elvett az egymással eltölthető időnkből. Harmadszor köszönetet mondok mindazoknak, akik oly kedvesen meghallgattak és bátorítottak az „Özvegyek, árvák és foglyok" megírására. Végül, de nem utolsó helyen szerepelnek a szívem listáján azok, akik mellém álltak e mű szerkesztésében és előkészítésében, főként annak a négyszázötven-millió embernek a felszabadítása érdekében, akiknek a szellemi örökségéhez hozzá tartozik a szovjet típusú kommunizmus vagy azért, mert ők éltek ebben a rendszerben, vagy azért, mert családjuk sínylődött alatta. Az angol kiadás legfőbb szerkesztői munkálkodásuk sorrendjében: Lynne Vick, Lee Grizzard és Roger Bullard.

Tartalomjegyzék

Köszönetnyilvánítások		6
Előszó		8
Bevezetés		12
I. rész	Özvegyek és árvák – A család helyreállítása	15
1. fejezet	Özvegyek és árvák	17
2. fejezet	A világot irányító szellemi törvények	31
3. fejezet	A megbocsátás témájának mélyebb vizsgálata	55
4. fejezet	A család bűnei	65
5. fejezet	Hová tűntek az atyák?	81
6. fejezet	Isten a családokból, mint téglákból építi fel a társadalmat	99
7. fejezet	Az ima szabadságra vezető útja	113
II. rész	Foglyok – A kommunizmus szellemi gyökerei	155
8. fejezet	Foglyok	157
9. fejezet	A kommunizmus szellemi gyökerei	171
10. fejezet	Szabadulás a kommunizmustól – A szolgálat folyamata	187
1. függelék	Üdvösség és Jézus Úr mivolta	213
2. függelék	Isten parancsai és a szellemi törvények	255
3. függelék	A szellemi kötelékek, amelyek megkötöznek minket	269
4. függelék	Bálványimádás	277
5. függelék	Időleges kontra örök	285
6. függelék	Szabadító szolgálat	293

Előszó

Kulturális háttér

A múlt században felnövekedett egy társadalmi-politikai mozgalom, amelyet kommunizmusnak, szocializmusnak, marxizmusnak vagy leninizmusnak neveztek. Ezt a rendszert viszonylag kevesek alakították ki: olyan politikusok, kényurak és filozófusok, mint például Lenin, Marx, Trockíj és Engels, mégis több százmillió embert tartott szorosan zsarnoki karmai között. A „szabad világban", a vasfüggönyön innen, vagyis a Szovjetunión, csatlós államain és a vele együttműködő országokon túl is megszámlálhatatlan milliókra hatott a rendszer, hiszen a különböző országok és politikai szövetségek nagyon vigyáztak, nehogy kárt okozzon nekik, vagy bekebelezze őket a szocializmus.

Amit mi most szovjet típusú kommunizmusnak nevezünk, azt a legtöbben fékevesztett politikai, illetve kormányzati rendszernek tekintették. Sok írás született a gyilkosságokról, az erőszakról, a terrorról és a jogtalanságokról, amiket a szocialista országok lakói elszenvedtek; valamint a hatalmon lévők kapzsiságáról és önzéséről, hiszen ők minden lehetőségből kiaknázták a maguk hasznát, de sosem éltek szürke, szovjet munkásként, sőt nem is szándékoztak így élni. Ma az egyszerű emberek közül, akik dolgozók – és a kommunizmus áldozatai – voltak, sokan csak arra emlékeznek, hogy több és jobb jutott nekik az anyagi javakból, sőt talán az élelemből is. Már „elfelejtették", hogy órákig kellett sorban állni ezekért a javakért, azt pedig sosem tudták, hogy az áru sokkal gyengébb minőségű volt, mint az, amit más országok lakói könnyen, sorban állás nélkül megvásárolhattak. Sokan visszasírják a múltat, a „haza régi dicsőségét", amikor nekik „több" jutott.

A legtöbben sosem kapnak majd választ a kérdésre, hogy pontosan mi is történt és miért. El lehet ezen töprengeni számtalan kupica pálinka fölött, de az emberi értelem sosem találja meg a válaszokat. A mai anekdotázások a szelektív emlékezetet tükrözik, az emberek pedig sokszor italozással és erkölcstelen szexuális tevékenységgel próbálják enyhíteni a múlt és jelen fájdalmát. Miközben igyekeznek túlélni a helyzetet, sokan azon töprengnek, vajon hogyan áll majd újra talpra az állam, hogy gondoskodjon róluk. Az a baj, hogy földi, filozófiai, politikai, vagy gazdasági eszközökben keresik a túlélés útját, a biztonságukat és a helyreállásukat, pedig a probléma és a megoldás is szellemi jellegű.

Az 1917-es forradalom állítólag Szentpéterváron kezdődött az Auróra Cirkáló híres, a Téli Palotára célzott ágyúlövésével. Noha a csőben csak vaktöltény volt, egy szellemi „golyó" még mindig ott van a „szovjet" polgárok szívében. A golyó okozta sebek legjobb gyógymódja az, ha a sebész óvatosan benyúl a testbe a golyó útvonalán és eltávolítja az ólmot. A bent hagyott golyó további fertőzésekhez vezethet, amelyek tartós fogyatékosságot vagy halált eredményezhetnek. Szellemileg ugyanezt kell tennünk a szovjet kommunizmus sebesültjeivel is. Nem egészségügyi ellátásra van szükség, hanem Jézus szolgálatára. Mégis vannak hasonlóságok a két eljárás között: a helyreálláshoz szükség van szellemi vérátömlesztésre (az üdvösség[1] elnyerésére), a szellemi fertőzés megszüntetésére és szellemi gyógyulásra is.

Feltárás, gyógyulás és felszabadulás
Ez a könyv vezérfonal a feltárás, a gyógyulás és a felszabadulás kalandjához. Itt ne keresd a szovjet kommunizmus politikai és filozófiai értékelését, mert arról nem ejtünk szót. Ehelyett gondosan megvizsgáljuk a szellemi okokat, amelyek a Szovjetunió bukásához és a

---

1 *Ha még nem vagy hívő keresztény, kérlek, lapozz az 1. Függelékhez! Talán meglepődve döbbensz majd rá, milyen egyszerűen átadhatod az életedet Krisztusnak. Természetesen, miután kereszténnyé lettél, további segítséget kaphatsz ebből a könyvből.*

zsarnoki rendszere szorításában sínylődők mérhetetlen fájdalmához és veszteségeihez vezettek. Megvizsgáljuk a szellemi „lőtt sebeket" az emberekben: a halál minden ösvényét, hogy felfedezzük, mi rejlik a mélyben és kimutassuk, hogyan távolíthatjuk el a zavaró tényezőket.

Jézus szeretete és áldozati vére gyógyíthatja meg az ilyen halálos sebeket. Ez a könyv azért született, hogy segítsen a keresztényeknek megszabadulni az 1917-től a '90-es évek végéig, a volt szovjet kommunizmus hatásainak maradványaitól. Tehát a mű csak keresztényeknek[2] szól, hogy segítse őket a szellemi szabadság elnyerésében, és így ők is segíthessenek további hívőknek ugyanebben. Az itt felkínált segítséget csak keresztények vehetik igénybe Jézus nevében. Ez egy keresztény könyv, amely mintegy 450 millió ember és utódaik kulturális átélésére alkalmazott szellemi igazságokat tartalmaz.

A Biblia szempontjából megvilágítunk néhány, a szovjet kommunizmus alapját képező szellemi elvet, hogy leleplezzük annak a szellemi struktúrának a szerkezetét és működését, amely még ma is erőteljesen megkötözi a korábbi Szovjetunió hatása alatt élő, több millió gyanútlan polgárát és utódaikat. A könyv abból indul ki, hogy **a kommunizmus egy hamis vallás tulajdonságaival és erejével rendelkezik.** Most megismerheted azokat a szellemi törvényeket, amelyek miatt ma is fogva tarthat az, ha a családod régen a kommunizmus befolyása alatt állt, de még ennél is fontosabb az, hogy megmutatjuk, hogyan szabadulhatsz meg te és családod Isten szellemi törvényeinek a segítségével.

Az *Özvegyek, árvák és foglyok* egy **kézikönyv.** Nem csak tájékoztatni akar, hanem oktat. Amint olvasod és elvégzed az egyes fejezetekben

---

2 *Ha még nem vagy hívő keresztény, kérlek, lapozz az 1. Függelékhez! Talán meglepődve döbbensz majd rá, milyen egyszerűen átadhatod az életedet Krisztusnak. Természetesen, miután kereszténnyé lettél, további segítséget kaphatsz ebből a könyvből.*

leírt feladatokat, egymás után érnek majd a felismerések, és végül saját ismereteid lesznek Istenről, önmagadról és a családodról. Végül a VII. és X. fejezetekbe foglalt, irányított imaszolgálaton keresztül eljutsz majd a szabadság új szintjére, amiről talán sosem álmodtál.

Azok számára, akik még nem mozognak magabiztosan a gyógyító és szabadító szolgálatban, beillesztettünk hat tanító célú függeléket, amelyek segítenek, hogy a tapasztalatlanabbak is megértsék az irányított imaszolgálatot tartalmazó fejezetek mögött rejlő alapelveket. Ez a könyv NEM politikai állásfoglalás. Nem szándékozik politikai állításokat, ítéletet, értékelést vagy összehasonlítást adni kormányzati rendszerekről, nemzetekről vagy népcsoportokról.

Bevezetés

Lelkünk ellenségének, a Sátánnak tervei az egész földön működnek a nemzetekben, a kultúrákban és a nyelvi csoportokban, hogy rabszolgává tegyék az embereket. Főbb stratégiái közül kettő, amelyek a kommunista korszak alatt léptek működésbe, még ma is hatnak a volt Szovjet blokk népeire:

1. A családok szétesése
2. A szellemi kötelékek.

Azok a korábbi totalitárius kormányzati struktúrák, amelyek ezekben a nemzetekben működtek módszeresen alakítottak ki olyan programokat és törvényeket, amelyek elfordították a gyermekek szívét a szüleiktől, a szülők szívét pedig a gyermekeiktől és így rombolták a család egységét, amit Isten a társadalom alaptéglájának teremtett. Az ezekkel összefüggő programok és törvények e nemzetek majdnem minden polgárát szellemi kötelékbe taszították megtévesztések által, amikor a hazafiság álruhájában az államot tették az imádás tárgyává.

Ezekben a nemzetekben élve és szolgálva nyilvánvalóvá vált számomra, hogy a rabság e két területe, amelyek a volt szocialista blokk minden országában fellelhetők, nem csak működnek még ma is, hanem jelentős erősséget alkotnak az egyének és a gyülekezetek életében. Ezek az erősségek a legtöbb embert képtelenné teszik arra, hogy egyre bensőségesebb kapcsolatba kerüljön a Szent Szellemmel. Amíg ezeket a gátakat el nem távolítjuk, azok korlátozzák Jézus uralmát a helyi gyülekezetekben, az egyes hívők pedig nem tudnak túllépni a meg nem bánt és meg nem vallott bálványimádás, meg nem bocsátás és ítélkezés alkotta kötelékeiken. A személyes szentséget és igaz életet sok minden akadályozza, de ez a két terület a legtöbbször rejtve marad, mint a tanítványság útját eltorlaszoló láthatatlan, golyóálló üvegfal.

Ha azt akarjuk, hogy ezekben a nemzetekben az egyház szentségben, tisztán és erővel keljen fel, az egyéni hívők pedig betöltsék földi rendeltetésüket – Krisztus elhívását az életükben – a családnak helyre kell állnia és az állam egykori vallásos tiszteletét ki kell takarítani az érintettek szellemi örökségéből.

Ez a könyv az igazság és szeretet életmentő öve azoknak, akiket közvetlenül, vagy az elődeiken keresztül elért és megkötözött a kommunizmus számos cselvetése. Csak akkor vagyunk megmenthetőek, ha tudjuk, hogy bajban vagyunk. Ezután alkalmaznunk kell Isten megmentési tervét: Krisztus vérét kell behívnunk megkötözött helyzetünkbe. Isten Beszédének, különösen parancsolatainak és törvényeinek a tanulmányozásával fogjuk kiértékelni jelenlegi szellemi állapotunkat, önmagunk és családunk múltbeli és jelenlegi tevékenységeinek a fényében. Ezután megvizsgáljuk a szellemi megkötözöttségből kivezető utat, amit Jézus felkínál. Ez a megtérés, a bűnvallás és Jézus drága vére által elnyerhető bűnbocsánat útja. Miután megértettük az itt leírtakat és meggyőződtünk azok igazságáról, végigjárhatjuk ezt az utat: alkalmazhatjuk Isten megmentési tervét önmagunkra az imaszolgálat egyszerű mintáinak a segítségével, amelyek megtalálhatók e könyv I. és II. részének végén.

Az első fejezetben meghallod több ezer ember közös szívdobbanását, akik hozzánk jöttek, hogy segítséget kapjanak Istentől. Ők Alma Atában, Ulan Batorban, Kijevben, Jereván ban, Moszkvában, Budapesten, Bukarestben, Minszkben, Habarovszkban, Pozsonyban, Belgrádban, Odesszában, Varsóban, Wroclawban, Szentpéterváron, a Krím-félszigeten, Szerbiában, Kolozsváron, Rosztovban, korábbi titkos, védelmi bázisokra épült városokban, mint Szvetlovodszk, valamint számos faluban és kisvárosban élnek, nem is beszélve az egykori kommunista ideológia által uralt területen szétszórt vidéki településekről. Ők összesen a világ földterületének közel egynegyedét teszik ki. Segítségért, megértésért, gyógyulásért és helyreállításért kiáltó hangjuk azon százmilliók sóvárgását visszhangozza, akikkel sosem találkoztunk. Lelkigondozottaink történeteiben az ismeretlenek halk sikolyait hallottuk és láttuk a kétségbeesést és tehetetlenséget, ami már jóval idő előtt ráncokat ró az arcra, őssé teszi a hajat, valamint meggörnyeszti a vállakat és a hátakat.

Csatlakozz hozzánk, amint elkezdjük kibontani a kommunizmus tragédiájának titkát! Tudd meg, hogyan váltotta meg Isten tízezrek életét a volt Szovjet blokk területén és hogyan adott nekik esélyt arra, hogy életükkel maradandóan értékeset alkossanak. Olvass tovább, hogy felfedezd, hogyan tudja Isten megtenni ugyanezt veled is!

I. RÉSZ
**Özvegyek és árvák
A család helyreállítása**

Özvegyek és árvák
1. FEJEZET

"Apátlan árvák lettünk; anyáink, mint az özvegyek."
Jeremiás Siralmai 5:3

Tragédiák és összetört álmok[3]

Figyelj a szellemeddel! A szél hozza kiáltásukat. Ezt hirdeti az emberek hangja:

„Romokban hever az Utópiáról szőtt álom és a személyes jólét, amit Utópia az építőinek és lakóinak hozhatott volna. Már az ítéletre várnak a hazug rémálom létrehozói, valamint azok legtöbbje, akik lefektették a rendszer vasbeton alapjait és sokan azok közül is, akik megpróbálták felépíteni a falait. Vér fröccsent földünkre, mindannyian rablás és tragédiák áldozatai lettünk, amelyek vagy lopva támadtak meg minket, vagy olyan erőszakosan és hirtelen, mint egy kisiklott expressz. Mi pedig ittmaradtunk a múltbeli pusztulás romjaival. Ha vesszük a bátorságot, hogy rendesen kinyissuk a szemünket és a különböző országokban megszemléljük a lepusztult gyárakat, az ugar földeket, a tönkrement utakat, valamint családjaink és életünk látszólag reménytelen állapotát, teljesen elcsüggedünk."

---

3 *Amint olvasod ezt a könyvet tudd, hogy neked szól és a nemzetednek; az egykori Szovjetunió és szovjet uralom alatt élőknek és utódaiknak.*

Helyreállás és remény

Ez a könyv azonban nem a bánatról és a kétségbeesésről szól, hanem a helyreállásról és a reményről. Az ÚR irgalmas és könyörületes az özvegyekhez, az árvákhoz és a foglyokhoz. Be akarja gyógyítani a sebeket, helyre akarja igazítani a múltban elromlott dolgokat. Van remény, van gyógyulás. Amit az Úr kínál, az nem melegség nélküli tűz vagy remény nélküli ígéret. Ő minden nélkülözőnek ad és felemeli a terhet a fáradtakról és megterheltekről, ha Hozzá kiáltanak. Az alábbi Igevers elmondja, mi akar Isten lenni a számodra:

„Árváknak atyja, özvegyeknek bírája (aki igazságot szolgáltat nekik) az Isten az ő szentséges hajlékában. Isten otthont készít a magányosaknak, kihozza boldogságra a foglyokat; csak a lázadók laknak sivatag helyen."

(Zsoltárok 68:6-7)

Miért vagyunk özvegyek és árvák?

A nemzetek kiáltanak a tagjaikért:
„A legtöbben összetört családban élünk. Ha ismerjük is apánkat, gyakran fájdalommal gondolunk rá. Sokunk emlékeiben egy alkoholista él, aki verte édesanyánkat, és talán minket is. Csekély fizetését nem adta haza, hanem italra és a nőire költötte. Elhagyott minket vagy ő, vagy anyánk, de az is lehet, hogy az egyik szülőnk kirúgta a másikat, mielőtt elértük volna a 10-12 éves kort, vagy talán mindössze 2-4 éves korunkban. A szívünkben élettelenné vált a férj illetve az apa fogalma. Gyakorlatilag árvák voltunk, anyáink pedig özvegyek."
Az emberek ezt kiáltják:

„Mi ölte meg a családjainkat? Mi irtotta ki apáinkból a képességet arra, hogy apák és férjek legyenek? Gonosz, nemtörődöm emberek voltak csupán, akik csak a maguk érdekeire figyeltek? A látszat kétségtelenül ezt mutatja.
Valahogyan szeretnénk elfelejteni azt, ami velünk történt, de nem

tudjuk hogyan. Mintha megvertek, kiraboltak és az út szélére löktek volna minket és senki nem állna meg segíteni. Úgy tűnik, nekünk kell megmentenünk önmagunkat, gondoskodnunk magunkról, valahogyan feltápászkodni és tovább sántikálni az élet útján, amíg a halál vagy az alkoholos felejtés megkönnyebbülést nem hoz. Keresztényként hallottunk az 'Atya' szeretetéről, mégis ez még nekünk is homályos fogalom és ritkán éljük át. Mi tart minket özvegységben és árvaságban? Ha Isten az, akinek mondja magát, miért nem vigasztal meg? Hogyan valósulnak meg ígéretei arról, hogy gondoskodik rólunk és helyreállítja családjainkat? Amikor megfigyeljük az egyházat nemzeteinkben, több nőt látunk, mint férfit és e nők közül sokak férje hitetlen, alkoholista, munkanélküli, haragos, identitászavarban szenved és gyakran távol marad a családi élettől. Meg kell kérdeznünk magunktól, hogy miért van ez így. Isten Szava nem igaz, vagy valami távol tartja tőlünk az áldásait?"

Szerintem az utóbbi a helyzet. Valami visszatartja Isten áldásait a tönkretett területektől és emberektől. Szeretném elmondani neked, mit tapasztaltunk a saját életünkben, és amikor Isten több száz gyermekével kerültünk személyes kapcsolatba a volt szocialista blokk országaiban és a velük társult országokban. Miközben nagyon sok emberrel találkoztunk és imádkoztunk, olyasmit éltünk át, hogy muszáj írnunk róla és hisszük, hogy Isten szeretete és ereje elérkezik hozzád és megszabadít a gyermekeiddel, a családoddal és a barátaiddal együtt.

Nem a vallás vagy az egyház tesz minket szabaddá, hanem az, ha ismerjük magunkat, a körülményeinket, valamint Istent és szellemi törvényeit, amelyek irányítják az életünket. Személyesen ismernünk kell az Urat, nem elég tudnunk a vallásról. Bensőségesen kell ismernünk Őt és tudnunk kell, hogyan nyerhetjük el tetszését azáltal, hogy az egész világot kormányzó szellemi törvényei értelmében járunk el. Isten az igazság Istene és a parancsolatait, előírásait folyamatosan áthágó emberek és nemzetek előbb-utóbb elvesztik a kegyét, a jólétüket és a békét. Az egyének és nemzetek fizikai, szellemi és érzelmi állapota az egyik mutatója annak, hogy azok hosszú távon mennyire voltak istenfélők. Azok számára, akik elfordultak Tőle, Isten folyamatosan nyitva tartja az utat, hogy az emberek visszatérhessenek Hozzá egyénileg, családonként és nemzeti méretekben.

Akkor miért vannak még mindig olyan sokan ennyire rossz állapotban? Problémáink két területen azonosíthatók: mindenek előtt nem tudjuk, hogy állapotunk a helytelen szellemi magatartásra vezethető vissza; másodszor nem ismerjük az utat, ami visszavezet Isten áldásaihoz, amelyektől eltávolodtunk egyénileg, illetve testületileg. Ez különösen igaz azokra vonatkozóan, akik az egykori szocialista országokban születtek és szándékosan elfordultak Istentől az ateizmus felé. Hóseás próféta, akinek a neve héberül azt jelenti „Megváltás", hét évszázaddal Krisztus születése előtt ugyanerről a problémáról beszélt Izrael népe között, akik szintén alaposan letértek Isten útjáról és ezért komoly szenvedések érték őket.

„Elvész az én népem, mivelhogy tudomány nélkül való. Mivelhogy te megvetetted a tudományt, én is megvetlek téged, hogy papom ne légy. És mivelhogy elfeledkeztél Istened törvényéről, elfeledkezem én is a te fiaidról".

(Hóseás 4:6)

Közülünk azok fülében, akik egy Istentől elfordult népcsoport tagjai illetve leszármazottai vagyunk, ez a vers reménytelennek hangzik. Nem szabad azonban szem elől tévesztenünk, hogy mit jelent ennek a prófétának a neve héberül, mert noha súlyos üzenettel kellett szembesítenie a nemzetet, Hóseás élete a *megváltásról* volt hivatott üzenni a szenvedő népnek. Annak ellenére, hogy szenvedésük oka Isten ismeretének és útjainak az elutasítása volt, a megváltás várt rájuk. Ez elmondható azokról is, akik elutasították Istent és az Ő útjait a volt szocialista országok ateista kormányainak befolyása alatt.

Hóseás prófétai könyvében, a 2:14-15-ben Isten azt mondja, hogy kedvesen fog szólni Izraelhez még gyötrelmei pusztájában is, ahova saját bűnös magatartása miatt került. Isten kijelentette, hogy újra meg akarja áldani a népét, és utat készít a fájdalmon át („Akor", azaz fájdalom ajtaja), ami visszavezet Istenhez és áldásaihoz.

„Azért ímé csalogatom őt, és elviszem őt a pusztába, és szívére beszélek. És onnan adom meg néki az ő szőlőjét és az Akor völgyét a reménység ajtaja gyanánt, és úgy énekel ott, mint ifjúságának idején és mint Egyiptomból lett feljövetelének napján."

(Hóseás 2:14-15)

A fájdalom érzését azért kapta az ember, hogy jelezzen, ha baj van. A fájdalom hatására igyekszünk megtalálni, és orvosolni a bajt. Izrael is érezte a fájdalmat, de nem tudta az okát. Ezért volt szüksége Hóseás prófétára, aki megmutatta neki a problémát. Isten üzenete örökérvényű, nem csak a történelmi Izraelnek szól, hanem minden nemzetnek és népnek. Ez azt jelenti, hogy Ő mindnyájunkhoz szól, a volt szocialista tömb gyermekeihez is. Isten nem akarja, hogy tudatlanul szenvedjünk, hanem prófétai szavával felkínálja a helyreállás reményét is.

Ebben a könyvben megvilágítunk bizonyos, a közelmúlt kommunista kultúrájában gyökerező problémákat, szellemi magyarázatot adunk azok okaikra, azután felvázoljuk az alapszintű imaszolgálat irányelveit, aminek segítségével megszabadulhatunk és meggyógyulhatunk ezekből a nyomorúságokból. Ez a szabadság és gyógyulás csakis Jézus nevében és neve által érhető el. Ezért olvasol most egy keresztény könyvet, amely megmutatja, hogyan alkalmazhatjuk hitünket, miután a bajaink Biblia szerinti okait és gyógymódjait megértettük. Ne csüggedj el, ha még nem ismered Jézust! Nézd meg az 1. függeléket a könyvünk vége felé – Jézust megismerni nem olyan nehéz, mint talán gondolod.

A volt szocialista blokkban és azokkal társult országokban élő sok ezer ember kapta már meg Isten irgalmát és gyógyítását nagyobb összejöveteleken és bibliaiskolákban, amikor alkalmazta a következőkben kifejtett alapelveket. Nagy öröm számunkra, hogy nyomtatott formában a számodra is elérhetővé tehetjük ezt az irgalmat, gyógyulást és helyreállást.

HOGYAN HAT EZ AZ ÉLETEDRE?

A szabadság elnyerése

A gyógyuláshoz és helyreálláshoz vezető út apró lépésekből áll. A következő fejezetekben megvizsgálunk néhány szellemi törvényt és alapelvet, ami védelmet nyújt Isten népének. Amikor áthágjuk a védőkorlátokat, Isten áldásain is kívül kerülünk. A szabadsághoz és áldáshoz vezető út során újra be kell lépnünk a korlátok közé. Az a baj, hogy a legtöbben nem is tudunk a korlátokról és ezért észre sem vettük, amikor átléptük őket. Olyan ez, mint amikor egy taposóaknára lépünk és nem halljuk a robbanást. Csak a sérültekkel teli kórházban ébredünk fel. Több nemzetben többnyire ilyen sebesültek élnek, akik ugyanabban a betegségben szenvednek. Kulturális szempontból olyan sokan vagyunk ilyen állapotban, hogy szinte a sebzett életünk tűnik normálisnak, de a szellemünk tudatja velünk, hogy ez nincs rendjén. Úgy tűnik, csapások értek minket, de fogalmunk sincs, miért.

Néhányan arra vágyunk, bárcsak visszatérhetne a régi kommunista rendszer, mert nosztalgiával gondolunk azokra a napokra, amikor néhány dolog jobb volt. Mások egyéb nemzeteket hibáztatnak a bajaikért, mert még a múltbeli propaganda visszhangzik bennük és el is hiszik azt, hiszen látják, hogy más országokban sok minden sokkal jobb, mint náluk. Hibáztathatjuk a jelenlegi kormányt, a szervezett bűnözést, a nyugati imperializmust és még sok más tényezőt, de az igazság az, hogy mi és nemzeteink áthágtunk bizonyos szellemi határokat, s így átléptünk az áldásból az átokba. Amint a Hóseás 4:6 végén olvastuk, az Úr akkor sem tekinthet ránk jóindulattal, ha nem mi, hanem az elődeink lépték át az Isten által lefektetett korlátokat.

Milyen határvonalak választják hát el az áldás területét az átok és baj világától? Hogyan működnek ezek a gátak és hol találunk rájuk magyarázatot? Továbbá ha léteznek, hogyan léphetek át az áldás területére? Ezek mind jó kérdések és e könyv fejezeteiben kibontakozik rájuk a válasz. Először a 2. fejezetben, melynek címe *A világot irányító szellemi törvények*, felfedezünk négy megdöbbentő bibliai alapelvet, amelyek garantáltan sikeresebbé, békésebbé és boldogabbá tesznek minket, ha alkalmazzuk őket az életünkben.

Először azonban emlékeztessük magunkat; Istennek és az Ő útjainak megismerése jelenti a kiutat a bajból és az ellenséges körülményekből. Áldást nyerünk, amikor közösségbe lépünk Vele és az Általa megszabott utakon járunk[4]. Szeretnénk átadni neked ugyanazt az áldásra vonatkozó ígéretet és stratégiai tervet, amit Hóseás adott Izraelnek a nyomorúság közepette:

„Jertek, térjünk vissza az Úrhoz, mert ő szaggatott meg és ő gyógyít meg minket; megsebesített, de bekötöz minket! Megelevenít minket két nap múlva, a harmadik napon feltámaszt minket, hogy éljünk az ő színe előtt. Ismerjük hát el, törekedjünk megismerni az Urat. Az ő kijövetele bizonyos, mint a hajnal, és eljő hozzánk, mint az eső, mint a késői eső, a mely megáztatja a földet."

(Hóseás 6:1-3)

Indulj el a szabadság felé
A szabadság elnyerése folyamat. Jóllehet Istentől kap szabadságot az életünk, együtt kell működnünk Vele. A szabadság elnyeréséhez töb-

---

4 *Ha még nem vagy hívő keresztény, kérlek, lapozz az 1. Függelékhez! Talán meglepve döbbensz majd rá, milyen egyszerűen átadhatod az életedet Krisztusnak. Természetesen, miután kereszténnyé lettél, további segítséget kaphatsz ebből a könyvből.*

bek között tudás kell. Ennek egy részét megkaphatjuk ebből a könyvből. Utána cselekednünk kell. E nélkül nem számíthatunk arra, hogy megváltást kapunk a múltunkból vagy meggyógyulunk belőle. Ez önsegítő könyv, tehát megadja a szükséges információt, és útmutatást ad a lépésekhez, amelyeket az olvasónak meg kell tennie.

Két tevékenységre utaló kifejezés található Hóseás fenti szavaiban: *„Jertek, térjünk vissza az Úrhoz"* és *„törekedjünk megismerni az Urat"*. Isten meggyógyít, de nekünk is tennünk kell valamit. Ez a közelmúltbeli történet egy keresztényről, akinek a házát elérte az árvíz ábrázolja a cselekvés fontosságát.

Amint emelkedett a vízszint, valaki arra jött egy csónakkal és felajánlotta, hogy megmenti emberünket. Ő ezekkel a szavakkal utasította vissza: „Isten majd megment". A víz egyre magasabban állt, ezért barátunk a ház második emeletén húzta meg magát. Arra jött egy újabb csónak, de emberünk ismét így hárította el a segítséget: „Isten majd megment". A víz egyre duzzadt, ezért barátunknak a ház tetejére kellett másznia. Arra jött egy helikopter, hogy megmentse. Ő így utasította vissza a lehetőséget: „Isten majd megment". Végül elborították a hullámok és megfulladt. Amikor a mennybe ért, az Urat számon kérve kérdezte: „Miért nem mentettél meg?" Isten azt felelte: „Két csónakot és egy helikoptert küldtem érted".

A történet nyilvánvaló üzenete az, hogy sokan tétlenül várják Istentől a gyógyulást és a helyzet javulását. Az Írás más képet fest minderről. Isten ad lehetőségeket, de elvárja, hogy törekedjünk Felé.

A legtöbben nem tudjuk, hogyan kell addig eltökélten előre haladni, amíg elérjük Istent. Olyanok vagyunk, mint az ember az árvízben: várunk valami természetfölötti csodára, pedig Isten azt akarja, hogy szálljunk be Hozzá a csónakba. Az árvizes történet embere a tétlenségbe halt bele, nem abba, hogy Isten nem mentette meg. Ugyanígy nem elég a szabadulásodhoz az, ha csupán elolvasod ezt a könyvet.

Mit kell tudnod erről a könyvről?

- Két részből áll. Az első címe: „*Özvegyek és árvák* – A család helyreállítása", a másodiké: „*A foglyok megszabadítása*". Az első rész a jólétünket és az Istennel ápolt kapcsolatunkat vezérlő alapvető szellemi elveket vizsgálja. Amikor ezeket az igazságokat a családunkra és az emberi kapcsolatainkra alkalmazzuk, sok problémánk gyökerére fény derül, majd pedig beléphetünk Isten megígért áldásaiba is.
- A könyv második részében azt elemezzük, hogy mennyiben volt bálványimádó jellegű és hogyan hozott átkot az életünkbe a társadalom beprogramozottsága adott, korábbi politikai rendszerekben. Néhány a könyv első felében megtanult alapelv alkalmazásával elmagyarázzuk, hogyan állít helyre minket Isten ezekből a bűnös gyakorlatokból.
- A könyv végén található Függelékek részletesen tájékoztatnak a megváltásról, Jézus uralmáról az életünkben, a kereszténység fő tanításáról és azokról a szolgálati eljárásokról, amelyek segítik átlépésünket a csapásokból az áldásokba – amint ezt a folyamatot kifejti a könyv.

Imanapló
Fontos megjegyzések azoknak, akik Isten segítségét keresik

- Mindegyik fejezet végén foglalkozz az összefoglalással és a személyes kérdésekkel, hiszen ezek emlékeztetnek a fejezet fő üzenetére és felkészítenek arra, hogy átkerülj a balsorsból Isten áldásaiba!
- Ezt a könyvet úgy állítottuk össze, hogy egyedül is boldogulj a segítségével. Tájékoztat és elvezeti az élő Istennel való együttmunkálkodás olyan sorozatához, ami az élet fontos területeit érinti. Tehát részt kell venned a folyamatban. Nem elég, ha csak olvasol! Fontos, hogy naplót (egy jegyzetfüzetet)

vezess arról, ami az egyes fejezetekre adott válaszként megfogalmazódik benned. E feljegyzéseidre alapozva a 7. fejezetben irányított imaszolgálatot találsz, amelynek segítségével megoldódhatnak életednek az első hat fejezetben felszínre tört problémái.

Ahhoz, hogy a legtöbbet nyerd ebből a könyvből, alaposan át kell gondolnod, hogyan hatnak az életedre azok a dolgok, amelyeket megtudtál e fejezetekből, azután pedig a megfelelő lépések megtételével oda kell vinned Istenhez ezeket a kérdéseket, és az egész életedet. A fejezetek végén található összefoglalások és kérdéscsokrok célja az, hogy segítsenek beszállni Isten mellé a csónakba. Reagálhatsz például egy imanaplón keresztül (lásd az *Imanapló*ról szóló részt alább!). A 7. fejezetben elolvashatod, hogyan kaphatsz imaszolgálatot az első hat fejezetben felfedezett személyes problémákkal kapcsolatban.

Imanapló

Mindegyik tanító fejezet végén megtalálod a **Fő gondolatokat**, ez a fejezet üzenetének az összefoglalása. Miután ez az áttekintés felfrissítette emlékezetünket, elindulhatunk Isten gyógyító, megmentő jelenléte felé a **Személyes kérdések** segítségével, melyek a fejezet végén a keretes részben találhatók. Ha még sosem vezettél imanaplót, íme néhány javaslat, amelyek már sokaknak segítettek a kezdő lépésekben:

- Válassz egy kis jegyzetfüzetet, mondjuk A5-ös méretűt, amilyenbe például egy iskolás jegyzetelne vagy írna fogalmazásokat.
- Ezt a füzetet ne használd másra!
- Minden bejegyzést láss el dátummal!
- Tartsd a füzetet biztos helyen, ahol nem találhatják meg mások, akiket megkísértene a beleolvasás lehetősége!

- Az első oldal tetejére írd fel: „Főbb személyes kérdések az első fejezetből".
- Írd be naplódba a fejezet első kérdését!
- Szánj egy percet arra, hogy megkérd az Urat: segítsen igaz, tényszerű választ adnod a kérdésre!
- Írd az egyes kérdésekre adott válaszaidat közvetlenül a lemásolt kérdés alá!
- Arra is szánj időt, hogy megkérdezed az Urat: hozzá kell-e tenned valamit. Járj el a vezetése szerint!
- Írj annyit, amennyit szükséges, mielőtt rátérsz a következő kérdésre! Írj elég szépen ahhoz, hogy el tudd olvasni később, amikor majd eljutsz a szolgálatról szóló VII. fejezethez! Az imanaplóban lévő válaszaid segítenek majd, hogy elkezdhesd elvenni a gyógyulást Istentől.
- Ne siess ezzel! Nem kell egyszerre válaszolnod minden kérdésre, de kérlek, légy hűséges és válaszolj minden kérdésre, illetve írj bármi másról, amit az Úr megelevenít számodra a könyvből.
- Természetesen, minden fejezet végén és minden kérdéssel tedd meg ugyanezt!

Az 1. fejezet fő gondolatai

- A volt Szovjetunió országaiban és a volt szocialista országokban általában véve nem stabil a társadalom és a családok sem. Nem csak a te családodban vannak gondok. Isten terve és célja a számodra nem az, hogy ilyen problémák között élj, nem is mindenki él így a nagyvilágon. Ennek az állapotnak az egyik fő oka a szovjet kommunizmus idején elterjedt Istenellenes gyakorlatokban keresendő.
- Isten jogszerűen jár el, ezért amikor egyének és nemzetek folyamatosan áthágják a parancsait és a törvényeit, kezdik elveszíteni Isten jótetszését, és ezzel együtt jólétüket és békessé-

güket is. Tehát életünk számos körülménye helytelen szellemi viselkedésünk eredménye.

- Amikor szellemi szempontból megértjük a kommunizmushoz kötődő társadalmi és egyéni gyakorlatokat, elkezdjük meglátni problémáink néhány fő okát is. Az alapszintű imaszolgálat, ami ehhez a szellemi megértéshez társul, a nyomorúságainkból való szabaduláshoz és gyógyuláshoz vezet. Ez a szabadság és gyógyulás csakis Jézus neve által szerezhető meg.

Személyes kulcskérdések az 1. fejezet alapján
Kérlek, válaszolj az alábbiakra az imanaplódban!*

1. Ismerem az Úr Jézus Krisztust, mint Megváltómat és Uramat? Elmondtam már valaha a megtérés imáját? Mikor és hogyan nyertem üdvösséget? Úrrá tettem már Jézust az egész életem fölött? (Az 1. függelékben többet megtudhatsz az üdvösségről és Jézus Úr voltáról.)
2. Összetört családban nőttem fel? Hogyan és miért ment tönkre a családom? Szerintem ki felelős ezért? Hogyan hatott rám ez az egész?
3. Tönkrement a saját házasságom/családom? Ha igen, mi okozta ezt és kit tartok felelősnek ezért?
4. Hajlandó vagyok bízni abban, hogy Jézus Krisztus helyreállítja az életemet? Mi akadályoz abban, hogy teljes szívemből Hozzá forduljak?

*Lásd az imanaplóról szóló útmutatást a 9. és a 10. oldalon!

A világot irányító szellemi törvények

2. FEJEZET

Háztetők, kályhák és taposóaknák

Az életet, a halált és a boldogságot meghatározó rejtett dolgok

Már kiskorunkban megtanultuk, hogy ne érjünk a kályhához, mert megéghetünk, és ne lépjünk le a háztetőről, mert halálra zúzhatjuk magunkat. Az életben maradásunkhoz kell e természeti törvények ismerete, amelyek segítenek megőrizni életünket és épségünket. Ezeknél mégis sokkal fontosabbak a szellemi törvények, vagy törvényszerűségek, amelyekről nagyon kevesen tudunk, pedig hatnak a mindennapi életünkre és meghatározzák, hogy miután a testünk meghal, a mennybe vagy a pokolba kerülünk. A szellemi törvények vezérlik az életet, a halált és azt, hogy milyen mértékben élvezzük az áldásokat vagy szenvedjük el az átkokat földi életünkben. Ebben a fejezetben néhány ilyen alapvető szellemi igazságot fedezünk majd fel. Ha ezeket ismerjük, sok problémát elkerülhetünk az életben, több békességet élhetünk át, nagyobb bővölködést tapasztalhatunk, sőt még a múlt néhány problémájától is megmenekülhetünk.

Remélem, az Olvasót annyira felvillanyozza, amit itt megtud, hogy többet akar majd ebből, és ő maga ássa ki ezeket a Bibliából, ahol ott rejtőznek a kincsek és csak azokra várnak, akik Isten bölcsességét és tudását keresik. E nélkül az ismeret nélkül hajlamosak vagyunk ismételten elkövetni ugyanazokat a hibákat, s így fölöslegesen szenvedni a tudatlanságunk miatt.

Szenvedni – tudatlanságból

Amint az 1. fejezetben láttuk, az Úr azt mondta Hóseás prófétán keresztül: „*Elvész (avagy elpusztul) az én népem, mivelhogy tudomány nélkül való*". Pál apostol az efézusi gyülekezetnek írt levelében azt mondta, hogy sokaknak „*az ... elméjükre sötétség borult, és elidegenedtek az Istennek tetsző élettől, mert megmaradtak tévelygésükben* (az angol szerint: tudatlanságukban. *A fordító.*)" (Efézus 4:18)

A legtöbben ebben az állapotban vesztegelünk. Látjuk a problémáinkat, de az okokat nem ismerjük. Tudatlanságunkban és tudatlanságunk miatt szenvedünk. Igazából sokunkat meglep az a felvetés, hogy problémáinknak szellemi okai lehetnek. Térjünk vissza ehhez az első fejezetben felvetett témához és ássunk kicsit mélyebbre. Vajon felismerjük-e bajaink gyökerét? Ha nem teszünk szert ismeretekre és megértésre, akkor továbbra is rejtett szellemi taposóaknákra lépünk majd, és az eredmény is ugyanaz lesz: életünk különböző területi tönkremennek.

Vizsgáljuk meg a kérdést egy másik oldalról! Most, amint ezt írom, úgy érzem, Mennyei Atyánk azt mondja: vannak az életünkben olyan dolgok, amelyek úgy működnek, mint a háztető széle, amelyektől szellemileg távol kell maradnunk, valamint olyan dolgok, amelyek szellemi értelemben olyan forróak, mint a tűzhely teteje – nem foghatjuk meg! El kell engedünk őket! Az a gond, hogy nem tudjuk, mik ezek a dolgok. Nem látjuk az ok-okozati összefüggést. Ez ugyanis csak úgy lehetséges, ha tanítást kapunk Mennyei Atyánktól. A következő oldalakon elmélyedünk a témában.

Szellemi törvények – a szabadság és boldogság kulcsai

Hogyan működnek?

Sok szellemi irányelv, ami az áldás felé vezet és az átkoktól eltávolít minket, szellemi törvény formájában olvasható a Bibliában. Ezek nem Isten szülői szabályai, amelyekkel korlátozni akarja a szórakozásunkat és az örömünket, noha sokunknak ezt mondták. Ezek inkább tárgyilagos alapelvek, mint a gravitáció, melyekből megtudhatjuk, mi történik, ha szellemi értelemben lelépünk egy sziklafalról vagy egy háztetőről. Működhetnek úgy is, mint a taposóaknák, amelyek felrobbantanak miket, vagy elveszik az életünket, sőt akár szeretteink életét is, ha tudatlanul rájuk lépünk. Ezek az egész világot kormányzó, alapvető, mennyei, szellemi törvények. Hasonlítanak a kémia és a fizika törvényszerűségeihez, amelyeket az egyetemen tanulhatunk meg. Ezek azonban nem a természet világának anyagi dolgaira vonatkoznak, hanem az életünkre, a boldogságunkra és a testi halálunkat követő végső sorsunkra hatnak. A Bibliában olvashatjuk őket, ami Isten használati utasítása az élethez.

Noha sok szellemi törvény létezik, ebben a könyvben csak néhányat vizsgálunk meg, a kulcsfontosságúakat, amelyek szellemi kötelékben tartanak minket, mint özvegyeket, árvákat és foglyokat. Amikor nem engedelmeskedünk Isten parancsainak, ezek a törvények lépnek működésbe. Ezeknek a kulcsfontosságú törvényeknek hatalmuk van arra, hogy – cselekedeteinktől függően – elszigeteltségben, reménytelenségben és átok alatt tartsanak, vagy felszabadítsanak minket. A működési elv itt a *„cselekedeteinktől függően"*. Ezek a szellemi törvények állandó, változatlan alapelvek, amelyek már a világ létrejötte előtt fennálltak. Azok az oszlopok ezek, amelyek Isten teremtett univerzumában fenntartják az életet. Ha szeretnénk, hogy életünk jobbra forduljon, be kell látnunk, hogy a szellemi törvények nem változnak, tehát a mi tetteinknek és gondolkodásunknak kell változniuk. Ha a szüleinktől kapott társadalmi és családi neveltetés szerint élünk – ami nyomot hagyott bennünk – és a kultúránk Istenellenségének megfelelően viselkedünk, amelyhez alkalmazkodtunk, ezeket a törvényeket pedig figyelmen kívül hagyjuk, gyakorlatilag biztos, hogy életünk és gyermekeink élete ugyanolyan lesz, amilyen életet tömegesen látunk magunk körül a nemzeteinkben!

A nagy négyes

Ezt a négy törvényt évszázadokkal ezelőtt írták le a Bibliában. Ma is megragadhatjuk őket és megváltoztathatjuk velük az életünket. Kipróbált törvények ezek, igazságuk bizonyított. Amint mi is alkalmaztuk őket életünk elmúlt huszonöt évében, Isten megszabadított és sikeressé tett, valamint sok ezer más ember kötelékeinek leoldására is használt minket. Megvizsgáljuk ezeket az elsődleges törvényeket, aztán megnézzük, hogyan fordíthatjuk őket a hasznunkra. Meghívlak hogy csatlakozz azokhoz a szabad és áldott emberekhez, akik már kiléptek a tudatlanságból, a kötelékből és a fájdalomból!

A megbocsátás törvénye

Az első törvényt Máté jegyezte fel az evangéliumában a 6. rész 14-15. verseiben: „*...Mert ha az embereknek megbocsátjátok vétkeiket, nektek is megbocsát mennyei Atyátok. Ha pedig nem bocsátotok meg az embereknek, Atyátok sem bocsátja meg a ti vétkeiteket*".
Ezt a törvényt erősíti és teszi még érthetőbbé az a példabeszéd, amit Jézus a Máté 18. végén mondott el arról az emberről, aki nem akart megbocsátani valakinek. Miután befejezte a történetet, Jézus elmagyarázta, hogy amikor szándékosan nem bocsátunk meg valakinek, Isten védelme eltávozik tőlünk és démoni kínzók kezébe kerülünk, akik kedvük szerint bánhatnak velünk, amíg meg nem gondoljuk magunkat és meg nem bocsátunk.

Amikor valaki megbánt minket, vagy kárt okoz nekünk, több dolog történik bennünk. Először is érezzük, hogy megsérültünk. Ezt követik a reakcióink: a veszteség, fájdalom, sértődés, zavar, stb. Harmadszor, igazságszolgáltatásra vágyunk, amelynek során szenved az, aki megbántott minket, talán erőteljesebben, mint mi szenvedtünk. Attól kerülünk bajba, ha ragaszkodunk a második és harmadik ponthoz. A szívünkben felelősnek tekinthetjük az illetőt a tettéért. Talán haragszunk, és vissza akarunk vágni. Ez a bosszúvágy. Isten azonban azt kívánja, hogy engedjük el a neheztelést azokkal szemben, akik megsértettek minket. Isten dolga, hogy sérelmedet a mennyei bíróság elé vigye, hogy ott mérlegeljék a helyzetet és végrehajtsák a szükséges büntetést.

„Azért ezt mondja az Úr: Ímé, én megítélem a te ügyedet, és bosszút állok éretted..."

(Jeremiás 51:36)

Amikor ragaszkodunk az emlékhez, a fájdalomhoz, a vádhoz és a bosszúvágyhoz, vétkezünk. Nem nekünk kell megoldanunk az ügyet, hanem át kell adnunk Jézusnak. A fájdalom miatt eltorzult látásunk és személyes igazságérzetünk nem tükrözi Jézus igazság és jogosságközvetítői képességét.

Feltehetted a kérdést: „Mi a helyzet a fájdalammal, a sérülésemmel, a zavarommal, stb.?" Mindezt át kell adnunk Jézusnak azonnal a sérelem megtörténte után, hogy megvigasztalhasson minket. A megbocsátás folyamatához tartozik az, hogy kiürítjük szívünkből a fájdalmat és a sérelmeket, mert így helyet készítünk Isten vigasztalásának és gyógyításának. Ez segít abban is, hogy abbahagyjuk mások hibáztatását, a vádaskodást és a hibakeresést. Ha a fájdalom és az érzelmeink már nem működnek üzemanyagként, bosszúvágyunk tüze kialszik, és könnyebben bízunk Isten igazságszolgáltatásában. A megbocsátás nem azt jelenti, hogy bíznunk kell az emberekben olyan dolgokkal kapcsolatban, amelyeket tekintve gyenge a személyiségük, vagyis amelyekben még nem változtak meg. A megbocsátással átadjuk bosszúvágyunkat Jézusnak. Ez nem jelenti azt, hogy aki megbántott minket megváltozik amiatt, ami Isten és közöttünk történik. Óriási különbség van aközött, hogy valaki bocsánatot nyer, vagy megbízható.

A *megbocsátás törvényén* belül tudjuk meg azt, hogy jutalmunk és büntetésünk is a mennyei világból jön, a földi tetteink és gondolataink függvényében. Sokan annyira földhözragadtak vagyunk az anyagelvűség, a tudomány, a történelem, az orvostudomány, a pszichológia, sőt még a hagyományos vallásosság kötelékei között is, hogy eszünkbe sem jutott eddig az a lehetőség, hogy a földi szenvedés a földi viselkedésünk szellemi következményeinek a megnyilvánulása lehet. Sok gyülekezetben csak az evangélizálásra koncentráltunk a megtérés szükségessége miatt, ami megnyitja a menny és az örök élet kapuját a földi halálunk után. Akik azonban megtértek és csatlakoztak a gyülekezetünkhöz, szellemi eredetű problémákkal és szükségekkel küzdenek. Sok nehézségüket mások ellenük elkövetett bűnei okozták. Nagyon gyakran kulcsfontosságú a sebeik és az elárultság érzésük fölött terpeszkedő meg nem bocsátás. A keresztények egyik fő gondja a meg nem bocsátás azokkal szemben, akik megbántották őket.

Nézzünk meg egy példát a közelmúltból, ami egy gyülekezetben történt és jól mutatja, hogyan működhet a *megbocsátás törvénye* az életünkben[5]:

Nemrég egy ifjú misszionáriusnő odajött hozzánk egy istentisztelet végén és imát kért. Az egyik petefészkén volt egy nagy daganat, ami sok kellemetlenséget okozott. Az orvosai azt mondták, azonnal meg kell műteni, mert az állapota életveszélyessé kezd válni.

Amint imádkozni kezdtünk érte ott a gyülekezetben Isten arra vezetett, hogy tegyek fel az asszonynak néhány kérdést, amelyek következtében kezdtek róla leoldódni az erőtlenség kötelei, amelyek a betegségben tartották. A szolgálat menete valami ilyesmi volt: „Beszélj

---

5 A *megbocsátás mélyebb vizsgálata című 3. fejezet tovább fejtegeti ezt a témát.*

az önbecsülésedről! Kedveled önmagadat?" Mély fájdalom kezdett a felszínre törni, amint ezeket a problémáit az Úr elé vitte, hogy Ő segítsen neki elbánni velük. Az életveszélyes daganat volt a látható tünet, de ehhez a rossz önértékelés és önmaga nem kedvelése kapcsolódott. Ahogy a testvérnő tovább kereste problémái gyökerét, rájött, hogy korai éveiben az egyik közeli családtagja szexuálisan bántalmazta, és emiatt az eset miatt értéktelennek érezte magát és ez öngyűlölethez vezetett.

Végül a bántalmazója iránti meg nem bocsátással kellett szembesülnie. Ebben az esetben, amikor átadta a bántalmazóját Jézusnak, hogy Ő ítélje meg, vagy bocsásson meg neki, ugyanakkor kiöntötte az Úr elé a haragját és a fájdalmait is, elmondta, mit érez. Az eredmény azonnal megmutatkozott. A hölgy megszabadult az öngyűlölettől, ami a Sátán vádjából fakadt, mi szerint ő a felelős azért, hogy bántalmazták – ez az öngyűlölet tette lehetővé a daganat kifejlődését.

Amikor megszűnt az öngyűlölet, az ellenségnek már nem volt joga fenntartani a tumort. Amikor néhány nap múlva a hölgy visszament az orvoshoz, hogy áttekintsék a műtét lehetőségeit, újra ellenőrizték a daganatot, amelynek olyan drámaian csökkent a mérete, hogy már nem volt szükség műtétre.

A meg nem bocsátásból táplálkozó öngyűlölet és harag nem csak érzelmileg gyötörte ezt a hölgyet, hanem testileg is, mert életveszélyes betegséghez vezetett. Ezt az ifjú nőt a fájdalom Jézushoz űzte, mint problémája megoldásához. A *megbocsátás törvénye* is ezt a megoldást hangsúlyozza. Mivel a hölgy megváltoztatta a szívét, meg tudott szabadulni azáltal, hogy megbocsátott támadójának és önmagának is megbocsátotta a meg nem bocsátás bűnét.

A meg nem bocsátás sokszor vezethet ítélethez, amint vizsgálni kezdjük a minket megbántó vagy megkárosító ember személyiségét és jellemét. Fejtegessük ezt tovább a következő részben!

Az ítélkezés törvénye

Az igazságosság és a jogosság az alapja Isten kormányzásának, amivel a teremtett világot irányítja (Zsoltárok 89:14). Az ítélet az, hogy mindent az elfogadhatóságról és igazságról alkotott minőségi etalonnal vetünk össze. Amikor Isten ítéletet alkot, minden tény a rendelkezésére áll, azt is tudja, mi volt/van a szívünkben (Példabeszédek 2:2). A szívünk hozzáállását és szándékait összeveti az igazságosság súlyaival, illetve alapelveivel és az eredménynek megfelelően foglalkozik velünk.

A Dániel 5-ben Isten azt írja a palota falára, hogy a királyt a mérlegre tette és könnyűnek találta. Isten mindig igazságosan mérlegel, mindent figyelembe vesz. Jézus mindenek igaz Bírája (Cselekedetek 17:31). A mi ítélkezésünkkel négy fő probléma van: nem ismerünk minden tényt, elfogultak vagyunk, nem értjük maradéktalanul Isten mércéjét, és azzal, hogy egyáltalán ítélkezni merünk, Jézus bírói székébe ülünk, tehát bűnt követünk el. Az ítélkezés törvénye a büntetésünkről szól.

Az ítélkezés törvénye működésében hasonlít a megbocsátás fentebb vizsgált törvényére annyiban, hogy ha megszegjük Isten parancsát, természetfölötti baj ér minket. (Lásd a 2. Függeléket, amely mélyrehatóbban foglalkozik az Isten parancsaival és a szellemi törvényekkel.) Az *ítélkezés törvényéből* megtudjuk, milyen jogos büntetés ér minket, ha nem engedelmeskedünk Jézus Máténál feljegyzett parancsának:

„*Ne ítéljetek, hogy ne ítéltessetek!*"

(Máté 7:1)

Pál apostol is megírja ezt a parancsot a rómaiaknak mindenkire vonatkozóan, aki másokat megítél:

"...amikor más felett ítélkezel, magadat ítéled el..."

(Róma 2:1)

Pál a továbbiakban elmagyarázza, hogy noha igazabbnak érezhetjük magunkat azoknál, akiket megítélünk, valójában az életünk egyes területein mi is elkövetjük ugyanazokat a hibákat. Az a baj, hogy amikor másokat kárhoztatunk, igazából önmagunkra is kimondjuk ugyanazt az ítéletet anélkül, hogy észrevennénk. Pál azt mondja, hogy Isten ítélete jogosan száll azokra (ránk is), akik így viselkednek. Jézus még jobban megvilágítja a kérdést, amikor elmagyarázza, mi történik velünk, amikor másokat megítélünk:

"Mert amilyen ítélettel ítéltek, olyannal ítéltettek; és amilyen mértékkel mértek, nektek is olyannal mérnek."

(Máté 7:2)

Imádkozó lelkigondozóként rendszeresen látjuk ennek eredményét az emberek életében, mintha egy önmagukra mondott átok valósulna meg. Ebből csak úgy menekülhetünk, ha megtagadjuk ítéletünket és bocsánatot kérünk Istentől a szavainkért és a hibalistáért, amit a fejünkben őrizgettünk azokról az emberekről, akiket megítéltünk. Csak Jézus neve és drága vére által szabadulhatunk meg, amely nem csak a menny kapuját nyitja meg előttünk, hanem a földi fogságból is kienged.

Nézzük meg, hogyan működik ez egy ember életében. Ezt a történetet sosem fogom elfelejteni, mert rólam szól. A bűneinkkel kapcsolatban azért látjuk meg nehezen az ok-okozati összefüggést, mert sokszor az engedetlenségünk a távoli múltban történt, talán a gyerekkorunkban s ezért már régen elfelejtettük. Ebben az esetben is így volt.

Viszonylag friss házasok voltunk, amikor észrevettem egy kellemetlen változást a feleségem viselkedésében. Mindig egyre később készült el, amikor együtt mentünk valahova.

Emlékeztem rá, hogy mielőtt összeházasodtunk mindig, mindenhol olyan pontosan jelent meg, mint egy svájci óra. Most azonban úgy tűnt, képtelen pontos lenni, bárhová is mentünk együtt. Nem voltunk még régi hívők, csak néhány éves tapasztalattal rendelkeztünk az Isten szerinti kommunikáció és életmód területén, ezért küszködtem, hogyan mondjam meg neki, hogy ez nem tetszik. Csak néhány szelíd emlékeztetést tudtam kicsikarni magamból arról, hogy mikor kellene ott lennünk. A problémáját azonban ő is észlelte és elkezdte vállalni a felelősséget a jelenségért. Egyre nagyobb késései ellensúlyozására tudtomon kívül mindig korábban kezdett el készülődni, amikor együtt kellett mennünk valahova.

Bizonyos idő elteltével már negyedórával korábban kezdett készülni, hogy javítson a helyzeten, de így sem lett kész időben. Ezután már félórával előbb kezdett készülni, de továbbra is elcsúszott. Ahogy teltek a hónapok úgy tűnt, semmiképp nem tud időben elindulni velem.

Az idő múlásával egyre rosszabbul tűrtem a késéseit. Ez komoly problémát okozott nekem és a kapcsolatunknak. Végül, egy napon nem bírtam tovább a lassú öltözködését, ahogy válogatott a ruhái között, hogy mit vegyen föl. Egyértelmű volt, hogy „megint megtörténik". Dühösen kifakadtam: „Sosem tudsz időben elkészülni"? Pont olyan vagy, mint az a...nyá...m!" Az utolsó szó úgy surrant ki a fogaim között, mert szívesen visszatartottam volna. Nagyon megdöbbentett, amit mondtam és azonnal rájöttem, hogy múltbeli ítélkezésem tört a felszínre.

Egy pillanat alatt elvörösödtem, mert mindkettőnk előtt leleplező-dött a bűnöm. Mindketten jól tudtuk, mi az ítélkezés és azonnal ráismertünk azon a délutánon a hálószobánkban. Egymásra meredtünk és Sharon az újbóli késés miatt bűntudatos és szégyenkező arckifejezése olyanná változott, mint egy ügyvédé a tárgyalóteremben, aki keresztkérdéseket tesz fel a tanúnak. Csípőre tett kézzel, tekintetét rám szegezve közeledett és enyhén fensőbbséges mosolyra húzódott az ajka, amint felszólított: „Mesélj csak édesanyádról!" Azonnal tudtam, hogy olyan vagyok, mint egy halálraítélt, akit perbe fogtak, aki bűnösnek bizonyult és akit elítéltek... néhány perc alatt. A korábbi bűnös felmentést kapott és vádlója lett a vádlott. A legtöbb kamaszban kialakul egy olyan társadalmi tudat, amely általában túlérzékeny a kínos dolgokra. Ez akkor nyilvánul meg, amikor felismerünk valódi, vagy vélt különbségeket önmagunk és családtagjaink, vagy a családon kívüli más emberek között. Ebben az életkorban felétlenül ugyanolyanok akarunk lenni, mint mások.

Én is észrevettem, hogy családunk gyakran késik a társasági eseményekről és zavarban voltam emiatt. Amint kutattam a jelenség okát, arra a meggyőződésre jutottam, hogy anyám a hibás, mert túl lassan készül el. Ahogy a család továbbra is késett, kezdtem megítélni édesanyámat. Még mindig emlékszem arra a napra, amikor végül ki is mondtam ezt és kimasíroztam a házból, mert szerintem túl lassan jutottunk el az indulásig. Bevágtam magam mögött az ajtót és ezt ordítottam: „Nem tudom, mi lesz veletek, de én megyek és időben ott is leszek!" Szavaimból csöpögött az ítélkezés, a vádlás és az önigazság, amint kivonultam.

Az én bűnöm miatt késett a feleségem. Később így emlékezett erre: „Valahányszor együtt mentünk valahova, mintha ragasztóban jártam volna. Egyszerűen nem tudtam gyorsabban mozogni, és valahogyan mindig minden késleltetett." Ha áthágjuk Isten ítélkezésre vonatkozó tiltását, működésbe lép az ítélkezés törvénye, amelynek a hatálya alá tartozó büntetés gyakran megdöbbentően tükrözi a megítélt bűnt. Az adott bűn nem zár ki minket a mennyből, de a földön elszenvedjük a következményeket. (Lásd az 5. Függeléket az időleges és örökkévaló közötti különbségről.) Ebben az esetben az édesanyám megítéléséért járó büntetést évekkel később kaptam meg a feleségemen keresztül. Amint a következő törvényben látni fogjuk, Isten nem csúfoltatik meg; Tetteink gyümölcsét le kell aratnunk. Az a gond, hogy sokszor csak évekkel a bűnünk elkövetése után szenvedjük el a büntetést, ezért nem ismerjük fel köztük az összefüggést. Amint azon a délutánon megvallottam ítélkezési bűnömet és megtértem belőle, Isten felmentette a feleségemet is az alól, hogy büntetésem jogos eszköze legyen. Már nem beteges késő. Most már én maradok le gyakrabban.

Ítélkezési bűneink büntetését nem mindig a házastársunkon keresztül kapjuk meg, de gyakran a szüleink iránti ítélet húzódik a háttérben. Amikor egy férj a feleségére panaszkodik nekünk, általában megkérdezzük tőle, milyen volt az anyja. Megdöbbentő, hány elhízott feleségnek túlsúlyos az anyósa, és hány alkoholista férjnek alkoholista az apósa is! Isten törvényei mindig működnek, de Isten dönti el, mikor és hogyan.

Talán te is látsz visszatérő jelenségeket az életedben, a házasságodban vagy a családodban. A 7. fejezetben találsz néhány mintaimát, amelyek segítnek megmenekülni az ítélkezés törvényének következményeitől az egyetlen lehetséges gyógyszer révén; csak Jézus vére moshatja el ítélkezésed bűnét. Amikor elfogadod Jézust a Megváltódnak, jogot nyersz arra, hogy Isten gyermekeként lépj be az örökkévalóságba, de ha megtérsz a bűneidből és megvallod őket, már itt a földön felkenheted Jézus vérét életed ajtófélfáira – a problémáidra – ahogyan a zsidók tették az első húsvétkor, és akkor hozzád sem léphet be a halál.

A vetés és aratás törvénye

„Ne tévelyegjetek: Istent nem lehet megcsúfolni. Hiszen amit vet az ember, azt fogja aratni is."

(Galata 6:7 Lásd még: Hóseás 10:12-13; 2 Mózes 34:6-7)

A világot irányító szellemi törvények 43

Ha gyomokat vetünk, hogyan számíthatnánk arra, hogy kukoricát vagy dinnyét arathatunk? Mégis sokan meglepődünk, amikor bajok érnek minket és elfelejtjük – vagy nem is vettük észre – hogy ezek korábbi bűneink gyümölcsei. Ez esetben is gyakran olyan hoszszú idő telik el bűnünk és Isten ítélete között, hogy nem látjuk meg az összefüggést és tovább szenvedünk, mert nem tudjuk, hogy van megoldás.

A vetés és aratás törvénye hasonlít az ítélkezés törvényéhez annyiban, hogy a minket érő időleges büntetés, vagy hátrány jellege lényegileg hasonlít a bűnünkéhez. A különbség e között és az előző törvény között az, hogy ez nem konkrétan mások megítélésére vonatkozik, hanem olyan jogi alapelv, amelynek segítségével jobban megérthetjük, hogy bűneink következményei gyakran kimondottan hasonlítanak az azokat előidéző bűnre. Az elvetett bűn-magunk egyszerűen a saját (az eredeti engedetlenség) tulajdonságaival rendelkező termést hoz. Először nézzük meg ennek a törvénynek működését egy a Bírák könyvéből vett példával. Ebben a történetben a zsidó törzsek folytatják Kánaán elfoglalását Józsué halála után.

„Júda felvonult, az ÚR pedig kezükbe adta a kánaániakat és a perizzieket, és megverték őket Bezeknél - tízezer embert. Ott találták Bezekben Adóníbezeket is, harcoltak ellene és megverték a kánaániakat meg a perizzieket. Adóníbezek (a király) futásnak eredt, de ők üldözőbe vették, elfogták és levágták a keze hüvelykujjait meg a lába nagyujjait. Akkor ezt mondta Adóníbezek: Hetven király szedegetett morzsákat asztalom alatt, akiknek a kezéről én vágattam le a hüvelykujakat és lábáról a nagyujjakat; ahogyan én cselekedtem, úgy fizetett meg nekem az Isten.

(Bírák 1:4-7)

Ebben az esetben a király emlékezett a bűnére és azonnal megértette, mi történt vele. Sokan azonban úgy szenvedjük el bűneink tüneteit vagy következményeit, hogy nem ismertük fel problémáink gyökerét. Ha megértjük ennek a szellemi törvénynek a működését, gyakran visszakövetkeztethetünk a szenvedésünkből az okra. Ha már tudjuk az okot, megvallhatjuk azt a bűnt, megtérhetünk és bocsánatot kaphatunk Jézus nevében. Ezzel elkezdhetünk megmenekülni az adott bűnért járó, Isten törvényében leírt további következményektől.

Néhány évvel ezelőtt egy fiatalember jött hozzánk, nevezzük Péternek (nem így hívták), mert szabadulni szeretett volna krónikus fejfájásaitól. Egyszerűen imádkoztunk a gyógyulásáért, de semmi sem történt. Ahogy kérdezgetni kezdtük megtudtuk, hogy gyakran meg is sérül a feje akár otthon is, de sehogy nem találtuk a jelenség kezdetét.

Amikor megkérdeztük az okot a Szent Szellemtől, a fiatalembernek hirtelen az eszébe jutott egy családi történet. Több nemzedékkel korábban egy súlyosan eltorzult testű csecsemő született a családba vidéken, ahol akkor laktak. Nem tudván mit tegyenek vele, az apja kivitte a csűrbe és egy fadarabbal fejbe vágva megölte. Elkövette a gyilkosság bűnét.

Ekkor Pétert a családja által elkövetett gyilkosság miatti bűnbánat imájában vezettük. Megkértük, bocsássa meg rokonainak, hogy kinyitották ezt a szellemi ajtót, amin az ő életébe bejött a büntetés. Ezután újból imádkoztunk érte: szabadságot hirdettünk Jézus neve és vére által. Péter azonnal meggyógyult. Amikor hónapokkal később újra találkoztunk, elmondta, hogy nem volt több fejfájása és nem is sérült meg a feje. Megszabadult a vetés és aratás törvényének a következményeitől.

Ezzel a történettel képbe hoztunk egy újabb fogalmat, a generációs bűnt és annak a jelenre gyakorolt hatásait. A *4. - A család bűnei* című fejezetben alaposabban elmagyarázzuk a generációs bűnt. A volt szocialista országokban sok embert láttunk megszabadulni, miután megtértek saját bűneikből és elődeik bűneiből.

Fontos tudnunk, hogy minden bűnünkért felelősek vagyunk.

"Mert mindnyájunknak leplezetlenül kell odaállnunk a Krisztus ítélőszéke elé, hogy mindenki megkapja, amit megérdemel, aszerint, amit e testben cselekedett: akár jót, akár gonoszat."
(2 Korinthus 5:10)
Jézus kereszten elvégzett művének az egyik része az volt, hogy lehetővé tette számunkra az örök életet. A másik az, hogy lehetővé tette gyógyulásunkat és szabadulásunkat a bűn következményeitől már ebben az életben. Az évek során sok olyan emberrel imádkoztunk, akik jelenük problémáitól szabadultak meg, amikor megtértek múltbeli bűneikből.

Érdekes módon nem csak azok a bűnök okozhatják jelenbeli szenvedésünket, amelyeket megtérésünk előtt követtünk el, hanem azok is, amelyekbe a hívő életünk során estünk bele. A bűnért ugyanazt a büntetést kapjuk, akár megtérésünk előtt, akár utána követjük el. Sokan meglepődnek ezen, mégis tény, hogy noha a megtérés biztosítja a mennybe jutásunkat, nem akadályozza meg, hogy a földön elszenvedjük korábbi bűneink következményeit. Továbbá, ha ezeket a bűnöket nem bánjuk és valljuk meg a földi életünkben, majd a menny kapujában kell számot adnunk róluk és valamit fizetnünk kell miattuk, mielőtt belépünk a mennybe (lásd a 2 Korinthus 5:10- et fent és az 1 Timóteus 4:8-at).

Mindhárom törvény, amelyeket ebben a fejezetben szemügyre vettünk arról beszél, hogy sorsunk és a jó dolgok, amelyeket a földön élvezhetünk összefüggnek azzal, ahogyan Istennel és embertársainkkal kapcsolatban gondolkodunk és cselekszünk. Összességükben ezek a szellemi törvények megmutatják, mennyire fontos megbocsátanunk, azaz hogy ne tartsuk meg emlékezetünkben mások hibáit. Azt is megtudjuk belőlük, hogy az életünkben vagy jó dolgokat vagy nehézségeket élünk át attól függően, hogy mennyire teljesítünk jól a szívünkben és a cselekedeteinkben. Nagyon egyszerű: gondolataink, szavaink és tetteink nagy mértékben hathatnak arra, amit az életünk során kapunk vagy átélünk.

Ez a három szellemi törvény, avagy vezérlő szellemi alapelv egyszerűen hangzik, de csak az Istennel ápolt személyes kapcsolatban, egymás után kapott kijelentések által érthetjük meg, hogyan nyilvánulnak meg az életünkben és a kultúránkban.

A bálványimádás törvénye

"Ne csinálj magadnak faragott képet, és semmi hasonlót azokhoz, a melyek fenn az égben, vagy a melyek alant a földön, vagy a melyek a vizekben a föld alatt vannak. Ne imádd és ne tiszteld azokat; mert én, az Úr a te Istened, féltőn-szerető Isten vagyok, a ki megbüntetem az atyák vétkét a fiakban, harmad és negyediziglen, a kik engem gyűlölnek. De irgalmasságot cselekszem ezeriziglen azokkal, a kik engem szeretnek, és az én parancsolatimat megtartják.

(2 Mózes 20:4-5)

A bálványimádás törvénye a Tíz parancsolatból a második. Szorosan kötődik az első parancsolathoz. A bálványimádókat és utódaikat bajok látogatják meg. Amint tanulmányozzuk, hogyan működik, és kit ejthet csapdába a bálványimádás, elkezdjük belátni, miért ezzel a bűnnel foglalkozik Isten először a Tízparancsolatban. Úgy tűnik, ez az első számú dolog, ami elválasztja az embereket Istentől.

Vigyáznunk kell, amikor ezt a törvényt vizsgáljuk! Először is az Úr megparancsolja, hogy ne imádjunk bálványokat. Ezután jön a törvény, amiből kiderül, mi történik, ha mégis megtesszük. A törvény írja elő a parancs megszegőinek járó jogos büntetést. (Lásd a 2. Függelékben Isten parancsolatai és a Szellemi Törvények). Amint tanulmányozzuk ezt a törvényt és a működését, talán felfedezel a saját életedben is némi rejtőző bálványimádást. Könyvünk második felében megvizsgáljuk a kommunizmus bálványimádó gyökereit, melyek a mi életünkre is hatnak. A bálványimádás átkaitól való szabadulás folyamata a 7. fejezetben olvasható, melynek címe: *A szabadsághoz vezető imaút.*

Legalapvetőbb formájában a bálványimádás törvénye azt mondja, hogy ha hamis isteneket imádunk, mondjuk Buddhát, vagy a hinduk számos istenéhez hasonlókat, amilyen Brahma, Síva, Visnu, Krisna és a majomisten, vagy a különböző ősi istenek valamelyikét, pl. Dianát/Artemiszt (az Ég Királynőjét), Zeuszt, Szófiát, Tort, stb., akkor mi és családunk a bálványimádás átka alá kerülünk, azaz a bálványimádás törvényében előírt büntetés alá.

Az a kérdés: hogyan ismerhetjük fel a bálványimádást és hatásait az éltünkben. Leginkább a tapasztalatainkból és akkor, ha értjük az Írást. Néhány példa az imaszolgálatban szerzett átéléseink közül még inkább megvilágítja, hogyan működik a bálványimádás törvénye.

Egy este, Angliában a feleségemmel egy hölgyet lelkigondoztunk, aki egy problémával jött hozzánk. Amikor behívtuk a helyzetbe a Szent Szellemet, megdöbbentő dolog történt. Úgy tűnt, hogy a hölgy merev görcsbe esett. A szeme nyitva volt, de nem látott minket. Minden izma megfeszült és m merev lett, mint egy szobor. Légzését alig lehetett érzékelni, az arca pedig olyan lett, mintha fából vagy kőből faragták volna. Úgy tűnt, semmivel nem tudjuk kihozni ebből az állapotból. Egyre jobban megijedtünk, hogy az imáinkkal valahogyan mi sodortuk életveszélybe; így rátört valami pszichológiai vagy elmebetegség. Amikor az Úrhoz kiáltottunk, Ő gyorsan a 115. Zsoltárhoz vezetett minket, amelyben ez áll:

„Azoknak bálványa ezüst és arany, emberi kezek munkája.
Szájok van, de nem szólanak;
szemeik vannak, de nem látnak;
Füleik vannak, de nem hallanak;

*orruk van, de nem szagolnak;
Kezeik vannak, de nem tapintanak,
lábaik vannak, de nem járnak,
nem szólanak az ő torkukkal.
Hasonlók legyenek azokhoz készítőik, és mindazok, a kik bíznak
bennök!"*

(Zsoltárok 115:4-8)

Nagyon megkönnyebbültünk, hiszen csak a bálványimádás nevű gonosz szellem működését láttuk! Valahogyan ez az asszony, vagy az elődei belekeveredtek a bálványimádás valamilyen formájába, és a 115. Zsoltár vázolja fel ennek a bűnnek a jogos büntetését. Ezt tudva hatalmat vettünk a bálványimádás szelleme fölött (lásd 6. Függelék), megkötöztük és megtiltottuk neki, hogy működjön, amíg a hölgygyel imádkozunk. A hölgy azonnal normálisan kezdett viselkedni. Fel tudtunk tenni neki néhány kérdést, így megtudtuk, hol lépett be az életébe a bálványimádás. Ezután elmagyaráztuk neki, mi okozta a problémáját, ő pedig megtért abból a bűnös tevékenységből, ami bálványimádásnak nyilvánult. Ezt követően már imádkozhattunk érte, ő meggyógyult és megszabadult ettől a szellemtől Jézus vére által. Minden dicséret és dicsőség Jézus drága nevéé!

Következő tanítási példánk Indiából származik

Egy gyülekezetben szolgáltunk, amikor Isten különböző betegségekről kezdett beszélni nekünk, amelyektől a jelenlévők némelyike szenvedett. Az Úr általában gyógyítani akar a nyilvános alkalmakon, amikor ilyen dolgokat kijelent, ezért előre szoktuk hívni a nevezett betegségekben szenvedőket a színpadhoz, vagy a szószékhez. Ilyenkor láthatjuk azok gyógyulását, akikről az Úr azt mondja, hogy imádkozzunk értük. Isten szereti az irgalmát és könyörületét eljuttatni minden szenvedőhöz, és szereti bemutatni kedvességét és erejét mindenki szeme láttára, hogy az emberek higgyenek és még inkább keressék, megismerjék Őt.

Azt tettük, amit szoktunk: előrehívtuk azokat az embereket, akiknek a betegségét Isten kijelentette és imádkoztunk értük. Megrázott minket, ami ezután történt, vagy inkább nem történt; senki nem gyógyult meg. Nagyon meglepődtünk, de nem kevéssé aggódtunk. Hol van Isten irgalma, szeretete és ereje? Csendben az Úrhoz kiáltottunk a színpadon állva, a rengeteg meg nem gyógyult ember előtt, akiket előre hívtunk. Az ilyen esetekben az ember megkérdezi önmagától: „Valóban Isten hangját hallottam?"

A mennyből gyorsan megérkezett szívünkbe az imaválasz, de kérdés formájában: „Milyen emberek voltak ezek, mielőtt keresztények lettek?" Erre természetesen az a válasz, hogy mindnyájan hinduk voltak! Amikor kérdezgetni kezdtük őket kiderült, hogy előzőleg még egyikük sem tagadta meg azokat az isteneket, akiket ők és családjuk imádott. Noha elfogadták Jézust a Megváltójuknak, még sosem tértek meg a bálványimádásból és nem tagadták meg korábbi bálványaikat.

A bálványimádás törvénye gátolta gyógyulásukat. Isten ezt akarta tudatni és megértetni mindenkivel az összejövetelen. Múltbeli bűneik távol tartották őket Isten áldásaitól. A jelenlévőket imában vezettük, amelyben megtértek önmaguk és családjuk bálványimádási bűnéből. Mindenkinek meg kellett tagadnia a régebben imádott isteneket. Miután megkötöztük és távozásra szólítottuk fel (kiűztük) a bálványimádás szellemeit, hatékonyan tudtunk imádkozni mindenkinek a gyógyulásáért, aki előre jött. Isten nem okozott csalódást. mindenki azonnal meggyógyult.

A bálványimádás formája országonként és kultúránként változhat, de lényege mindenütt megtalálható és akadályozza Isten munkáját az életünkben, valamint gátolja, hogy keresztényként elérjük lehetőségeink teljességét Krisztusban és élvezzük mindazokat az áldásokat, amelyeket az Úr tartogat az Őt követőknek. A 4. Függelékben tovább fejtegetjük a bálványimádás témakörét, hogy rávilágítsunk néhány dologra, amelyek sok kultúrában és nemzetben általánosak. Ezek Isten helyét foglalják el az életünkben, tehát bálványimádásnak számítanak, így meg kell térni belőlük. Ennek a könyvnek a második felében, a *Foglyok* című részben visszatérünk erre a témára, de különösen azzal a kultúrával – a lenini szocializmussal – összefüggésben, amelyben sokan éltünk a családjainkkal együtt.

Jó hír

Noha ennek a fejezetnek a zöme rossz hírként hangzik, valójában nem az. Mindannyian tudatlanságban nőttünk fel és olyan társadalmakban élünk, amelyek nem ismerik el az élő Istent, sem a törvényeit és előírásait. Ezért mindannyiunk életében vannak területek, amelyek kívül esnek Isten áldott és gyümölcsöző földi életet biztosító határain. Most a fejezet végén koncentráljunk a jó hírre: bűnvallás, bűnbánat és a Jézus nevében nyert bűnbocsánat révén megszabadulhatunk múltbeli bűneinktől és visszatérhetünk az Isten parancsai és törvényei által határolt területre, az áldás területére. A 2 Krónikák 7:14-ben Isten ad egy ígéretet az életünk „területére" vonatkozóan:

„És (ha) megalázza magát az én népem, a mely nevemről neveztetik, s könyörög és keresi az én arcomat, és felhagy az ő bűnös életmódjával: én is meghallgatom őket a mennyből, megbocsátom bűneiket, és megszabadítom földjüket.

(2 Krónikák 7:14; Lásd még 3 Mózes 26:40-43)

HOGYAN HAT EZ AZ ÉLETEDRE?

Kapkodjuk a levegőt

Ez a fejezet nagyon erőteljes és mély volt. Számos lehetőséget adott arra, hogy felfedezzük bajok forrásait az életünkben. Mielőtt leteperne mindez, szánjunk egy percet a lélegzetvételre és keressünk Istennél békességet, stabilitást!

Most köszönjük meg az Úrnak mindezt az új információt és adjuk is át Neki az egészet! Ő a kijelentés Ura, de a bűnünk hatásaiból való gyógyulásunk és szabadulásunk Ura is. Ő megtervezte gyógyulásunk folyamatát és kedvesen, a saját időzítése és sorrendje szerint fog találkozni velünk.

„Szent Szellem kérünk, jöjj! Hozd el a békességedet és találkozz velünk, amint keresünk Téged ezekkel a kérdésekkel kapcsolatban!" Miközben befejezzük ennek a fejezetnek a tanítási részét, ne felejtsük el áttekinteni a következő, *Fő gondolatok* c. részt, amely összefoglalja a most tanultakat! Az előző oldalakon felfedeztük, hogyan működnek a gyakorlatban a szellemi törvények az életünkben. Most már magunkra alkalmazhatjuk mindezt, hogy meglássuk, mivel akar foglalkozni Isten az életünkben, és hogyan.

A 2. fejezet fő gondolatai

A Földön bizonyos szellemi törvények irányítják az életet. Ismeretük és kiaknázásuk sikerhez és boldogsághoz vezet. Ha figyelmen kívül hagyjuk őket, bejöhet az életünkbe a kudarc, az átok és a boldogtalanság.

A négy legfőbb szellemi törvény a következő:
- **A megbocsátás törvénye** – lényege: ha nem bocsátok meg másoknak, Isten sem bocsát meg nekem. Egyszerűen kifejezve, amikor meg nem bocsátás van a szívemben, nem nyugszik rajtam Isten jótetszése.
- **Az ítélkezés törvénye** – Isten aszerint ítél meg minket és bánik velünk, hogy hogyan ítélkezünk mások fölött.
- **A vetés és aratás törvénye** – ez a törvény az egész világra hat. Ha jót teszünk, jó dolgok érnek minket; ha rosszat, rossz dolgok következnek ránk, de mindig megsokszorozva, ahogyan az elvetett mag is megsokszorozódik.

- **A bálványimádás törvénye** – akik bálványokat imádnak, vagy bálványimádó dolgokkal foglalkoznak, azok életük sok területén ugyanolyan holtak és működésképtelenek lesznek, mint egy faszobor, de még ennél is rosszabb, hogy átkok vonulnak végig vérvonalunkon utódaink harmadik vagy negyedik nemzedékéig. A 4. függelék fejti ki a bálványimádás fogalmát, ami messze túlmenően a faragott képeken és hamis isteneken, tartalmaz mindent, ami Isten helyét foglalja el az életünkben.

Az én részem – bejegyzések az imanaplómba

Ennek a fejezetnek az utolsó szakaszában elkezdünk megszabadulni a szellemi törvények nem kívánatos gyümölcseitől az életünkben. Türelmesen keressük az Urat imában, hogy segítsen abban, hogy hogyan fejezzük be az imanaplónkban az 1. fejezetben elkezdett bejegyzéseket. Talán segít, ha visszatérünk a 10. oldalra és áttekintjük az imanapló elkezdésének és vezetésének irányelveit.

Ha fel akarsz készülni *A szabadsághoz vezető imaút* című 7. fejezetre, mindegyik fejezetből össze kell írnod, mi érintett meg. Ez a lista az egyes fejezetekben olvasható *Személyes kulcskérdések*re adott válaszaidból áll össze az imanaplódban (lásd következő oldal). Ismét emlékeztetlek; ez nem lóverseny. Szánd rá a kellő időt válaszaid megfogalmazására! Az imanaplóddal töltött időt szenteld az Úrnak és találd meg a zavartalan helyet és időt ehhez!

Személyes kulcskérdések a 2. fejezet alapján

Kérlek, válaszolj az alábbiakra az imanaplódban!*

1. **Megbocsátás** – kinek nem bocsátottam meg eddig? (Sorold fel!) Miért neheztelek rájuk? Miért nem engedtem még el a haragomat?
2. **Ítélkezés** – életemben vagy házastársam életében felfedezhetők bizonyos visszatérő bajok? Melyek ezek? Ez a probléma hasonlít valamire, amit valaki másnak az életében láttam? Ugyanúgy alkoholista lett a férjem, ahogyan apám az volt? Rossz szokások és jellemhibák terén olyan lettem, mint a szüleim? (Nevezd meg az adott problémákat!) Szétesett a házasságom, mint a szüleimé? Kit hibáztattam ezekért a kudarcokért? Kit ítéltem meg és miért?
3. **Vetés és aratás** – Mit vetettem Isten útjaival ellentétes módon, ami mára rossz gyümölcsöt terem az életemben?
4. **Bálványimádás** – Vannak-e életemben gyökerei a bálványimádásnak hamis vallásokban való személyes részvételem miatt, mint a hinduizmus, az iszlám, a Jehova tanúi, a keresztény tudomány, stb., vagy okkult tevékenység miatt, amilyen a varázslás, a jóslás, az ingázás, a tarot kártya, a horoszkópok, a jóga, stb.? (A 4. fejezetben újra beszélünk majd erről, ahol meglátjuk, hogyan hat mai életünkre az elődeink bálványimádása.)
5. **Testies bálványok** – Milyen dolgok váltak bálványokká az életemben - a cigaretta, az alkohol, a kábítószer, a pornográfia, az önkielégítés vagy más? (Segít válaszolni erre a kérdésre, ha elolvasod a 4. függeléket.)

*Lásd az imanaplóról szóló útmutatót a 26. és 27. oldalon!

A megbocsájtás témájának mélyebb vizsgálata

3. FEJEZET

A megbocsátás közel van az Úr szívéhez és kedves Előtte. A megbocsátás fogalma a Biblia első könyvében jelenik meg és az egész Biblián végigvonul, mint fontos téma. Sokan azonban nem értjük világosan ezt a fogalmat, s ezért kötelékben tartanak minket az Isten megbocsátásra vonatkozó követelményét alátámasztó szellemi törvények. Azt akarjuk, hogy Isten bocsásson meg nekünk, és sokszor el is várjuk ezt Tőle, de valahogyan elhanyagoljuk azt, hogy mi megbocsássunk másoknak.

Amikor Isten megbocsát az embereknek
Akkor juthatunk kiváltságokhoz, ha jó a kapcsolatunk azzal, aki kegyet gyakorolhat irántunk. Ha valahogyan megsértjük, vagy áthágjuk a határokat, amelyeket a kegyet osztó fektetett le, akkor számíthatunk rá, hogy elveszítjük a jó kapcsolatban élvezett előnyöket. A megsértett vagy megkárosított fél joga, hogy helyreállítsa a kapcsolatot a megbocsátásával. Ha mi, a vétkezők, valahogyan magunkhoz térünk és megvalljuk, hogy rosszat tettünk, sőt akár kártérítést is adunk a sértett félnek, akkor is a másikon múlik, hogy tovább neheztel-e. Ha igen, akkor nem áll helyre a kapcsolat.

Megtérésünk előtti, bűnös állapotunkban Isten, aki a kiváltságot adja, kizár minket a mennyből. Az oda való belépéshez olyan magas kártérítést ír elő a törvény (szellemünk életébe kerül), amit senki nem tud kifizetni, hogy örökké éljen – saját érdemei alapján senki nem élhet örökké. A bűnért halálbüntetés jár. Nem csak testi halál, hanem örök, szellemi elszigeteltség Istentől.

Csak úgy kaphatunk megváltást a haláltól, ha megtérünk és elfogadjuk Jézus istenségét és helyettesítő kereszthalálát. A bűnbocsánatot ingyen kapjuk, de szívünk megváltozását követeli: el kell köteleznünk magunkat Isten mellett. Amikor Istenhez jövünk Fia, Jézus által, nem csak értelmileg fogjuk fel, mit tett Jézus azzal, hogy meghalt értünk, hanem belépünk Atyánk családjába is, az Ő hatalma alá és az életünkre szőtt tervébe. Már nem vagyunk 'szabadúszók', a magunk urai, hanem annak lettünk rabszolgái, aki megmentett minket a haláltól.

Sokan, akik megkapták a kinyilatkoztatást Krisztusról nem értették meg, hogy az örök élethez való jog együtt jár az életet adó iránti kötelezettségekkel. Az üdvösséget ingyen kapjuk ajándékba, Isten kegyelméből, de el kell fordulnunk saját céljainktól, Isten céljai felé. Ha ezt nem értjük meg, a céljaink talán nem fognak egyezni Isten akaratával és ha szándékosan kitartunk ebben az állapotban, végül lehet, hogy kívül találjuk magunkat azon a kegyelmen, amelybe beléptünk.

Megbocsátás emberek között

Az egyik legsürgősebb szükségünk az, hogy megbocsássunk. Ez élethalál kérdése, de sokan nem döbbennek rá erre. Az Újszövetségben felfedezzük, hogy csak bűnbocsánatot kapott férfiak és nők élvezik Isten áldásait a földön, és csak Jézus vére által bocsánatot nyert emberek léphetnek be a mennybe. Jézus tesz egy megdöbbentő kijelentést, amit a Máté 6:14-15-ben olvashatunk. E szerint szívünk embertársaink iránti hozzáállásától függ, hogy Isten megbocsát-e nekünk. Jézus azt mondta, hogy ha nem bocsátunk meg az embereknek, akkor Mennyei Atyja sem bocsát meg nekünk. Vajon hány bocsánatot nem nyert ember van a mennyben? Természetesen egy sincs! Isten komolyan veszi az emberek közötti megbocsátást. Vizsgáljuk tovább a megbocsátás folyamatát!

A Bibliában az 1 Mózes 50:17-ben olvashatjuk először a „megbocsát" szót, ahol Józsefre próbálnak hatni a testvérei annak érdekében, hogy kímélje meg az életüket. A megbocsátás a szívünkben kezdődik. A lényünk mélyén kell eldöntenünk, hogy megbocsátunk, azután tennünk kell valamit. A megbocsátás mégsem feltétlenül két fél között történik, noha sok helyzetben kifejezhetjük a megbocsátásunkat egymás iránt egy összetört kapcsolat helyreállításakor.

Először is Isten megparancsolta, hogy bocsássunk meg a szívünkben, és ezt Vele beszéljük meg tehát végül is az Ő kedvéért tesszük.

A megbocsátás négy fő részből áll:
1. átadjuk a vétkest Jézusnak és a helyzetet Istennek, hogy tegye meg, amit szerinte kell
2. átadjuk Istennek minden gondolatunkat az esettel kapcsolatban
3. átadjuk a döntéseinket a bántást okozóval és a helyzettel kapcsolatban Istennek
4. átadjuk az érzéseinket Jézusnak: a dühöt, az elutasítottságot, a fájdalmat, a zavart, a szégyent, a bosszúvágyat, stb.

Ez a négy lépés kell ahhoz, hogy elmondhassuk, teljes szívünkkel (elménkkel, akaratunkkal és érzelmeinkkel – lásd az *1. Függelék 9.0 szakaszát „Az emberiség felépítése"*) megbocsátottunk Jézus Máté 18:34-35-ben olvasható parancsának megfelelően. Nézzük meg egy életből vett példán, hogyan működhet az ilyen megbocsátás! Talán a saját életed néhány vonására is ráismersz az alábbi történetben.

Tánya súlyos problémákkal érkezett hozzánk. Egyedül élő anya volt, aki fiatalon elmenekült otthonról részeges apja erőszakos kitörései elől. Úgy gondolta, megtalálta a tökéletes megoldást Szásában, aki együttérzően hallgatta meg. Hamarosan azonban teherbe esett, Zoli pedig lelépett. Amikor találkoztunk, Tánya már minden tekintélyi figura ellen lázadt. Egyetlen munkahelyen sem tudott megmaradni, és teste különböző részein fájdalmak gyötörték. Beszélgetés közben nyilvánvalóvá vált, hogy meg kell bocsátania apjának, de amikor ezt felvetettük, dühösen kifakadt. Nem volt hajlandó megbocsátani annak, akit minden problémája forrásának tekintett. Úgy érezte, hogy a meg nem bocsátás olyan, mint egy kés a kezében, amivel apja torkát vágja el, megbüntetve őt minden ellene elkövetett bűnéért. Csak azt nem látta meg, hogy szellemi értelemben a meg nem bocsátással a saját torkán tartja a kést és elvágja önmagát Isten békességétől és gyógyításától. Így tiltakozott: „Az apám bántott. Tönkretette az életemet! Jobb apának kellett volna lennie. Mindent elvett tőlem a tetteivel! Sosem bocsátok meg neki!"

A megbocsátás viszont nem állítja azt, hogy nem fájt és nem számít, ami történt; nem mondja, hogy nem érdekes, és nem származott belőle kár. Természetesen, sokat ártott az a tett, de a megbocsátás nem erről szól. Érdekes módon, nem játszanak benne szerepet a vétkes iránti érzéseink. Lehet, hogy szívünk szerint szeretnénk megölni azt, aki ártott nekünk.
Amint fejtegettük ezeket a dolgokat Tányának, ő elkezdett érdeklődést mutatni. „Miről szól hát a megbocsátás?" – kérdezte.

Magyarázni kezdtük: „A megbocsátás azt jelenti, hogy azokat, akik megbántottak minket, illetve az elszenvedett összes kár miatti érzéseinket átadjuk Jézusnak, hogy Ő döntse el, mit kell tenni a történtekkel kapcsolatban. Az a gond, hogy nem tudjuk, mi minden hatott a másik ember életében, ami arra a cselekedetre késztette, ami minket megbántott. Csak Jézus tud mindent, ezért csak Ő ítélhet igazságosan. Talán egy kis történet segít ezt megérteni:

"Képzeljük el, hogy él Kijevben egy fiatalember, akinek az az áldás jutott, hogy volt egy húszéves Ladája. Álmodozott, hogy egy napon híres autóversenyző lesz, és nemzetközi versenyeken indul. Ezért minden nap gyakorolt: maximális sebességgel száguldott autójával a forgalomban; így vette be a kanyarokat is. Egy napon egy kis utcai versenybe keveredett egy BMW-t vezető maffiózóval, és lesodródott az útról. Annyira dühös volt autója gyenge teljesítménye miatt, hogy egy óriási légkalapáccsal fém és üveg halommá zúzta Ladáját. Miután álmai is összetörtek, igen keserűen gyalogol, vagy használja a tömegközlekedést. Látod, öreg autójában már sok kilométer volt, amikor az övé lett, és nem is szánták soha másnak, csak egyszerű Ladának."

Folytattuk: „Néha, amikor valaki cserbenhagy vagy megbánt minket, vagy nem felel meg az elvárásainknak, megítéljük az illetőt és nem bocsátunk meg neki, mert nem a kívánságaink, elvárásaink szerint teljesített. Hasonlítunk kijevi barátunkra, aki agyonhasznált Ladájától egy versenyautó teljesítményét várta el. Ilyenkor talán az elvárásaink miatt van gyűlölet, ítélkezés és gyilkosság a szívünkben másokkal szemben, nem pedig annak alapján, amit tudunk a másik képességeiről, illetve korábbi sérüléseiről, amelyek képtelenné teszik őket vágyaink kielégítésére. Az a baj, hogy a meg nem bocsátásunk miatt végigküszködjük az életünket, ahogyan kijevi barátunknak is most gyalogolnia kell".

Amint tovább beszélgettünk Tányával, eszébe jutott számos történet apja gyermekkorából arról, hogy mennyit ártottak, mennyi sebet okoztak apjának saját alkoholista szülei. Elkezdte megérteni, hogy apja miért nem tudta betölteni az elvárásait és a szükségeit. Elengedte ítélkezését és haragját apja iránt, mindezt átadta Jézusnak. Bocsánatot kért Jézustól a meg nem bocsátása és ítélkezése miatt és amikor imádkoztunk érte, meggyógyult.

Mindezzel együtt reálisan kell néznünk a dolgokat: a megbocsátásunk nem gyógyítja, és nem változtatja meg azokat, akik megbántottak minket, tehát nem szabad azt gondolnunk, hogy azok az emberek már megbízhatóak azokon a területeken, amelyeken korábban kudarcot vallottak.

HOGYAN HAT EZ AZ ÉLETEDRE?

Készüljünk belépni a szabadságba!
Amikor közelebbről megvizsgáljuk a megbocsátást, könnyebben megértjük, mennyire fontos ez a téma Istennek. Azt is elkezdjük átlátni, mennyire mélyen hat ennek a folyamatnak az elhanyagolása a földi életünkre és a mennyei életünkre, amit testünk halála után élvezhetünk.
Most szánjunk időt a 3. fejezet fő pontjainak az áttekintésére a *Kulcsfogalmak* című részben, a következő szakaszban! Így készülünk fel arra, hogy az imanaplónkon dolgozzunk: beírjunk új dolgokat a *fejezet végén keretben* olvasható *Személyes kulcskérdésekre* válaszolva.

A 3. fejezet fő gondolatai

- Elveszíthetjük Isten kegyét, ha nem bocsátunk meg valakinek.
- A meg nem bocsátás bűn, hiszen Isten azt parancsolta, hogy bocsássunk meg.
- A bűnért a szellemi halál jár büntetésként, ami örökkévaló elszakítottság Istentől (a földi halálunk után).
- Ha megbocsátunk valakinek, az még nem jelenti azt, hogy kedveljük az illetőt, és azt sem jelenti, hogy nem fáj, amit tett.
- Szellemi esemény az, amikor megbocsátunk valakinek: elengedjük a másik embert, és a fölötte kimondott ítéletünket, valamint lemondunk minden meg nem bocsátásról. Mindezt átadjuk Jézusnak (megkérjük, hogy Ő ítéljen igazságosan). Ezután már alkalmasak vagyunk arra, hogy bűnbocsánatot kapjunk.

Imanapló

Most, hogy már van néhány kulcsunk a megbocsátáshoz, kicsit mélyebben is beépíthetjük ezeket az alapelveket az életünkbe. A következő lépés az, hogy egy új oldalt nyissunk az *imanaplónkban* a mai dátummal, amelynek a címe: 3. fejezet: *A megbocsátás témájának mélyebb vizsgálata.* Ha úgy könnyebb, nézd át az imanapló vezetésének irányelveit az 1. fejezetben, a 26. oldalon. Ahogy szaporodnak a bejegyzések a naplódban, egyre inkább felkészülsz arra, hogy Istennel feldolgozd életed személyes dolgait. Ezek a személyes kérdések jelentik *A szabadsághoz vezető imaút* c. 7. fejezet fő témáját. Az imanaplódba bekerülő információ lesz az alapja a gyógyulásodnak, a megtisztulásodnak és az életet megváltoztató imaszolgálatnak, ami a 7. fejezetben található.

Most szánj néhány percet az imádkozásra! Kérd Istent, hogy jöjjön közel hozzád és segítsen a fejezet végén, keretben található *Személyes kulcskérdések* feldolgozásában. Légy nyugodt és szánd rá az időt arra, hogy egyenként leírj minden kérdést és válaszolj is mindig az épp előtted lévő kérdésre, mielőtt rátérsz a következőre. Ne kapkodj! Vond bele Istent is a válaszba: kérd, hogy segítsen az igazság leírásában, juttassa eszedbe a tényeket önmagaddal és másokkal kapcsolatban és segítsen abban is, hogy a körülményeket az Ő szemével lásd! Ne feledd: nem kell minden kérdésre egy nekiüléssel válaszolnod, arra viszont vedd rá magad, hogy előbb-utóbb elvégezd a feladatot. Megéri!

Személyes kulcskérdések a 3. fejezet kapcsán
Kérlek, válaszolj a következőkre az imanaplódban!*

Felkészítő kérdések megértésünk elmélyítése érdekében.

- Ha Jézus megkérdezné személyesen tőled: „Szeretnél bűnbocsánatot kapni", mit válaszolnál, hogyan felelnél? Szerinted mit jelent a bűnbocsánat?
- A Máté 6:12 beszél a bűneinkről és a bűnbocsánatról. Írd be ezt a verset az imanaplódba! Mit jelent neked ez a vers? Mit kérsz és milyen feltételekkel kaphatod meg ezt az ajándékot, amit Isten felkínál?
- Értékeld és magyarázd el a „miképpen" szót a Máté 6:12-ben! Mit jelent? Vizsgáld meg, a minőség, a mélység, az őszinteség és teljesség milyen fogalmait hordozza magában ez a viszonyító szó!
- Tehát hogyan szeretnék én bűnbocsánatot kapni és hogyan kell megbocsátanom másoknak, ha ilyen bocsánatot akarok kapni Istentől?
- Úgy érzed, hogy Isten segítségére van szükséged az ilyen mélységű megbocsátásban? Ha igen, hogyan jutsz hozzá ehhez a segítséghez?
- A Máté 6:14-15-ből kiderül, hogyan bánik velünk Isten. Írd le ezeket a verseket az imanaplódba!
- Olvasd el a megbocsátásról szóló példázatot a Máté 8:21-35-ből! Másold le a 34. és a 35. verset! Jézus szerint mi történik azokkal, akik nem hajlandók megbocsátani?
- Mikor és hogyan kell reagálnom ezekre az Igékre?

Imaszolgálati kérdések, amelyeket át kell imádkozni a 3. fejezet kapcsán

1. Kinek nem bocsátottam meg? (Nevezd meg őket és azt, hogy mit követtek el ellened!)
2. Meg kell bocsátanom önmagamnak valami miatt? (Sorold fel!)
3. El kell mennem valakihez, hogy bocsánatot kérjek tőle? (Sorold fel a neveket, és hogy ki ellen, mit követtél el!)
4. Megkárosítottam valakit úgy, hogy kárpótlást kell adnom neki? Mindegyik helyzetről kérdezd meg Isten véleményét, azután írd le, mit fogsz tenni!

*Lásd az imanaplóról szóló útmutatót a 26. és 27. oldalon, keretben!

A család bűnei

4. FEJEZET

Nézzünk meg egy napjainkban történt drámai példát arra, hogy őseink bűnei miként hathatnak az életünkre Szemünk előtt tartva az alábbi életből vett esetet megvizsgálhatjuk, mit mond Isten Igéje az öröklődő bűnökről. Ezután jutunk el odáig, hogy kiértékeljük, hogyan hatottak az életünkre elődeink testületi generációs bűnei.

Egyiptomban, Kairóban szolgáltunk egy pásztoroknak tartott konferencián. Találkozónk volt egy gyülekezet vezetőivel, akik közelebb akartak lépni Istenhez; be akarták vezetni a gyógyító szolgálatot a közösség mindennapi életébe. Szerették volna megbeszélni velünk egy tanfolyam lehetőségeit az év későbbi szakaszában, ami arról szólna, hogy hogyan tehetjük mi is Jézus gyógyító tetteit.

A találkozónk napján telefonhívást kaptunk arról, hogy a vének azt kérik, menjünk el imádkozni az egyik gyülekezeti tagjukért, aki már hónapok óta kórházban van, most pedig kómába esett, és gyorsan szivárog el belőle az élet. Az egész gyülekezet közbenjárt, és a kórházban is minden nap imádkoztak érte emberek. Hogyan mondhattunk volna nemet erre? Amikor azonban letettem a kagylót, rájöttem két dologra. Egyrészt, még sosem imádkoztam kómában lévő emberért. Másrészt, ennek az imádkozásnak a hatása nagyban befolyásolja majd, hogy a gyülekezeti vének elfogadják, vagy elutasítják a gyógyító szolgálatot. Ez egy próba! Az ágyra zuhantam és sírtam az Úr előtt a kómás asszonyért, ezért a gyülekezetért és az egész nemzetért. Úgy tűnt, az ellenség harcol az ellen, hogy a gyógyító szolgálat beinduljon Egyiptomban, és nekem halvány fogalmam sem volt arról, hogy mit tegyek. Az Úr gyengéden arra kért, hogy nézzek bele az egyiptomi útikalauzba, amit akkoriban olvastam. Azt mondta, keressem meg az ott említett egyiptomi istenek neveit, és vessem össze őket a csapásokkal, amelyeket Egyiptomra zúdított, amikor Mózes bement a fáraóhoz. Az Úr elmagyarázta, hogy a csapások célja nem csak az volt, hogy Ő megmutassa az erejét, hanem zavarba akarta hozni és meg akarta szégyeníteni velük az egyiptomiakat és az isteneket, akiket imádtak.

Isten megmutatta nekem, hogy az egyiptomi keresztények eddig azért nem tudtak hatékonyan imádkozni gyógyulásért, mert még sosem tértek meg a fáraókori istenek tiszteletéből, a nemzetük pedig nemzedékek óta imádta ezeket az isteneket. A mai napig is ezek a fejedelemségek uralkodnak Egyiptom és népe fölött. Szobraik és képeik újra erőt nyernek, amint a turizmus és a régészet nevében helyreállítják őket. Isten azt mondta nekem, hogy ez a kedves, keresztény asszony nem csak egy azonosíthatatlan betegségben szenved, hanem Egyiptom isteneinek a hatalma alá került, akik lassacskán megölik.

Ezeknek az isteneknek a nevét egy papírdarabkán bevittem abba a muszlim kórházba, ahol ez a fiatal nő az intenzív osztályon feküdt a testére rögzített sok csővel és vezetékkel. Velem volt egy tolmács, mert a nő csak arabul tudott, én meg csak angolul. Beléptem a kórterembe, ahol számos egyiptomiban csak pislákolt az élet. Amint felolvastam a neveket a listáról és mindegyik szellemmel közöltem, hogy megszűnt a feladata ennek a fiatal nőnek az életében, Isten úgy vezetett, hogy a hölgyet Jézus nevében visszahívjam az életbe, az öntudatba. Sok hét után először nyílt ki a szeme, ahogy Jézus Krisztus hatalmas nevének a hatására felemelkedtek róla a nemzetnek ezek a halált hozó szellemei. Kiszabadult a halálból. Tökéletesen meggyógyult, noha teljes helyreáállásához kellett némi idő, de amikor hónapokkal később újra találkoztunk maradéktalanul egészséges volt, élénk és tevékeny, nevetett és tele volt élettel.

Szellemileg és fizikailag hathat és hat is ránk, amit a családunk és a nemzetünk akár születésünk előtt is cselekedett. Ebben a fejezetben közelebbről megvizsgáljuk, hogy a bűnnek milyen hatásai szállhatnak ránk a korábbi nemzedékekből és hogyan. Családod és nemzeted bűnei ma is hatnak rád, még ha nem is vagy egyiptomi. Könyvünk második felében megvizsgáljuk, hogyan hatott életedre a kommunizmus.

Ellenséges területen élünk.

Buzdulj fel! Már majdnem abban a helyzetben vagyunk, hogy kilépjünk az életünkben működő átkokból és belépünk Isten megígért áldásaiba. A 2. fejezetben megismerkedtünk azzal a ténnyel, hogy családunk múltbeli bűnei az előző nemzedékektől kiindulva követhetik a vérvonalunkat és kárt okoznak nekünk is. Szellemi értelemben sok elődünk átlépte Isten igaz életmódot behatároló korlátait és ellenséges területre került, ezzel az engedetlenség fiává vált és átkozott földön élt. Lehet, hogy mi és családunk mélyen bent élünk az ellenség területén és nem is tudjuk. Ahhoz, hogy Isten áldásainak a földjére jussunk, talán el kell hagynunk azt a szellemi helyet, ahol az elődeink hagytak minket. Könnyebben megérthetjük ezt a fogalmat, ha megvizsgáljuk Ábrahám életét.

Már beszéltünk arról, hogy életünk szellemi és fizikai állapota családunk bűnös gyakorlatainak az eredménye. Az 1 Mózes 12-ben Ábrahám életének szellemi állapota visszatükröződött fizikai állapotában. Minthogy Ábrahám bálványimádó kultúrában született, neki fizikailag el kellett hagynia nemzetét és át kellett kelnie határokon, hogy beléphessen az Isten által választott földre, amelyhez ígéretek kötődtek. Hasonlóképpen, ha mi az őseink bűneinek a szellemi területén élünk, nehezebb átvennünk Isten áldásait. El kell hagynunk azokat a bűnöket.

A családok Isten céljainak a hordozói

Ebben a fejezetben tovább vizsgáljuk azokat a szellemi törvényeket amelyek arról szólnak, hogy Isten ítéletei, amelyek bűneik miatt szálltak az elődeinkre, hogyan érnek el minket a vérvonal végén. Azután megnézzük, hogyan jelenhetnek meg ezek az ítéletek a mai hétköznapi emberek életében. Mielőtt azonban ebbe belefogunk segít ha megértjük, hogyan akarja Isten megvalósítani a céljait a családokon keresztül. Ha megértjük az Ő útjait, akkor elkezdhetünk együttműködni Vele ahelyett, hogy tudatlanul ellenállnánk Neki.

Pillantsunk bele ezekbe a folyamatokba azzal, hogy egy kicsit közelebbről megvizsgáljuk Ábrahám életét! Lássuk meg, hogyan alakította ki Isten a történelem legerősebb családfáját. Itt a kapcsolat a kulcs. Isten olyan mély kapcsolatot kezdeményezett először Ábrahámmal, majd Izrael többi ősatyjával, hogy ők azután az egész családjukat, különösen a gyermekeiket ránevelték az istenfélelemre. Isten ezt mondta Ábrahámról:

„Mert kiválasztottam őt, hogy megparancsolja a háza népének és gyermekeinek őutána, hogy kövessék az ÚR útját azáltal, hogy igazságot és jogosságot cselekszenek..."

(1 Mózes 18:19)

Isten terve tehát végső soron az volt, hogy minden gyermek, amikor felnő, a saját jövendőbeli családját is megtanítsa Isten ismeretére. Miután itt bemutattuk ezt az igazságot, majd tovább részletezzük az 5. fejezetben, amelynek címe: *Hová lettek az atyák*. Most térjünk vissza Ábrahámhoz és lássuk, hogyan fogott bele Isten ebbe a hatalmas és nagy körültekintést igénylő feladatba.

A család: szellemi örökségünk forrása

A Biblia egyik legdrámaiabb történetében találkozunk Ábrámmal, aki bálványimádó szülők fia, és az ősi Mezopotámiában élt. Isten kihívta őt a bálványimádásnak és családja, kultúrája más bűnös tevékenységeinek a mélységéből, hogy belépjen Isten terveibe és céljaiba. A történet elején Ábrámot (így hívták, mielőtt Isten Ábrahámra változtatta a nevét) a káldeusok földjén találjuk feleségével, Száraival, aki a féltestvére volt. Istennek megdöbbentő terve volt vele: Ábrahám utódait elválasztja magának mint népcsoportot és arra használja őket, hogy az egész világot nyitottá tegyék Isten megismerésére.

"Holott Ábrahám nagy és hatalmas néppé lesz; és benne megáldatnak a földnek minden nemzetségei."

(1 Mózes 18:18)

Amikor Isten elkezdett ezen dolgozni ez a népcsoport még csak Isten szívének terveiben és céljaiban létezett. Isten valahol Mezopotámia síkságain egyetlen férfival és meddő feleségével kezd bele ennek a világméretű feladatnak a megvalósításába, amely magába foglal majd minden következő nemzedéket. Közel száz évet tölt azzal, hogy kiépítse kapcsolatát ezzel az emberrel és fejlessze a jellemét, mielőtt egyáltalán megengedné, hogy gyermekei szülessenek. Isten a szellemi világon keresztül szólt Ábrahámhoz, vezette és bátorította őt, de az évek során néhányszor emberi formában, másszor angyal kíséretében, majd személyesen is ellátogatott hozzá és a feleségéhez, akik sátorban laktak.

Amint majd a következő fejezetben látjuk Isten kezdettől fogva meg akarja sokszorozni a saját képmását az emberiségben, pontosabban a családban és azon keresztül, de valahol az idők folyamán ezt a képmást eltorzította a bűn és a Sátán munkálkodása. Isten Ábrahámon keresztül akarta elkezdeni a családok és az egész teremtett világ helyreállítását. Mielőtt azonban Ábrahám elkezdhetett ennek a betervezett népcsoportnak az atyjaként működni Isten akarata szerint, az

Úrnak sokat kellett dolgoznia a pátriárka jellemén és hitén, hogy a majdan növekvő családnak Isten szerinti atyja legyen, aki szereti, bátorítja és helyreigazítja őket, de legfőképpen bemutatja nekik Isten jellemét, ami az életükre majd rányomja mennyei Teremtőjük képmását. Ilyen hatást csak olyan ember tud elérni, aki majdnem egész életében kapcsolatban állt Istennel, valamint hűséges és kétségkívül kipróbált a jelleme. Ezt az embert Ábrahámot, aki az Isten iránti engedelmességben még az életét is kockára tette, többször maga Isten látogatta meg.

Isten tervei a családban összpontosulnak. Ott akar megáldani minket és ott akarja fejleszteni a kapcsolatunkat Önmagával. Ugyanakkor a családban, és azon keresztül kapjuk a legtöbb támadást is. Isten törvényei határozzák meg hogyan öröklődnek a vérvonalban az áldások és az Úr szerinti élet, amelyek szellemi örökségünket jelentik, de mivel ezek a törvények nem kivételeznek, a nemzedékeken végiggyűrűznek családunk tetteinek jó és rossz eredményei is. Ennek a fejezetnek az elején talán elkezdtünk ráébredni, hogy szellemi örökségünknek lehetnek olyan részei, amelyekről nem is tudunk és ez a tájékozatlanság meggátolja, hogy élvezzük Isten nekünk szánt áldásait és megfeleljünk Isten velünk kapcsolatos terveinek, céljainak. Most vizsgáljuk meg közelebbről, hogyan vonul végig Isten rosszallása a családunk vérvonalán, hogy elérjen minket is.

Az áldások és átkok öröklését meghatározó szellemi törvény

Napjainkban nem ismert széles körben az a tény, hogy családunk bűnei erőteljesen hatnak az életünkre, pedig a bibliai időkben mindenki tudta ezt. Először nézzünk meg egy mai tragédiát, hogy jobban átlássuk szellemileg miről van szó. Fizikai szinten meg tudjuk érteni, hogy a felrobbant csernobili atomreaktor ellenőrizetlen sugárzásának kitett családokban torz és fogyatékos gyermekek születtek, ahol szüleik tartózkodtak és amit tettek. Sokan mégis döbbenten értesülnek arról, hogy szüleink, elődeink szellemi bűneinek a hatásai is ránk szállhatnak. Testi és szellemi örökségünket hasonló módon kapjuk: családunk helyes és helytelen cselekedeteiből.

A bálványimádásra vonatkozó, a 2 Mózes 20:3-5-ben olvasható parancsba Isten beágyazott egy szellemi törvényt is:

„*...én, az Úr a te Istened, féltőn-szerető Isten vagyok, a ki megbüntetem az atyák vétkét a fiakban, harmad és negyediziglen, a kik engem gyűlölnek. De irgalmasságot cselekszem ezeriziglen azokkal, a kik engem szeretnek, és az én parancsolatimat megtartják.*"

(2 Mózes 20:5-6)

Minthogy ezt az alapelvet nem tanítják gyakran a gyülekezetekben, sokan meglepődnek rajta és először azt vágják rá, hogy ez biztosan megszűnt, amikor az Ószövetségből átléptünk az Újba. Jézus azonban nem ezt tanította:

„*Ne gondoljátok, hogy jöttem a törvénynek vagy a prófétáknak eltörlésére. Nem jöttem, hogy eltöröljem, hanem inkább, hogy betöltsem. Mert bizony mondom néktek, míg az ég és a föld elmúlik, a törvényből egy jóta vagy egyetlen pontocska el nem múlik, a míg minden be nem teljesedik.*"

(Máté 5:17-18)

Ézsaiás próféta Isten vezetésére nagyon keményen írt arról, hogy bűneink és családunk bűnei hogyan hatnak az életünkre:

„*Ímé, feliratott előttem: nem hallgatok, csak ha előbb megfizetek, megfizetek keblökben: Vétkeitekért és atyáitok vétkeiért mind együtt, szól az Úr... visszamérem először jutalmokat keblökre.*"

(Ézsaiás 65:6-7)

Generációs szexuális bűn

A szexuális bűnnek három fő forrása van az életünkben:
1. a saját kéjvágyunk és gyengeségünk, amit még bátorítanak a világ hazugságai korunk társadalmában. Mindez párosul a tudatlanságunkkal, mert az egyház nem érttette meg velünk a szex szellemi jelentőségét.
2. a családunkkal, különösen a szüleinkkel szembeni ítélkezésünk (lásd 2. fejezet: *Az ítélkezés törvénye*);
3. elődeink szexuális bűneinek hatásai. Először nézzük meg Dávid életét a Bibliában, mert abból megérthetünk néhány dolgot erről a kérdésről. Az ehhez kötődő történetet a 2 Sámuel 11-13. fejezeteiben olvashatjuk.

Egyik tavasszal, amikor a seregével a csatatéren kellett volna lennie Dávid király úgy döntött, hogy otthon marad. Mivel elhanyagolta királyi kötelességét, engedetlen volt az Istentől kapott megbízatása iránt. Ebben a bűntől legyengült állapotában felment a háztetőre és figyelte, amint a közelben Betsabé fürdik. Nőtt benne a kéjvágy és házasságtörésben csúcsosodott ki. A történet azonban nem ekkor kezdődött, hanem Dávid elődeinél, kb. 900 évvel korábban. Jákob egyik fia Júda szintén engedetlen volt Istennel szemben és végül szexuális bűnt követett el a menyével (elhunyt fia özvegyével), Támárral. Így született két törvénytelen fia, Perez és Zéra (lásd 1 Mózes 38). Ha megszámoljuk, kiderül, hogy Júdától Dávidig pontosan tíz nemzedék élt (Máté 1:3-6). Az 5 Mózes 23:2-ből, a törvénytelen gyermekekről szóló törvényből kiderül, hogy a szexuális bűn átka az utódok tízedik nemzedékéig hathat. Úgy látszik, Dávid életében a szexuális bűnt elősegítő mindhárom tényező működött, amikor Betsabéval vétkezett és ezzel kinyitotta a szellemi ajtót ahhoz is, hogy a családjában további tíz nemzedékre elhathasson a szexuális erkölcstelenség. Érdekes módon a Biblia feljegyzi, hogy Amnon, Dávid fia ugyanezt a bűnt követte el Dávid Támár nevű lányával. Ezt a lányt tehát ugyanúgy hívták, mint Júda menyét (2 Sámuel 13).

Azt láttuk, hogy a törvénytelenség öröklött átka két fő területen gyümölcsöt termett sokak életében, akiknek szolgáltunk: hajlamosabbak lettek a szexuális bűnökre és valószínűbb volt, hogy nem tudnak közel kerülni Istenhez; akár úgy, hogy nem hallják a hangját, vagy úgy, hogy nem tudják Őt megismerni és mélyen átélni. Úgy látszik, hogy az elutasítottság sok formája is jelentősen működik azoknak az életében, akinek a felmenői között volt törvénytelen születés.

Noha eddig a szexuális bűn törvénytelen származáshoz vezető hatásait tárgyaltuk, nem a házasságon kívüli szex az egyetlen szexuális bűn. A szexuális bűn minden fajtája miatt végigmennek a generációs átkok a család utódain. Ezért mindezeket a területeket meg kell vizsgálnunk, amikor szolgálatot kapunk, amint majd a 7. fejezetben látjuk.

Ellentmondásos íráshelyek?

Noha a Biblia sok helyen utal az ősök bűneinek hatásaira az életünkben (lásd a plusz hivatkozásokat az 76. oldalon!) némi zűrzavar támadhat bennünk, amikor két konkrét írásszakaszt olvasunk, amelyek látszólag ellentmondanak más biblia helyeknek és saját tapasztalatainknak is. Ahelyett, hogy megválaszolatlanul hagynánk ezeket a kérdéseket, most vizsgáljuk meg őket! Az első szakasz a Jeremiás 31-ben található, a 27. verstől:

„Ímé, eljönek a napok, azt mondja az Úr …Ama napokban nem mondják többé: Az atyák ették meg az egrest, és a fiak foga vásott el bele. Sőt inkább kiki a maga gonoszságáért hal meg; minden embernek, ki megeszi az egrest, tulajdon foga vásik el bele."
(Jeremiás 31:27; 29-30)

Először is arra kell emlékeznünk, hogy Jeremiás próféta. Nem a jelenről beszél, hanem prófétai módon a jövőről. A 31. rész folytatásában segít többet megtudnunk ezekről az elkövetkező napokról, amikor majd egész Izrael ismeri az Urat. Ha megvizsgáljuk a múltbeli és a jelenlegi Izraelt azt látjuk, hogy ezek a feltételek még nem teljesültek. Jeremiás ebben a szakaszban nem arról beszél, hogy ma a mi életünkre hogyan hatnak a generációs bűnök. Az Ezékiel 18-ban is beszélnek hasonló versek arról, hogy az atyák esznek egrest és a gyermekek foga vásik bele. Ebben a szakaszban azonban Ezékiel egy másik, a Jeremiás 31:30-ban bevezetett témát vesz elő és azt világítja meg alaposabban.

„Sőt inkább kiki a maga gonoszságáért hal meg; minden embernek, ki megeszi az egrest, tulajdon foga vásik el bele."

(Jeremiás 31:30)

Ahogyan Isten Ezékiel prófétán keresztül tovább magyarázza a témát világossá válik, hogy itt nem a bűn generációs hatásairól beszél, hanem saját bűneink örökkévaló következményeiről; a szellemi halálról.

„Ímé, minden lélek enyém, úgy az atyának lelke, mint a fiúnak lelke enyém; amely lélek vétkezik, annak kell meghalni!"

(Ezékiel 18:4)

Ha ezen gondolkodunk, rájövünk, hogy egyszer mindnyájan meghalunk, tehát ennek a versek nincs értelme, ha csak úgy értelmezzük, hogy a bűnünk miatt fizikailag halunk meg. Isten itt az örökkévaló lelkünkről beszél és azt világítja meg, hogy az atyáinkra kirótt ítélete miatt nem fogunk a pokolba jutni.

Isten a Jeremiás 31-ben és az Ezékiel 18-ban nem a szellemi törvények jelenlegi hatásairól beszél, amelyek vagy megengedik, hogy a földi életünk során áldásokat kapjunk, vagy szenvedést zúdítanak ránk őseink bűnei miatt, hanem rávilágít a különbségre a bűn örök és időleges hatásai között. (Lásd az 5. függeléket, amelynek címe *Időleges kontra örök*)

HOGYAN HAT EZ AZ ÉLETEDRE?

Éljünk úgy, mint Ábrahám!

Ebben a fejezetben korábban beszéltünk arról, hogy Ábrahám elhagyta Mezopotámiát, bálványimádó ősei földjét és elutazott arra a földre, amit Isten ígért neki. Ebben a fejezetben téged is egy hasonló utazásra viszünk, csak szellemileg. Minden utazásra fel kell készülnünk. Ki kell értékelnünk azt a helyszínt, ahol mi és elődeink szellemileg éltünk és fel kell készülnünk a költözésre onnan.

Ebben *A család bűnei* című fejezetben sok újdonságot olvashatsz, amit nem sűrűn tanítanak a mai gyülekezetekben. Ha ki akarunk törni az ellenség labirintusából, akkor alaposan meg kell értenünk a jelen fejezetben található anyagot és fogalmakat. A következő oldalon felsorolunk még néhány Igét azokon kívül, amelyekről már beszéltünk. Minthogy a generációs bűn fogalma néhányaknak ismeretlen lehet, ezek a versek Isten szava oldaláról buzdítják az Olvasót.

A következő, *Kulcsfogalmak* című szakaszban összefoglalva láthatod a fentebb leírtak velejét képező igazságokat. Ezek megértése segít saját életünk és családi történelmünk átvilágításában.

A 4. fejezet fő gondolatai

- Isten meglátogathat minket családunk előző nemzedékei bűneinek szellemi következményeivel.
- Nehezebben kapjuk meg Isten áldásait, ha az őseink (közvetlen felmenőink) bűnei miatt hozzánk érkezett átkok alatt élünk.
- Isten szellemi törvényei leírják, hogyan száll át az engedetlenség (bűn) és az engedelmesség zsoldja is az egymást követő nemzedékekre.

- Az öröklődő bűn (átok) két fő területe hat sokunkra, sőt talán mindnyájunkra. A szexuális bűn, amely tíz nemzedékig hathat az utódokra és a bálványimádás, ami 3-4 nemzedéken vonulhat végig.

Imanapló

Végül el kell hagynunk családunk vétkeit. Erről a folyamatról *A szabadsághoz vezető imaút* című 7. fejezetben beszélünk részletesen. Ha be akarunk lépni áldásaink földjére, Ábrahámhoz hasonlóan ki kell válogatnunk, mit érdemes magunkkal vinni és fel kell ismernünk, mit kel elhagynunk. A személyes istenfélelem szellemi állapotához vezető utazás túl nehéz lesz, ha nem hagyjuk el családunk bűneit.

Az *imanapló* segítségével mélyrehatóbban megérthetjük a 4. fejezetet és felfedezhetjük a családi bűnök területeit, amelyeket hátra kell hagynunk a 7. fejezetben található imaszolgálat segítségével. Írd fel a fejezet utolsó oldalán a keretes részben olvasható *Személyes kulcskérdések* mindegyikét, alájuk pedig a saját válaszodat! Ne siess ezzel és kérd Istent, hogy segítsen őszintének lenned! Írj le minden szükséges részletet! Ha még nem kezdted el az imanaplódat, vagy fel kell frissítened magadban a naplóvezetés alapelveit, akkor az 1. fejezet 26. oldalán megtalálod őket.

További bibliai helyek a generációs és nemzeti bűnökről

1. Jeremiás Siralmai 5:7 *„Apáink vétkeztek; nincsenek; mi hordozzuk vétkeiket."*
2. 3 Mózes 26:40-42: *„Akkor megvallják az ő hamisságukat, és atyáiknak hamisságát az ő hűtelenségökben, a melylyel hűtelenkedtek ellenem, és hogy mivel ellenemre jártak... bűnöknek büntetését békével szenvedik (az angol szerint: bűneiket helyre-*

hozzák): Én pedig megemlékezem Jákóbbal, (Izsákkal és Ábrahámmal) kötött szövetségemről is megemlékezem..."
3. Jeremiás 16:11-13: *"Azért, mert elhagytak engem a ti atyáitok, azt mondja az Úr, és idegen istenek után jártak, és azoknak szolgáltak és azokat imádták, engem pedig elhagytak, és az én törvényemet meg nem tartották..."*
4. Jeremiás 14:20: *„Ismerjük Uram a mi gonoszságainkat, atyáink bűnét; bizony vétkeztünk ellened!"*
5. 2 Mózes 20:5-6: *„Megbüntetem az atyák vétkét a fiakban, harmad és negyediziglen, a kik engem gyűlölnek. De irgalmasságot cselekszem ezeriziglen azokkal, a kik engem szeretnek, és az én parancsolatimat megtartják."*
6. 5 Mózes 23:2-3: *„... a törvénytelenül születettek és akik gyűlölik Izraelt, a tizedik nemzedékig."* (Keresd az antiszemita gyökereket a családodban és a nemzetedben!)

Személyes kulcskérdések a 4. fejezet kapcsán

Kérlek, válaszolj a következőkre az imanaplódban!*

Felkészítő kérdések megértésünk elmélyítése érdekében.
- Írd le a 2 Mózes 20:5-öt! Ez a bűn hány nemzedékre hathat közvetlenül?
- Most olvasd el a 4. függeléket a Bálványimádásról, mert ott találod a Bálványimádás fő meghatározását. Ennek a meghatározásnak a figyelembevételével válaszolj az utolsóra az alábbi Szolgálati kérdések közül!

Imaszolgálati kérdések, amelyeket át kell imádkozni a 7. fejezetben

1. Kérd meg a Szent Szellemet, hogy emlékeztessen a közvetlen felmenőid bűneiről szóló családi történetekre! Sorold fel ezeket a vétkeket, például: meg nem bocsátás, keserűség, gyűlölet, ellenségeskedés, erőszak, becstelenség, alkoholizmus, lopás, erkölcstelenség, antiszemitizmus, stb. Mindegyik bűn mellé írd oda, ki tette: édesapád, édesanyád, anyai vagy apai nagyszülők valamelyike, stb. Találj egy Igeverset mindegyik családi bűnhöz, amiről tudsz! Ezt írd oda az adott bűn mellé!
2. Vannak-e a bűnnek olyan területei az életemben, amelyekből már megtértem és amelyeket már megvallottam, de mégsem tudok győzni felettük? (Nevezd meg ezeket! Lehet, hogy ezeket a bűnöket a családod bűnei erősítik.)
3. Ki fogant meg a családodban házasságon kívül? Gondolj magadra, a szüleidre, a nagyszüleidre és bármely közvetlen felmenődre!
4. Bálványimádás – mely formáit gyakorolták az elődeim? Nevezd meg azokat a vallásokat – a kereszténységen kívül – amelyeket őseid gyakoroltak! A válasz megfogalmazásakor gondolj

a még élőkre (szüleidre) és népcsoportodnak a történelembe visszanyúló bálványimádására (pl. a Turul vagy a fehér ló tisztelete, stb.)

5. Mely más dolgok váltak bálvánnyá a családodban? A cigaretta, az alkohol, a kábítószer, a pornográfia, az önkielégítés vagy valami más? (Olvasd el a 4. függeléket, amely segít válaszolni erre a kérdésre!)

*Lásd az imanaplóról szóló útmutatót a 26. és 27. oldalon!

Hová tűntek az atyák?

5. FEJEZET

„Apátlan árvák lettünk; anyáink, mint az özvegyek."
(Jeremiás Siralmai 5:3)

A volt szocialista területeken mindenütt ugyanazt látjuk: az apák hiányoznak a családokból. Az 1. fejezet elmagyarázta, hogyan fosztották meg családjainkat az apáktól. A 2. és 3. fejezetben elkezdtük megérteni, miért nem vagyunk annyira áldottak, mint lenni szeretnénk, de még mindig nem ismerjük a választ arra a kérdésre, hogy *pontosan hogyan veszítettük el apáinkat.* A választ két befolyási területről nyerjük, amelyeket ebben a könyvben vizsgálunk meg. Az egyik a Sátán világméretű terve arra, hogy az emberiséget elválassza Istentől. A második a saját életünknek a kommunizmus évei alatt kialakult társadalmi, kulturális és szellemi környezete a volt Szovjet blokkban.

Isten terve a föld kormányzására
Először vizsgáljuk meg Isten világméretű tervét a föld benépesítésére és arra, hogy azt a saját kormányzása alá vonja. Megdöbbentő módon az egész terv a családban összpontosul, amint az *Mózes első könyvében* olvasható *megbízásból* kiderül!

„Teremté tehát az Isten az embert az ő képére, Isten képére teremté őt: férfiúvá és asszonynyá teremté őket. És megáldá Isten őket, és monda

nékik Isten: Szaporodjatok és sokasodjatok, és töltsétek be a földet és hajtsátok birodalmatok alá; és uralkodjatok a tenger halain, az ég madarain, és a földön csúszó-mászó mindenféle állatokon."
(1 Mózes 1:27-28)

Az Ádámnak és Évának adott megbízásból egyértelmű, hogy Isten az ő utódjaikon (családjukon) keresztül szándékozta kiterjeszteni uralmát az egész földre az istenfélő gyermekek egymást követő nemzedékei segítségével[6].

Ebbe a világba azonban nem úgy születnek bele a gyermekek, hogy kapcsolatuk van Istennel és engedelmeskednek Neki. Ezért Isten terve a gyermekekkel az, hogy megismerjék az Urat szüleik szeretetén, elfogadásán és nevelésén keresztül. A szülők a viselkedésükkel Istent képviselik a kicsik életében, így mutatják be nekik Istent és az Ő természetét. A családokban Isten terve szerint a kapcsolatok két síkja alakul ki: a gyermekek kapcsolódnak közvetlen családjuk összes tagjához és a szűk családon kívüli emberekhez. Amint a gyermek növekszik, a családja taníthatja őt Istenről és kialakul a függőleges kapcsolat a gyermek és Isten között. Isten szándéka szerint a családnak a kapcsolatok e két síkja segítségével kell az Atya uralmát terjeszteni a világon. Ezért nem szabad meglepődnünk azon, hogy a Sátán az erőfeszítéseit a családok támadására összpontosítja, méghozzá világméretű sikerrel a tudatlanságunk miatt.

Az 1 Mózes-ben lévő megbízatás kibontása

Hogyan nyerjük vissza azt a területet, amit az évszázadok során átengedtünk az ellenségnek? Akkor tudunk válaszolni erre a kérdésre, ha jobban megértjük Isten velünk kapcsolatos tervét. Ezután elkezd-

---

6 *Mostanra már értjük a Sátán – a Szembeszegülő – világméretű terveit, amelyeknek a lényege az, hogy mindig ellenáll Isten munkálkodásának. Helyreállásunk érdekében nem a Sátán terveit vizsgáljuk meg, hanem Istenéit, hogy meglássuk, mit kell visszaszereznünk az ellenségtől.*

A család bűnei

hetünk ellenállni a Sátán munkájának, először a saját életünkben, majd a családunkban, végül pedig a gyülekezeteinkben és a nemzeteinkben.

Vegyük hát szemügyre közelebbről az *1Mózes-beli megbízást*, amely a Biblia legelső részében olvasható. Isten ebben fejti ki tervét arról, hogy kormányzása hogyan terjedjen ki teremtett művére, a földgolyóra.

„Teremté tehát az Isten az embert az ő képére, Isten képére teremté őt: férfiúvá és asszonynyá teremté őket. És megáldá Isten őket, és monda nékik Isten: Szaporodjatok és sokasodjatok, és töltsétek be a földet és hajtsátok birodalmatok alá; és uralkodjatok a tenger halain, az ég madarain, és a földön csúszó-mászó mindenféle állatokon."
(1 Mózes 1:27-28)

Vizsgáljuk meg e két vers nyelvezetét, hogy megértsünk Isten tervének ezt a részét. Mindenek előtt azt látjuk, hogy Isten a saját képmására teremtette a férfit és a nőt. A „képének" fordított szó a következőt jelenti az eredeti nyelvben:

„Tselem* (853d); egy nem használt szóból származik; ebben a szakaszban képmásnak fordítják, de az Ószövetségben sokszor előfordul, és fordítják formának (1-szer), képmásnak (5-ször), képmásoknak (6-szor), hasonlatosságoknak (3-szor) és jelenésnek (1-szer)."
*Strong féle konkordanciaszám: 6754: szótő az „árnyék" szó.

Isten azt akarta, hogy visszatükrözzük Őt, ahogyan az ember árnyéka is megmutat valamit az emberből. Az élő ember árnyéka azonban többet tár fel annak formájától. Azt teszi, amit tulajdonosa, tökéletesen egyszerre az egyénnel. A János 14:9-ben Jézus azt mondta Filepnek: *„...a ki engem látott, látta az Atyát".* A János 5:19-ben pedig ezt: *„amiket az Atya cselekszik, ugyanazokat hasonlatosképen a Fiú is cselekszi."*

Jézus azért jött le a földre, hogy megmutassa, milyen az Atyja és milyen a menny; Ő volt Isten árnyéka a földön. Jézus két minőségben jött el: egyrészt mint Isten Fia, hogy utat készítsen az Atyának, másrészt mint második Ádám, hogy bemutassa, hogyan kell élnünk Isten képmásának hordozóiként az 1 Mózes 1 szerint. Amikor elköteleztük magunkat, hogy keresztények leszünk, rászántuk a szívünket arra, hogy ugyanúgy betöltjük Istentől kapott rendeltetésünket az Ő életünkre vonatkozó célját és tervét, mint Jézus tette, vagyis hogy Isten árnyékai leszünk: úgy nézünk ki, mint Jézus, tehát mint Atyánk és csak azt tesszük amit Ő. Az Atya árnyéka azt teszi, amit az Atya és Isten terve az életünkről az, hogy az Atya árnyékai legyünk: „...*az ő Fia ábrázatához hasonlatosak legyenek*" (Róma 8:29) hogy ugyanúgy visszatükrözzük Mennyei Atyánk képét, mint Jézus.

Az atyaság működése Isten szerint

Ebben a részben megvizsgáljuk, hogyan tervezte el Isten az atyaságot. Ezt megértve könnyebben meggyógyulunk a jellemünkön és szülői képességeken esett sérülésekből, ugyanis a szocializmus alatti és utáni kultúrákban felnőtt emberek zöme megsebesült ezen a két területen.

Először nézzük meg közelebbről azokat az utasításokat, amelyeket az 1 Mózes 1:27-28-ban adott nekünk Isten! Például megparancsolja az apáknak, hogy szaporodjanak és sokasodjanak. Az istenfélő családban az apáknak meg kell tenniük ezt a két dolgot, mert ezekben rejlenek a kulcsok Isten atyaságra vonatkozó tervének megismeréséhez. A kulcsok megszerzéséhez meg kell értenünk, mit jelent „szaporodni" és „sokasodni".

Ha feltárjuk Isten tervét az atyaságról, kapunk egy összehasonlítási alapot. Ehhez képest kiértékelhetjük, milyen apai gondoskodásban részesültünk és mi milyen apák voltunk, illetve vagyunk. Ennek zsinórmértékét nem valamilyen pszichológiai könyvben találjuk, vagy egy népszerű mai könyvben a gyermeknevelésről. A Bibliát kell alaposan átvizsgálnunk a válaszokért.

Szaporodás

Az atyaság kulcsait keresve vizsgáljuk meg, milyen folyamatokat írnak le a „szaporodás" és „sokasodás" szavak! Isten, az Atya eredetileg elhelyezett valamit Ádámban és Évában: az Őhozzá való hasonlóságot. Isten kijelentette a tervét, hogy az egész földet Ádámhoz és Évához hasonlító emberek sokaságán keresztül akarja kormányozni. Ádám és Éva megteremtése után azonban Isten már a saját kezével nem akart több embert készíteni, hanem a szaporodási folyamatot rábízta Ádámra és Évára, az emberiség képviselőire, majd pedig utódaikra. Nekünk kell fajunk többi egyedét létrehozni azokkal a képességekkel, amelyeket Isten belénk helyezett. A termékenység egyik része a „szaporodás". Biológia szempontból ez azt jelenti, hogy kisbabáink tudnak születni, ahogyan a tölgyfa makkokat terem, amelyekből újabb tölgyfák lesznek, ha kihajtanak.

Sokasodás

No, de mi van a „sokasodás"-sal? Megkérdezheted, hogy a két szó nem ugyanazt jelenti-e. Akkor nézzünk egy kicsit mélyebbre! Még nem vizsgáltuk meg a jellemet és a személyiséget, a sok tényező közül csak kettőt, ami megkülönbözteti az embert a növényektől. A fák és a többi növények a magjukban rejtik el a lényegüket: tulajdonságaikat, amelyek mindig ugyanazok. A jellem és a tulajdonságok közé azonban nem tehetünk egyenlőségjelet. Az ember jellemét lehet jó és rossz irányba alakítani, de a fa ugyanolyan marad, bármit is teszünk vele.

Isten tehát egy másfajta magot is elhelyezett Ádámban és Évában; valamit a saját személyiségéből. A biológiai szaporodás nem elég. A folyamat az anyaméhben kezdődik, de a jellem a kapcsolatainkban alakul ki. Akkor kell fejlődnie, amikor a szülők nevelik a gyerekeiket és ápolják velük a kapcsolatot, mert ilyenkor abból adnak nekik, amit Isten beléjük épített. Isten is töltött minőségi időt Ádámmal a kertben, amikor oktatta Ádámot és fejlesztette a jellemét. Ekkor tanult meg Ádám az Úrtól gyakorlati dolgokat, mint pl. a földművelést, de ekkor élte át azt is, hogy Isten az Atyja. Isten mint Atya odavitt Ádámhoz minden madarat és állatot, amit megteremtett és hatalmat adott Ádámnak, hogy mindegyiknek nevet adjon, miután megfigyelte őket. Ennek igen hosszú folyamatnak kellett lennie, tekintve az állatok és madarak szinte végtelen számú faját (amelyek közül sok már kihalt) és Ádám mindezt Atyjával, Istennel együtt tette.

Ádám jelleme az Alkotójától és Atyjától, Istentől hallott tanítás alapján fejlődött a Vele folytatott kapcsolatban, amelynek során meg is figyelte Istent, aki példát mutatott neki. Bár emberi mivolta és tapasztalata korlátozta őt, mégis visszatükrözött valamit Isten képéből. A Biblia azt is feljegyzi, hogy Isten Ádámmal és Évával is töltött együtt időt: eljött hozzájuk a kertbe és sétáltak, de Isten csak kettőjükkel tette ezt, akiknek nem voltak földi szülei. A sas fiókák a szüleiktől tanulják meg a sasok életmódját. Az oroszlánok is a szüleiktől tanulják, hogyan legyenek oroszlánok. Az embergyerekek is így tesznek. Isten a biológiai formánkat a természetben helyezte el, mégis a szüleinkkel való kapcsolatból fakad a nagy része annak, hogy kik vagyunk és hogyan viselkedünk. Isten elhívott minket termékenységre, hogy újratermeljük biológiai formánkat, de ennél többre is utasított minket: Atyánk képmását kell megsokszoroznunk gyermekeinkben, vagyis be kell vésnünk képmását az utódainkba. Isten kilépett a mennyből, hogy saját képmását bevésse az első emberpárba, majd személyesen meglátogatta Ábrahámot ugyanezzel a céllal, végül pedig elküldte Fiát Jézust, hogy megmutassa nekünk az Atyát.

Röviden tekintsük át, hogyan hozzák létre a szülők saját másolatukat, képmásukat (avagy azt, amiben hisznek) a gyermekeikben; példát mutatnak. Nem annyira a szavaikkal, mint inkább azzal, amit a gyermekért, a gyermekkel, vagy a gyermek jelenlétében tesznek.

Az állatok esetében ezt bevésődésnek hívjuk. Minket keresztény szülőket, különösen apákat arra hívott el Isten, hogy a mennyei Atya vonásait mutassuk be a gyermekeinknek még mielőtt beszélni tudnának, de feltétlenül mielőtt felnőtt módjára értenek és gondolkodnak. Ennek a bevésésnek két szempontja van: először is felkészítjük gyermekeinket Isten személyes megismerésére: bemutatjuk, milyen Ő és hogyan lehetünk Vele kapcsolatban (ezt velünk, földi apjukkal való kapcsolatukban gyakorolják). Másrészt beoltjuk gyermekeinkbe Isten jellemvonásait, hogy visszatükrözzék Őt, aki kezdetben az embert a saját képére teremtette. Az 1 Mózes 1-ben ilyen sokszorozódásra kapott megbízást az ember.

Isten azt akarta, hogy az egész világot betöltse az Ő képmása, tehát a világ az Ő jellemét tükrözze. Megparancsolta nekünk, hogy csatlakozzunk Hozzá a sokszorozás feladatában, hogy minden gyermekbe építsük be a képmását, ahogyan az emberi nembe beépített biológiai szaporodási képesség is Isten terve és parancsa szerinti utódokat hoz létre. Isten így találta ki ezt a rendszert.

Amilyen az apa, olyan a fia

Mostanra már biztosan nagyon akarjuk tudni, Isten mely vonásait kell belénk plántálniuk a szüleinknek, hogy Isten képét tükrözhessük vissza. Ha ezek a vonások megvannak bennünk, vagy ha meg tudjuk szerezni őket, akkor elvárható tőlünk, hogy könnyen megláthessuk, mit cselekszik Mennyei Atyánk jelenleg a földön és belépjünk a munkájába. Akkor Jézushoz hasonlóan azt tennénk, amit az Atya.

„Felele azért Jézus, és monda nékik: Bizony, bizony mondom néktek: a Fiú semmit sem tehet önmagától, hanem ha látja cselekedni az Atyát, mert a miket az cselekszik, ugyanazokat hasonlatosképen a Fiú is cselekszi."

(János 5:19)

Jézus és az Atya közötti kapcsolatot tartja Isten elénk példaként. Ha megfelelő apák vagyunk, akor Mennyei Atyánk cselekedeteinek árnyéka leszünk. Az a baj, hogy mivel a saját földi apánk nem Isten előírásai szerint bánt velünk, a tapasztalataink során nem épült belénk a szükséges Isten szerinti jellem és ezért észre sem vesszük, amikor letérünk a helyes vágányról. Ennek az okfejtésnek nem az a célja, hogy reménytelenné váljunk, hanem hogy meglássuk, miért nem vagyunk képesek eleget tenni Mennyei Atyánk életünkre vonatkozó vágyainak. Most vonatkoztassuk önmagunkra mindazt, amiről eddig beszéltünk! Vizsgáljuk meg, hogy szerintünk milyen Isten, majd tekintsük át saját meggyőződéseinket, hogy meglássuk mennyire felelnek meg a valóságnak!

HOGYAN HAT EZ AZ ÉLETEDRE?

Fedezzük fel, milyen az Isten!

Jézus azt mondta: „...*megismeritek az igazságot, és az igazság szabaddá tesz titeket*" (János 8:32). Ebben a részben ötvenkét jellemzőt vizsgálunk meg, amelyeket az Írás Istennek tulajdonít, majd pedig ezek segítségével elkezdjük felszabadítani életünket múltunk problémái alól. Isten meg akar áldani minket és olyan vonásokat akar nekünk adni, amelyek neveltetésünk során nem vésődtek belénk. Ha földi apánk nem volt tökéletes, Isten készségesen segít nekünk most; Ő át tud nevelni minket. Ha Ő az Atyánk ez azt jelenti, hogy a gyermekei lettünk. Ehhez újjá kell születnünk (lásd az 1. függeléket!). Ha bemerülünk Szent Szellembe (lásd az 1 függeléket!), már a menny ereje is támogat minket, miközben mélyebb kapcsolatba kerülünk Mennyei Atyánkkal. Amint alávetjük magukat Isten útjainak, Ő fejleszti a jellemünket, hogy épek legyünk, semmiben sem szűkölködve (Jakab 1:4).

Ismerkedjünk meg *Az Atya tulajdonságai* című táblázattal, ami a következő oldalakon található! Ezt fogjuk használni az *Imanaplóval* kapcsolatos tennivalókhoz is, amelyeket a fejezet végén vázolunk fel.

- Az első oszlopban Isten néhány olyan vonását látjuk, amelyek a viselkedésében nyilvánulnak meg.
- A második azokat az igehelyeket tartalmazza, ahol az első oszlopbeli tulajdonságról olvashatunk.
- A harmadik oszlopba írjuk be saját benyomásainkat Isten első oszlopban említett tulajdonságával kapcsolatban. Itt legyünk szókimondók és merjük megfogalmazni, mi alakult ki bennünk Istenről amiatt, hogy földi apánk hiányosan mutatta be Őt, illetve azon átéléseink miatt, amelyeknek köszönhetően nem olyannak érzékeltük Istent, amilyennek a Biblia bemutatja.
- A negyedik oszlopban megint visszanézünk Isten első oszlopban szereplő vonására, de ide azt írjuk be, mennyire láttuk földi apánkban az adott tulajdonságot, vagyis hogyan mutatta be nekünk Istent, mint Atyát. Például az ötödik sor igazságosnak nevezi Istent, de ha apánk igazságtalan volt velünk, azt írjuk a negyedik oszlopba, hogy „igazságtalan".
- Az ötödik oszlopban azt osztályozzuk, mennyire jellemzők ránk az első oszlopban szereplő vonások; mennyire felelünk meg a követelményeknek. Például az ötödik sor ötödik oszlopába azt írjuk „igazságtalan", ha eddig igazságtalanok voltunk.

Ennek a gyakorlatnak az a célja, hogy felfedezzük, mely területeken nem ismertük meg Istent olyannak, amilyen és elkezdhessünk változtatni a helyzeten. Két nyilvánvaló és közvetlen előnye van annak, ha elkezdjük helyretenni magunkban a dolgokat: megnyitjuk ajtónkat az Istennel való jobb és gyümölcsözőbb kapcsolat előtt és mi magunk is elkezdünk egyre hasonlóbbá válni Jézushoz. Lássuk, hogyan lehetséges ez!

Íme, egy érdekes okfejtés: Jézus elmondta, hogy Ő az Atya pontos kiábrázolása és ha láttuk Őt, akkor láttuk az Atyát (János 14:9.). Ezért amikor azt valljuk, hogy olyanok akarunk lenni, mint Jézus, ezzel azt is mondjuk, hogy hasonlítani kívánunk közös Atyánkra. Tehát a következő táblázat első oszlopából megláthatjuk, milyen Isten s ugyanakkor, hogy milyennek akar látni minket. Az a baj, hogy nem tökéletesen neveltek minket a szüleink, így az Istenről alkotott képünket nagymértékben befolyásolják életünk első éveinek a körülményei.

Talán nem olyannak ismerjük Istent, amilyennek az első oszlop leírja, mert az ott leírt tulajdonságok némelyikével még nem találkoztunk a gyakorlatban. Még az is lehet, hogy tiltakozva azt állítjuk: Isten nem a Bibliában adott ígéretek szerint bánt velem és a családommal. Ez lehet, hogy így van, de nézzük meg, vajon miért mutathat a tapasztalatod másmilyen kapcsolatot Istennel, mint amilyenre számítanál a most megvizsgált bibliai helyek alapján! Egy megdöbbentő ige bepillantást enged nekünk az Istennel való kapcsolatba:

„Az irgalmashoz irgalmas vagy: a tökéleteshez tökéletes vagy. A tisztával tiszta vagy; s a visszáshoz visszás vagy."
(Zsoltárok 18:26-27)

Bizonyos szempontból Isten a viselkedésünk szerint bánik velünk. Tehát ha az Ő útjainak megfelelően cselekszünk, olyannak éljük át Őt, amilyennek mondja Magát, de ha az Ő útjaitól, terveitől és céljaitól eltérően élünk, akkor ennek megfelelő bánásmódban részesülünk a közmondás értelmében: „Amilyen az „adj' Isten" (viselkedésünk gyümölcsei), olyan a „fogadj' Isten" (azt kapjuk)". Biblikusan szólva: amit vetünk, azt aratjuk (Galata 6:7; lásd *A világot kormányzó szellemi törvények* című 2. fejezetet!). A talentumok példázatában az egyik szolga kemény embernek ismerte az urát, ezért elásta a pénzt, amit befektetési céllal kapott (Máté 25:24). Érdekes módon az úr aszerint bánt vele, amilyennek a szolga hitte.

Talán azért nem ismertük meg Istent olyannak amilyen, mert a viselkedésünket meghatározta, milyennek (nem) hittük Őt – gyermekkori átéléseink alapján – és a magatartásunk miatt Ő nem tudott velünk úgy találkozni, ahogyan szeretett volna és ahogyan mi is szerettük volna.

Ez nem a legkönnyebben megemészthető fejezet. Néhány percben vizsgáljuk meg az előző oldalakon előtárt alapgondolatokat, melyeket a következő részben *Kulcsfogalmak* címszó alatt tekintünk át. Miután felfrissítettük ezt a tudásunkat, az 5. fejezet lezárásaként készek leszünk arra, hogy hozzáfogjunk elvégezni bejegyzéseinket az imanaplónkba.

Az 5. fejezet fő gondolatai

- A föld feletti uralomért zajló csata a családok ellen irányul.
- Isten azt akarta, hogy a szülők az Ő képmását építsék be gyermekeikbe.
- Isten jellemét először a szüleink mutatják be nekünk, másodszor az Írás, harmadszor pedig az, ahogyan Isten velünk és másokkal bánik.
- Ha tudni akarjuk, milyennek kellene lennünk, akkor először a Bibliából tudhatjuk meg, milyen Isten – nekünk is olyanná kell válnunk.

Bejegyzések az imanaplónkba

Már abban a helyzetben vagyunk, hogy igyekezhetünk Istent jobban megismerni, mint amennyire eddig ismertük. Kezdj új oldalt az

Imanaplódban „5. fejezet: *Hová tűntek az atyák*" fejléccel. Ha lehet, fénymásold le *Az Atyaisten tulajdonságai* című táblázatot és ragaszd be az imanaplódba. Ha ez nem megy, írd bele kézzel! Ezután elkezdheted kitölteni mindegyik oszlopot Isten tulajdonságaira vonatkozóan, követve az igei utalásokat. Akkor válhat leginkább a javadra ez a gyakorlat, ha betartod az alábbi útmutatást a különböző oszlopokra vonatkozóan. Mielőtt elkezded a munkát kérd a Szent Szellemet, hogy álljon melléd és vezessen el az igazságra a tapasztalataiddal és az állapotoddal kapcsolatban.

Miután imádkoztál Isten segítségéért a feladat elvégzéséhez, kezd a 3. oszloppal! Írd be, mit tanultál meg az Atyaistenről; mit hiszel Róla a tapasztalataid következtében.

Itt vigyáznunk kell, mert könnyen „elszellemiesítjük" a hitrendszerünket csak azért, hogy illő, elfogadható és biztonságos választ adjunk. Amint őszintén és imádkozva töltjük ki a harmadik oszlopot, elkezdhetjük meglátni, hol jött be néhány világi hatás, ami megfosztott minket az Atyaisten elméleti és gyakorlati megismerésétől.

Most, mivel már bátrabbak vagyunk, töltsük ki a negyedik oszlopot: írjuk bele, milyennek ismertük meg földi apánkat; értékelésünk szerint mennyire tudta behozni az életünkbe Istennek az első oszlopban jelzett tulajdonságait.

Utoljára önmagunkról kell nyilatkoznunk a táblázatban. Kérjük a Szent Szellemet, hogy segítsen az utolsó oszlop kitöltésében! Értékeljük hát önmagunkat őszintén és egészséges módon, hogy meglássuk, pillanatnyilag mennyire éljük meg Istennek az első oszlopban jelzett tulajdonságait. Ő szeretné, hogy ezek kifejeződjenek az életünkben, hiszen a gyermekei vagyunk.

Ezen gyakorlat befejeztével talán észreveszünk néhány érdekes párhuzamot aközött, ahogyan Istent és ahogyan földi apánkat látjuk.

Hová tűntek az atyák? 93

Ezután, amikor átpillantunk az ötödik oszlopra, megláthatjuk, hogyan befolyásolt és formált minket az, ahogyan apánk kezelt bennünket. Amilyen mértékben őszinték voltunk és aszerint, amilyen felfedezéseket a táblázat alapján tettünk, megvan az alapunk ahhoz, hogy dolgozni kezdjük a pozitív változások érekében az életünkben. A következő fejezetben beszéljük meg, merre vezet az út, de előbb még van egy kis dolgunk.

Azzal fejezd be ennek a fejezetnek a tanulmányozását, hogy az Imanaplódban válaszolsz az utolsó oldalon keretbe foglalt *Személyes kulcskérdésekre*. Ezek a kérdések abban kívánnak segíteni, hogy elkezdd használni *Az Atyaisten tulajdonságairól* szóló táblázat kitöltésével összegyűjtött információt. Most is úgy járj el, hogy mindegyik kérdést beírod az imanaplódba és válaszolsz rá, mielőtt továbblépsz a következőre.

Az Atyaisten tulajdonságai

Isten tulajdonságai	Hivatkozás	Hogyan érzékeltem Istent	Milyennek láttam földi apámat	Saját tulajdonságaim
Isten szeretet	1 János 4:8			
Bőkezű	Róma 8:32			
Megigazít/nem kárhoztat	Róma 8:33			
Semmi nem választhat el minket Jézus Krisztusban megnyilvánuló szeretetétől	Róma 8:34-39			
Isten sosem igazságtalan	Róma 9:14			
Isten kedves	2 Sámuel 9:3			

Kedvesség, türelem, tolerancia	Róma 2:4			
Nyugalmat ad	Józsué 1:13			
Erőt ad, megerősít	Zsoltárok 68:35			
Kegyelmes és irgalmas	Zsoltárok 48:11			
Kitartást ad és bátorít	Róma 15:5			
Kegyelmet, irgalmat és békét ad	2 János 3			
Békességet ad	Zsidók 13.20			
Reményt, örömöt és békét ad	Róma 15:13			
Könyörület	Jeremiás 16:5			
Türelmes	1 Korinthus 13:4-7			
Sosem hagy el minket	Zsidók 13:5			
Sem el nem távozik tőlünk	Zsidók 13:5			
Nem részrehajló	5 Mózes 10:17; Cselekedetek 10:34			
Ellene van minden hamisságnak	Róma 1:18			
Akarata jó, elfogadható és tökéletes	Róma 12:2			
Hűséges	1 Korinthus 1:9			
Szent	1 Korinthus 3:17			

Hová tűntek az atyák? 95

Nem a zűrzavar, hanem a békesség jellemzi	1 Korinthus 14:33				
Nem csúfoltatik meg	Galata 6:7				
Nem igazságtalan	Zsidók 6:10				
Isten világosság és nincs Benne semmi sötétség	1 János 1:5				
Nem hazudik	4 Mózes 23:19				
Igazságot szolgáltat az árvának és az özvegynek	5 Mózes 10:18				
Kegyelmes és könyörülő	2 Krónikák 30:9				
Kegyes az Őt keresőkhöz	Ezsdrás 8:22				
Igaz bíró	Zsoltárok 7:11				
Menedék, erő és jelenlévő segítség a bajban	Zsoltárok 46:1				
Mellettem van	Zsoltárok 56:9				
Szent az útja	Zsoltárok 77:13				
Minden cselekedete igazságos	Dániel 9:14				
Türelmes	1 Korinthus 13:4-7*				
Kedves*	1 Korinthus 13:4-7*				
Nem féltékeny – nem akarja, ami nincs birtokában*	1 Korinthus 13:4-7*				

Nem dicsekszik*	1 Korinthus 13:4-7*			
Nem fújja fel magát*	1 Korinthus 13:4-7*			
Nem kényszeríti magát másra*	1 Korinthus 13:4-7*			
Nem keresi a maga hasznát*	1 Korinthus 13:4-7*			
Nem lobbanékony*	1 Korinthus 13:4-7*			
Nem tart magánál listát mások bűneiről*	1 Korinthus 13:4-7*			
Nem kárörvendő*	1 Korinthus 13:4-7*			
Örömet lel az igazság virágzásában*	1 Korinthus 13:4-7*			
Mindent elvisel*	1 Korinthus 13:4-7*			
Mindent eltűr*	1 Korinthus 13:4-7*			
Megfenyíti fiait	Zsidók 12:7-11; 5 Mózes 8:5			
Akiket szeret, azokat megdorgálja	Jelenések 3:19			
Nem hagy minket (el) árvákul	János 14:18			

*A szeretet tulajdonságai az 1 Korinthus 13:4-7-ből, annak alapján, hogy Isten szeretet.

Kulcsfontosságú személyes kérdések az ötödik fejezet kapcsán

Felkészítő gyakorlat*
Alaposan és imádkozva (a Szent Szellem segítségét kérve) nézd át, hogyan töltötted ki *Az Atyaisten tulajdonságai* című táblázatot az *imanaplódban*!

- Keresd a mintákat: hol nem esett egybe az Istenről való benyomásod azzal, amit az Írás mond Róla?
- Keresd ki azokat a pontokat, ahol nem egészen egyezett Isten jellemével az, amit a szüleidtől kaptál!
- Végül nézd meg, hol tér el a jellemed jelentősen attól, amit Isten szeretné, hogy visszatükrözz Őbelőle!

Imaszolgálati kérdések – Válaszolj a következőkre az Imanaplódban*!

1. Sorold fel azokat a jellembeli területeket a táblázatból, amelyeken felfedezted, hogy Istenről szerzett benyomásaid nem illenek össze azzal, amit az Úr Önmagáról mond! Hajlandó vagy megismerni Istent olyannak, amilyennek a Bibliában kijelenti Magát? Minden ponthoz, ahol eltérést tapasztaltál, írj egy rövid imát! Kérd Istent, hogy megtapasztalható módon jelentse ki Magát neked és így életmóddá váljon a számodra az, amit a Biblia állít.
2. Sorolj fel minden pontot, ahol a szüleid helytelen benyomást keltettek benned Istenről! Hajlandó vagy ezt megbocsátani nekik?
3. Sorold fel azokat a területeket, ahol azt látod, hogy olyanná váltál, amilyen tulajdonságot nem szerettél a szüleidben (az Istenellenes dolgokat tekintve)! Meg tudsz bocsátani önmagadnak? Mindegyik ponthoz írj egy rövid imát! Kérd Istent,

hogy segítsen Hozzá hasonlóvá válnod az adott jellemvonásban.

*Lásd az imanaplós bekezdéseket a 26. és a 27. oldalon lévő keretekben!

Isten a családokból, mint téglákból építi fel a társadalmat

6. FEJEZET

Az előző fejezetben kezdtük meglátni, mennyire fontosak az apák a családban, mivel ők formálják az Atyaistenről alkotott képünket. Amint megvizsgáltuk az 1 Mózes 1-ben kapott megbízást megértettük, hogy Isten terve szerint az emberiségnek a család keretein belül kell szaporodnia, valamint rendet teremtenie a világ dolgaiban és igazgatni azokat (1 Mózes 27; lásd 5. fejezet). Most nézzük meg az apa szerepét a családban egy másik szemszögből.

Derek Prince, *Férjek és Atyák* c. könyvében azt mondja, hogy az apáknak három fő feladatuk van a családban: prófétának, papnak és királynak kell lenniük. Prófétai szerepében az apa Isten kívánságait és igaságait képviseli a család előtt. Papként a családját és szükségeiket Isten elé viszi. Végül, királyként az apa vezeti a családot, amint az földi feladatait teljesíti. Ezt szem előtt tartva vizsgáljuk meg két fő módját annak, ahogyan lelkünk ellensége megkárosítja a családokat az apákon keresztül. Először is kárt tesz az apa jellemében; abban, ahogyan szeretni és vezetni tudja a családját. A támadás második menetében eltávolítja az apát a családból fizikailag, vagy azáltal, hogy semlegesíti. Az apa Istentől kapott családi kötelességeinek teljesítése mindkét esetben vagy megszűnik, vagy nagymértékben csökken.

Az 5. fejezetben megláttuk, hogy apáink jelleme hogyan hat az Istenről alkotott képünkre és felfogásunkra, valamint a saját jellemünkre. Most megvizsgáljuk, hogyan sikerült az ellenségnek eltávolítania apáink jelenlétét és befolyását az otthonainkból.

Hová lettek az apák?

A Sátán úgy távolítja el az apák Isten szerinti befolyását a családokból, hogy a szívüket rabul ejti az üzleti élettel, a sporttal, a kikapcsolódással, a karitatív tevékenységgel vagy akár Isten munkájával. Nézzünk meg egy mai történetet ami azt példázza, hogyan történhet ez meg, akár keresztények között is:

Zoli apja, Gáspár László, lelkipásztor (nem az igazi neve) Isten fantasztikus szolgája volt, pásztorokat pásztorolt, kitűnő bibliatanító volt. Országszerte sok gyülekezetbe meghívták prédikálni és szolgálni, sőt külföldre is járt. Sokszor ellátogatott Amerikába és más nyugati országokba, amelyek jobb gazdasági helyzetben voltak saját hazájánál, hogy támogatást szerezzen a gyülekezete számára. Mikor otthon utazgatott, általában nem töltött egyszerre egy hétnél több időt távol a családjától, de amikor nyugatra ment, egyszerre akár egy hónapnál is több időre elment és teljesen kimerülten tért haza. Úgy tűnt, Zoli apja sosincs otthon; vagy testileg, vagy lelkileg.

Kívülről a család csodálatos „keresztény" családnak látszott. Gáspár pásztort tisztelték és becsülték a saját gyülekezetében, sőt országszerte és külföldön is, de otthon noha a családja maradéktalanul megadta neki az apának járó tiszteletet, ez puszta formaság maradt. A családi életük nem volt élénk. A kapcsolatok feszültek, merevek és távolságtartók voltak. Gáspár pásztornak csak az 'Istenére' volt ideje, a bibliatanulmányozásra, a prédikációk írására, az imaszolgálatra és a milliárdnyi látogatóra, akik bölcs tanácsát lesték, aztán végül késő este, amikor a családja már régen lepihent, ő is beesett az ágyba egy rövid, kimerült, álmatlan alvásra. Gáspár pásztor gyakorlatilag, sosem volt otthon a családja számára. A család nagyon megsínylette, hogy Gáspár pásztor tulajdonképpen nem tudott apaként működni; nem volt saját családja prófétája, papja és királya.

Az idők során Zoli morcos és vitatkozó lett, végül pedig ő is elment otthonról. A hőn kívánt, férfitárstól jövő bátorítást egy utcai bandában találta meg, ahol megtanult a csúcs felé törni azzal, hogy minden csalódottságát és haragját lopásokban és verekedésekben élte ki, végül pedig azokkal a bűnös szexuális kapcsolatokkal vigasztalta magát, amelyek a keményebb bandatagok számára elérhetők voltak. A Sátánnak sikerült Zoli apját ellopni otthonról, a családjától és mostanra már Szását is szorosan a markában tartotta. A család a pusztulás szélére sodródott.

A történet jól végződik, noha majdnem egy tragédia kellett ahhoz, hogy Gáspár pásztor keresni kezdje a Szent Szellemet és meg akarja hallani a hangját a családjával kapcsolatban. Gáspár pásztor csak akkor ébredt fel, mikor Zoli kórházban feküdt a halál torkában, miután egy bandaharcban megkéselték.

Ekkor meglátta, mennyire elsodródott a fia tőle, a családtól és főleg Istentől. Amint Istenhez kiáltott a fia ágyánál és Zoli életéért könyörgött, kérdezgetni kezdte az Úrtól, hogy miért történt ez. Úgy érezte, az Úr azt mondja neki: „Már alig vártam, hogy megkérdezd!" Ezután Isten gyengéden elkezdte kijelenteni neki, hogyan hagyta el apai feladatát és hogyan csinált szinte bálványt a szolgálatból, családja rovására.

Zoli csodálatos módon meggyógyult, miután apja megtért a hanyagságából és könnyek között bocsánatot kért a fiától és a családjától. Az apa csak hosszú idő alatt tudta a bensőséges kapcsolatot kialakítani legidősebb fiával, de amikor elkezdett figyelni rá, beszélni vele és amint egyre többet volt otthon, virágozni kezdett a kapcsolat apa és fia között. Ez azt jelentette, hogy a többi tevékenysége rovására minőségi időt kellett szánnia Szására.

Ahogy telt az idő, ők ketten elkezdtek nyíltabban beszélgetni egymással. Ma Gáspár pásztornak még mindig van gyülekezete és szolgál bel- és külföldön egyaránt, de mindegyik szolgálati meghívást átgondolja a Szent Szellem előtt és nem fogadja el azokat a felkéréseket, amelyeket Isten nem hagy jóvá. Mostanában gyakran magával viszi egy-két családtagját az útjaira, még külföldre is. Két éven belül Zoli visszatért az Úrhoz, beiratkozott a kijevi teológiai főiskolára és hétvégenként otthon segít apjának az új, izgalmas és növekvő ifjúsági szolgálat kifejlesztésében a gyülekezetben.

A szülők elrablása világméretekben

A világon mindenütt hasonló eredményekkel jár az, hogy az apák és anyák nem töltik be rendeltetésüket a családjukban: az apák futballfüggőkké válnak. Aamikor otthon vannak, állandóan a tévére tapad a szemük. Az anyák elmennek dolgozni, hogy segítsenek a család eltartásában, rendszeresen otthagyják az iskoláskort még el sem ért gyermekeiket. Azok az apák, akik olyan szerencsések, hogy van munkahelyük, az idejük zömében dolgoznak, talán még túlóráznak is többletpénz nélkül, hogy megtarthassák állásukat, vagy hogy feljebb jussanak a szamárlétrán, tehát egyre kevesebbet vannak otthon. Az apák gyakran az alkohol rabjai és gyakran hosszú órákat töltenek távol otthonról, mert isznak, sokszor nőügyekbe is keverednek.

Megdöbbentő módon még az egyszerű gyülekezeti tagok között sem szokatlanok a Gáspár pásztoréhoz hasonló tapasztalatok, mert sok gyülekezeti annyira tele van olyan programokkal, ahol „elvárják" a tagok részvételét, hogy lényegében ellopják a szülőket a gyermekektől Isten nevében. Akár egy szabadtéri standon árusít valamit a szülő a megélhetésért folytatott harcban, akár a gyülekezetben nyüzsög, akár iszik és focimeccsre jár, az eredmény ugyanaz: az apák (szülők) tekintete elfordul a gyermekeiktől, akik ezért nem kapják meg a megfelelő szülői szeretetet, oktatást és a szilárd családot. Lelkünk ellenségének könnyű prédái, mert a szülők nem őrzik sem a fészket sem az utódaikat.

A kommunista módszer

A szovjet típusú kommunizmus megkísérelt kiépíteni egy világhatalmi kormányzási rendszert. A kommunista állam atyái tudták: ehhez az kell, hogy a polgárok feltétlen lojalitással viseltessenek az állam iránt. A gyermekek agymosását célzó programjukat Adolf Hitlertől vették. Az volt a cél, hogy a gyermekek figyelmét önmagukra irányítsák: a kormány báb-vezetőire, a katonai vezetőkre és főleg magára, az államra. Úgy okoskodtak, hogy ha el tudják ragadni a gyermekeket, néhány rövid év alatt olyan, maradéktalanul beoltott polgárokat hozhatnak létre, akik tökéletesen engedelmeskednek az államnak.

Ne essünk tévedésbe, a szovjet állam alapítói sosem Utópiát akarták megvalósítani és nem a valódi békét kívánták elérni azzal, hogy tanításaik bevésésével megváltoztatták az emberek viselkedését. Ők világuralomra készültek, egy szuperhatalmat akartak létrehozni. Az állam kiépítői valójában sosem terveztek azon elvek szerint élni, amelyeket propagáltak, inkább élvezni akarták azokat az árucikkeket, szolgáltatásokat, örömöket és azt a hatalmat, amelyek sosem lesznek elérhetők azoknak, akik hűségesen dolgoznak nekik, megtévesztve, leuralva és betanítva.

A kisdobosok és úttörők szórakoztató állami programjai, valamint az ifjúsági szervezetek kevésbé érdekes gyűlései azt célozták, hogy az ideológiai kiképzés megtévesztő és mérgezett nyilait mélyen belelőjék a gyermekek és fiatal felnőttek szívébe. Ennek a fokozatosan felszívódó méregnek a mellékhatása az állam iránti odaadás létrehozása volt az, amely később tönkretette a fiatalok ártatlanságát, majd csalódáshoz és kiábránduláshoz vezetett. Az iskolában sem csupán tanították a gyerekeket, hanem az oktatást is felhasználták arra, hogy a gyerekeknek marxista-leninista, szocialista politikai képzést adjanak. Az iskolákban, a fiatalok kirándulásain, az előadótermekben, az ifjúsági palotákban, valamint a csoporton belüli rangokon, tekintélyi rangsoron és kiváltságokon, sőt a különböző egyenruhákon, nyakkendőkön, kitűzőkön, tagsági könyveken és még sok más dolgon keresztül is a propagandának, a szocialista agymosásnak és a kedvező bánásmódnak elképesztő keverékét árasztották a gyerekekre.

Sok szovjet rendszerű országban a családok nem voltak jómódúak, mert „áldozatokat hoztak" az államért. Sok országban a szülőknek hosszan sorba kellett állniuk az alapvető árucikkekért, mint a kenyér és a tej. Ez azt jelentette, hogy otthon sem javak nem voltak, sem szülők, akik vagy dolgoztak vagy sorban álltak, ezzel szemben, ezekben a nemzetekben az ifjúsági házakban és a közös programok helyszínein pezsgett az élet, a gyerekek jutalmakat kaptak és még sok mindent, ami otthon nem volt.

Ennek eredményeként a gyermekek szíve elfordult a szüleiktől és az otthonuktól, az állam és annak programjai felé. A gyermekek nem tudtak részt venni a szűk család – a szüleik – életében a szívükkel, amit foglyul ejtett az állam. A szülők, akiket megtört és frusztrált az őket kizsákmányoló, csak teljhatalmú rendőrállammal fenntartható rendszer, nem tudták megadni a szükséges figyelmet gyermekeiknek. A legtöbbjüknek saját felnőtt szíve is vagy az államhoz húzott a propagandának köszönhetően, vagy megtörten és reménytelenül befelé fordult, de nem tudott igazán a gyerekekre figyelni. Ezért azokban a nemzetekben, ahol nagy volt a szovjet nyomás, a kétségbeesett szülők az alkoholban és erkölcstelen kapcsolatokban kerestek vigaszt. Ezek a vigasztalási módszerek tönkretették a családot, a gyerekek árvaként éltek, az anyák pedig özvegyként.

Malakiás átka

Isten úgy tervezte, hogy a világot a gyermekei, Ádám és Éva utódai fogják meghódítani és rendbe rakni. Erre először az 1 Mózes 1:26-31-ben adott parancsot. Az utasítást elismételte Noénak, az özönvíz után, az 1 Mózes 9:1 és 7 versekben. Isten úgy kezdte el megvalósítani a tervét, hogy először a mezőgazdaságát mutatta meg Ádámnak: elhelyezte őt az Édenben ültetett kertjében. A világot csak úgy lehet Isten tervének megfelelően meghódítani és alaposan benépesíteni, ha az egyének együttműködnek egymással és Istennel (lásd az 1. Függeléket). Isten terve szerint ennek az együttműködésnek az alapjait is az Őt félő és szeretetteljes családon belül kell lefektetni. Ez az egyik oka annak, hogy Isten akkora értéket tulajdonít a családnak. Isten a családban fejleszti ki a képességünket arra, hogy Vele és egymással együttműködjünk a világ meghódításában és kormányzásában (az Ő uralmának megvalósításában).

A szovjet állam rendeltetése az volt, hogy a szülők helyébe lépjen. Így akarták elválasztani az embereket a családi szeretettől, az érzelmi tápláléktól, a kölcsönös bizalomtól és Isten bárminemű ismeretétől. Ez szöges ellentétben áll Isten terveivel és céljaival. Istennek annyira közel áll a szívéhez a család, olyan értékesnek tekinti és fontosnak az egyén fejlődése szempontjából, hogy egyértelművé tette: átkozott lesz minden olyan fölt, amelynek kultúrája nem segíti elő a családi élet virágzását.

„Ímé, én elküldöm néktek Illést, a prófétát, mielőtt eljön az Úrnak nagy és félelmetes napja. És az atyák szívét a fiakhoz fordítja, a fiak szívét pedig az atyákhoz, hogy el ne jöjjek és meg ne verjem e földet átokkal."

(Malakiás 4:5-6)

Miután elmondta ezeket a verseket az Ószövetség végén, Isten közel négyszáz évig hallgatott. Utolsó szavaiban Keresztelő János szolgálatáról beszélt, aki Jézus szolgálatának előfutára volt. Isten azt mondta, hogy megátkozza majd azokat a nemzeteket, akik szembeszállnak a családokra vonatkozó tervével. Istennél ez a legfőbb kérdés és végső soron nem engedi majd, hogy tervét így kifacsarják. Ő azt parancsolta, hogy szaporodjunk és sokasodjunk (az Ő képmásával kapcsolatban lásd az 1. Függelék 6.0 szakaszát, melynek címe: *Földi életünk célja*, valamint az 5. fejezetben olvasd el *Az atyaság működése Isten szerint* c. részt). Átok vár azokra, akik ellenszegülnek ennek a tervnek. A Malakiás 4:6-ban *átok*nak fordított szó a héber חֶרֶם (cherem). Sokféle átkot láthatunk azoknak a nemzeteknek a földjén, amelyek ellenálltak Isten családokkal kapcsolatos tervének.

A szovjet típusú szocializmus, amely ellenállt Isten családokra vonatkozó tervének, történelmileg rövid ideig állt fenn; csupán hetven évig. Mégis megfigyelhetjük, mekkora károsodásokat tapasztalunk az egykori szovjet blokk falvaiban és városaiban: szegényesek az egészségügyi szolgáltatások, nem megfelelőek a vízművek, az áramszolgáltatók, a tűzoltók és a szociális szolgáltatók, korrupt a rendőrség, nem becsületesek a kormányok, virágzik a szervezett bűnözés, az oktatásban nincs elég eszköz, az utak kátyúsak, a gyárépületek üresek, rendkívül magas a munkanélküliség és a fizetésekből nem lehet megfelelően táplálni és ruházni a családokat. Segélyek szinte nincsenek. Ilyen egy átkozott föld!

Visszaút az áldáshoz

Noha az előző bekezdésben minden rossz hírnek tűnik, de nem az. Nem túl szép a kép, de szellemileg pontosan írja le sok volt szocialista ország jelenlegi helyzetét. Ha ki akarunk lépni egy rossz helyzetből először is tudnunk kell, hogy van jobb. Szükségünk van egy szellemi térképre, ami elvezet az áldásokhoz, a térképet viszont csak akkor tudjuk használni, ha tudjuk, hol vagyunk éppen és hova akarunk menni. Ilyenkor segít a térkép eljutni az átokból az áldásba. Az a Jó Hír, hogy van ilyen térkép azok számára, akik a kommunizmus vagy bármi más átok elnyomása alatt sínylődtek: Isten, a Fián, Jézus Krisztuson keresztül utat készített, amin a rajtunk lévő átkoktól eljuthatunk az áldásokig a bűnvalláson és azon bűnökből való megtérésen keresztül, amelyek jogot adtak az átoknak arra, hogy ránk szálljon:

„Miképen a madár elmegy és a fecske elrepül, azonképen az ok nélkül való átok nem száll az emberre."
(Példabeszédek 26:2)

E vers szerint az átok nem marad rajtunk, ha eltávolítjuk az okát. A malakiási átok akkor száll rá egy családra, ha az a család együtt vétkezik: a szülők nem foglalkoznak a gyermekeikkel, a gyermekek pedig nem vetik alá magukat a szüleik nevelésének. Ezért ha az apák és anyák újra elvégzik szülői feladataikat szűk családjukban és a gyermekek alávetik magukat a szüleiknek, akkor a malakiási átok már nem működhet abban a családban. Ahol nemzeti méretekben követték el ezt a bűnt, ott a nemzet helyreállásához szükséges, hogy az adott nemzet szellemi képviselői tartsanak bűnbánatot a nemzet nevében. Figyeld meg a Jónás 3:5-ben, hogy amikor Isten elküldte Jónást Ninivébe, a városállam egésze megtért, ezért Isten nem zúdította rájuk azt a pusztulást, amit kollektív bűnükkel magukra vontak.

A nemzeti átkok eltávolításának bibliai folyamatát világosan felvázolják Isten Izraelhez intézett szavai a 2 Krónikák 7-ben, ahol azt látjuk, hogy Isten gondoskodik a visszaútról azokból az átkokból, amelyeket Izraelre kell küldenie, ha nem engedelmeskednek akaratának és kéréseinek:

„Ímé, a mikor az eget bezárandom, hogy ne legyen eső; és a mikor parancsolok a sáskának, hogy a földet megemészsze; vagy a mikor döghalált bocsátandok az én népemre: És megalázza magát az én népem, a mely nevemről neveztetik, s könyörög és keresi az én arczomat, és felhagy az ő bűnös életmódjával: én is meghallgatom őket a mennyből, megbocsátom bűneiket, és megszabadítom földjüket."
(2 Krónikák 7:13-14)

Ez működött Ninive pogány kultúrájában és sorozatosan működött Izrael, Isten népe számára is. A te családod és nemzeted érdekében is működni fog. Fel kell azonban ismernünk; nem számíthatunk arra, hogy személyes bűnbánatunk észrevehető eredményeket hoz nemzetünknek, hacsak nem mi vagyunk az ország királya vagy elnöke. Isten azonban még nehéz helyzetben és bűnös emberek között is meg tud személyesen minket áldani.

Lépjünk ki a malakiási átokból!

A következő fejezetben alaposabban megvizsgáljuk majd, hogyan jöhetünk ki az Isten iránti egyéni és családi engedetlenségünk miatt ránk szakadt problémák következményeiből. Felderítjük a szabadsághoz vezető utakat, amelyek nem csak a malakiási átokból, hanem egyéb családi és személyes problémákból is kihoznak minket, amelyeket e könyv első hat fejezetében felfedeztünk. Könyvünk második felében mélyrehatóbban tanulmányozzuk majd azokat a szellemi eredetű problémákat, amelyek abból fakadnak, hogy családunk és mi magunk kommunista közegben éltünk.

HOGYAN HAT EZ AZ ÉLETEDRE?

Ebben a fejezetben és az I. Függelék 6. szakaszában tanulmányoztuk Isten tervét az apák vezette családokkal kapcsolatban. Ha Isten áldásaival akarunk élni, vissza kell térnünk az Úrhoz, minden áldások forrásához. Most tekintsük át a jelen fejezet főbb tanításait a következő szakaszban, a *Fő gondolatok* címszó alatt. Miután belénk ivódtak ezek a gondolatok, készen állunk majd válaszolni a kérdésekre, amelyek a tanulást az életünk megváltoztatásának lehetőségévé teszik.

A 6. fejezet fő gondolatai

- Isten úgy tervezte, hogy az apák képviseljék kívánságait és

igazságait a családokban. Ők hozzák családjuk szükségeit Isten elé és ők vezessék a családot földi feladataiban.
- Amikor az apák nem fordítanak elegendő időt és energiát a családjukra, elkezd szétesni a család.
- A Sátán világméretű terve elfordítani az apák szívét a gyermekeiktől és a gyermekek szívét az apáktól.
- A Malakiás 4:6 szerint átok száll azokra a családokra és nemzetekre, amelyek elfordítják az apák szívét a gyermekektől és a gyermekek szívét az apáktól.
- A malakiási átok megtörhető Jézusnak a kereszten kiontott vére valamint bűnvallás, bűnbánat és bűnbocsánat által.

Imanapló

Ezek az utolsó bejegyzések az imanaplónkba, amelyekkel felkészülünk a 7. fejezetben részletezett imaszolgálatra, amelynek címe *Az ima szabadságra vezető útja*. Az 1. fejezetben, a 26. oldalon nyitottuk meg személyes *imanaplónkat*. Azóta sokat haladtunk, de még maradt egy kis dolgunk. Itt az ideje, hogy elkezdjünk egy új részt imanaplónkban, amellyel reagálunk a *Személyes kulcskérdések* címszó alatt a keretes részben található kérdésekre és gyakorlati feladatokra, a fejezet utolsó oldalán.

Most szánj időt az imádkozásra! Kérd a Szent Szellemet, segítsen úgy válaszolnod a kérdésekre, hogy felkészülhess belépni Isten életedre vonatkozó tervébe. Csak Jézus Krisztuson át juthatunk el a szabadságig. Lássuk hát, hogyan érinti ez a fejezet az életedet! Először írd le a kérdést, majd írd alá a választ, mielőtt rátérsz a következő kérdésre. Ne siess! Ez nem versenyfutás. Nem baj, ha csak hosszabb idő alatt válaszolsz a kérdésekre, akár többször is nekiülhetsz.

Fontos személyes kérdések a 6. fejezet kapcsán

Felelj a következőkre az imanaplódban!*

Felkészítő feladat

- Saját szavaiddal mondd el, mit jelent az apák prófétai, papi és királyi feladata a családban az Istentől kapott megbízásuk alapján!
- Értékeld tárgyilagosan, kritizálás nélkül, mennyire jól teljesített édesapád a fenti szerepkörökben!
- Hajlandó vagy teljesen megbocsátani apádnak a kudarcait?
- Megbocsátottad már édesapádnak azokat a tetteit, amelyekkel cserbenhagyta a családot? Nevezd meg ezeket a tetteit!

Imaszolgálati kérdések – válaszolj rájuk az imanaplódban!

1. Sorold fel, mely területeken kell megbocsátanod a szüleidnek amiatt, hogy nem töltöttek elég időt veled és a családdal, inkább a tévével, a sporttal, a munkával, a gyülekezettel, bulizással, kábítószerrel, alkohollal, szexuális ügyekkel (házasságtöréssel) vagy egyebekkel töltötték az időt.
2. Milyen szempontból és milyen mértékben lettél árva, édesanyád pedig özvegy?
3. Fenti értékelésed alapján édesapád melyiket nem mutatta be jól a három szülői feladat közül? Hogyan hatott ez saját képességeidre a család építése és fejlesztése terén? Ha vannak gyermekeid, te is elhanyagoltad szülői kötelességeidet ugyanazokon a területeken?
4. Milyen mértékben fordította el szíved szüleidtől a részvételed a kisdobos és az úttörőmozgalomban, vagy a KISZ-ben? Kész vagy bocsánatot kérni Istentől azért, mert nem tisztelted édesanyádat ill. apádat és nem fordítottál rájuk kellő figyelmet, annyira lekötöttek az ifjúsági mozgalmak?

5. Kémkedtél a családod után, vagy lenézted őket államellenes hozzáállásuk miatt?
6. Volt olyan elődöd aki eladta szívét az államnak, mint párttag, AVH ügynök, pártfunkcionárius, börtönőr, rendőr vagy valami hasonló? Sorold fel azokat, akiknek meg kell bocsátanod ezért!

Az ima szabadságra vezető útja

7. FEJEZET

Ebben a fejezetben elkezdünk kilépni azokból a személyes kötelékekből, amelyeket felfedeztünk az első hat fejezetben. A folyamat része az, hogy rendezzük az ügyeinket Istennel. Ha azt akarjuk, hogy jól menjenek a dolgaink, át kell gondolnunk, hol kerültünk összeütközésbe Istennel és útjaival. Hat fejezeten keresztül vizsgáltuk az életünket és a kapcsolatainkat. Felfedeztük, hogy hol maradtunk Isten korlátain belül, ahol áldást nyerhetünk és hol kerültünk a korlátokon kívülre. Most nézzük meg, hogyan léphetünk be az áldás földjére!

Ki léphet be az áldás földjére?

Az áldáshoz vezető ajtó mindenki előtt nyitva áll, mégis valamennyire meg kell értenünk néhány dolgot, amelyek segítenek belépni az ajtón. Az 1 Timóteus 4:8-ban Pál apostol ezt írja:

„...a kegyesség mindenre hasznos, meglévén benne a jelenvaló és a jövő életnek ígérete".

Ebből kiderül, hogy vannak a földön elnyerhető és a mennyben megkapható áldások.

Földi áldások

Már itt a Földön mindenki elfordulhat az Isten parancsai iránti engedetlenségtől és beléphet Isten áldásaiba. A Szent Szellem segítsége nélkül azonban lehetetlen maradéktalanul engedelmeskedni Istennek, mert egyedül nincs ehhez erőnk. Tehát az Istennel való kapcsolat nélkül képtelenek vagyunk belépni Isten áldásainak teljességébe itt a földön. Még ha nem is vétkezünk többet, múltbeli engedetlenségünk (bűneink) nyitott ajtóként engedi, hogy átkok áradjanak be az életünkbe (lásd 2. fejezet: *Az ítélet, és A vetés és aratás törvénye*). Például ha a múltban kiraboltunk egy bankot, noha már nem vagyunk bűnözők, a múltbeli tetteinkért földi büntetés jár. Ennek a bűnnek szellemi következményei is vannak, amelyek a földi életünkben továbbra is problémákat idéznek elő. Végül jelenlegi vagy jövendőbeli jó viselkedésünkkel nem zárhatjuk be egyszerűen az átkok előtt azokat az ajtókat, amelyeket elődeink bűnei nyitottak meg (lásd 4. fejezet: *A család bűnei*).

Mennyei áldások

Noha lehetséges, hogy jó földi magaviseletünkkel magunkra vonjuk a mennyei áldásokat, ha nem térünk meg (nem fogadjuk el Jézus engesztelő kereszthalálát), a testünk halála után nem jutunk a mennybe, tehát nem is kaphatunk jutalmat a helyes földi viselkedésünkért. Ha nem ismerjük Jézust, csak földi áldásokat kaphatunk földi magaviseletünkért. Azokra akik elfogadták a megváltást, a jó földi viselkedésükért már itt és az örökkévalóságban is áldás száll (lásd 1. függelék: *Üdvösség és Jézus Úr volta*).

Zárjuk be az ajtót a bűn zsoldja előtt

Az előző két szakasz nem volt túl bátorító. Talán eltöprengsz, miben reménykedhetsz. Minthogy a bűnért halál jár (Róma 6:23) hogyan menekülhetünk meg valaha is múltbeli és jelenlegi bűneink felhalmozódott hatásaitól? Mégse add fel! Épp a szabadság küszöbén állunk. Derítsük hát ki, hogyan zárhatjuk ki életünkből a bűn átkát, hogy beléphessünk Isten áldásaiba!

Öt fő lépéssel távolodhatunk el a bűn következményeitől, és léphetünk be Isten áldásaiba:
- Elfogadjuk Jézust és a bűneinkért elszenvedett engesztelő halálát (1. függelék 1, 2. és 3. rész)
- Életünk minden területe fölött Úrrá tesszük Jézust (1. függelék 4. rész)
- Bemerülünk vízbe és Szent Szellembe (1. függelék 5. és 6. rész).
- Saját múltbeli bűneinket az Úr elé hozzuk bűnvallással és megtéréssel, hogy bűnbocsánatot kaphassunk Jézus nevében (2. függelék 7. és 8. rész)
- Eltávolítunk minden démoni befolyást és köteléket, ami saját bűneink és családunk bűnei révén zaklathatott minket (6. függelék 3.4; 3.5; 5.1 és 5.2 részek).

Belépés Isten áldásaiba

Erő a folyamat során

Isten áldásaiba úgy kezdünk el belépni, hogy közeledünk az Úrhoz és csatlakozunk a családjához Jézus keresztáldozata által. Sok olvasóm talán már ismeri Jézust, mint Megváltóját, sőt már haladó lehet az Istennel járásban, de mások esetleg még nem tartanak itt. Kezdjük el utazásunkat az imaszolgálatban Isten, és a Benne rejlő szabadság felé!

Ha az Úr úgy vezet, hogy hagyj ki néhányat az első lépések közül, mert azokat már korábban megtetted, rendben van. Mindegyik lépést tekinthetjük imaszolgálatnak, hiszen az ima beszélgetés Istennel és azt jelenti, hogy a folyamatot Vele járjuk végig. Ha ebben a fejezetben nem fordulunk Isten felé, akkor egyik lépésben sem lesz ott az Ő ereje, hogy megmentsen minket s ezért az egész gyakorlatnak nem lesz semmi értelme!

Alaplépések

Üdvösség

Ha meg akarod ismerni Istent és az Ő jóságában akarsz járni, elmondhatod a mintaimát[7] az *1. függelékből*, amit a következő oldalon, a keretes részben találsz. Fontos, hogy kimondd a száddal ennek az imának a megvallásait (vagy, ha nem tudsz beszélni, írd le). Ha egy mód van rá, legyen veled valaki, aki tanúja Isten előtt tett nyilatkozatodnak! Erről még részletesebb magyarázatot találsz az 1. függelék 1, 2. és 3. részében.

Jézus Úr volta

Ha ki akarunk lépni múltbeli bűneink hatásaiból és egyre inkább be akarunk nyomulni az Isten áldásait vonzó viselkedés földjére, segítségre van szükségünk. Szükséges, hogy Isten legyen a főparancsnok minden fölött, amit gondolunk és teszünk. Nem ismerjük az utat és azt sem tudjuk, hogyan kell járnunk rajta. Szükségünk van valakire, aki vezet, irányít és véd bennünket. Szükséges, hogy Jézus legyen az életünk Ura (Adonáj, avagy Mester v. Gazda). Természetesen amikor elfogadjuk Jézust a Megváltónknak Isten az Atyánkká lesz, de el kell ismernünk az Ő maradéktalan uralmát is. A sikeres keresztény élethez követelmény, hogy egész lelkünket és testünket (lásd 1. függelék, 9, 9.1, 9.2 és 9.3 szakasz) az Ő irányítása alá helyezzük. Az 1. függelék 4. része további magyarázatokat tartalmaz erről.

Az következő imaminta segít abban, hogy Jézus uralma alá helyezd magad. Ha lehetséges, legyen veled még valaki, mint tanú amikor elmondod ezt az imát megvallásként Istennek. Hallható hangon kell beleegyezned, hogy Jézus az Urad legyen. Ha valamilyen okból nem tudsz beszélni, az is jó, ha a kezeddel leírod ezt a kinyilatkoztatást.

---

7 *A könyvben ajánlott imák mintaként szolgálnak, alkalmazhatóak jelen formájukban vagy igény szerint alakíthatóak.*

A megtérés imája

Ha hitre jutottál Jézus Krisztusban, mint Uradban és Megváltódban, a következő lépés az, hogy a megváltásnak ezeket a kulcsait használva hallható bizonyságtétellel, vagy imával elismerd a hitedet. Lépj be az üdvösség ajtaján azzal, hogy hangosan elmondod az alábbi imát:

Drága Mennyei Atyám, most Hozzád jövök egyszülött Fiad, Jézus nevében.
- Megvallom, hogy nem ismertelek Téged és nem a Te igaz útjaid szerint éltem. Ezért távolodtam Tőled és a pokol felé haladtam.
- Kérlek, bocsásd meg bűnös útjaimat!
- Úgy döntök, megváltoztatom útjaimat, hogy akaratod szerint éljek.
- Ma megvallom, hogy Jézus az Úr és úgy döntök, hogy Urammá teszem Őt.
- Hálásan elfogadom azt, amit Jézus elvégzett, amikor elszenvedte testében bűneim büntetését és meghalt a kereszten, hogy én élhessek.
- Hiszem, hogy Te, Mennyei Atyám feltámasztottad Jézust a halálból.
- Kérlek, fogadj most gyermekeddé Jézus értem kiontott, drága vére által!
- Kérlek, jelentsd ki Magad nekem még inkább és erősíts meg, hogy tudjak a Te útjaidon járni! Ámen.

Jézust Úrrá Tevő Ima

Úr Jézus, elismerem, hogy szükségem van Rád és elfogadlak, mint
- Megváltómat

- Üdvözítőmet
- Uramat
- Szabadítómat

Meghívlak, hogy légy Ura az egész életemnek:
- A szellememnek – imáimnak, imádásomnak, szellemi felfogóképességemnek, kreativitásomnak és lelkiismeretemnek
- Az elmémnek – a gondolataimnak, emlékeimnek és álmaimnak
- Az érzelmeimnek – érzéseimnek, érzelmi kifejezési formáimnak és reagálásaimnak
- Az akaratomnak, minden döntésemnek és szándékaimnak

Meghívlak, hogy légy Ura a testemnek:
- A szememnek – annak, hogy mit nézek meg, és minden pillantásomnak, tekintetemnek
- A fülemnek – annak, hogy mit hallgatok meg
- Az orromnak – mindannak, aminek az illata eljut hozzám
- A számnak – mindannak, ami belé jut, és minden szónak, ami elhagyja
- A szexualitásomnak
- Minden testi tevékenységemnek

Meghívlak, hogy légy Ura minden múltbeli, jelenlegi és elkövetkező kapcsolatomnak.
Meghívlak, hogy légy Ura a forrásaimnak, az időmnek, az energiámnak, a pénzemnek, valamint minden ingóságomnak és ingatlanomnak.
Jöjj, Úr Jézus és foglald el a Téged megillető helyet életem minden területén!
Köszönöm, hogy kiontottad a véredet azért, hogy szabad lehessek az önzés és a Sátán befolyásától!
Ámen.

Bemerítkezés

Isten királysága legyőzi a sötétség birodalmát. Személyes bajaink forrása a sötétség birodalma. Ha felül akarunk kerekedni földi problémáinkon, be kell lépnünk Isten királyságába. A János 3:5-ben Jézus azt mondja, hogy be kell merülnünk vízbe és Szent Szellembe, ha be akarunk lépni Isten királyságába. Azt nem mondja a Biblia, hogy nem gyógyulhatunk meg, vagy nem szabadulhatunk meg a kötelékeinktől bemerítkezés nélkül, de ahhoz, hogy rendszeresen átélhessük Isten jelenlétét (Királyságának megnyilvánulását a földön), be kell merülnünk vízbe és Szent Szellembe. Sőt, ez a két bemerítkezés alapkövetelmény, ha azt akarjuk, hogy Isten szellemi ajándékai működjenek bennünk (lásd 1. függelék, 5.0, 5.1, 5.2 és 5.3 rész). A Máté 28:19-ben Jézus azt parancsolta, hogy minden tanítványunkat (azokat a megtérteket, akiket mi képzünk) merítsük be. Ez azt jelenti, hogy minden kereszténynek be kell merítkezni.

Vízkeresztség

Amint egyre közeledünk Istenhez és előre haladunk Őbenne, eljön az idő, amikor be kell merítkeznünk az Atya, a Fiú és a Szent Szellem nevében. Ehhez egy pillanatra teljesen a víz alá kell merülnünk. Nem önmagunkat merítjük be! Egy másik, már bemerítkezett kereszténynek kell alámerítenie minket. Ilyenkor gyakran jelen van a helyi gyülekezet és egy pásztor, vagy egy elöljáró merít be minket. A Bibliából kitűnik, hogy azok merítették be az új hívőket, akik már teljesen átadták az életüket Istennek és az Ő képviselőiként működtek: tanítványok, próféták, apostolok, evangélisták, pásztorok és tanítók. Az elismert szellemi tekintélyek alkalmasak mások bemerítésére. Ha még nem merítkeztél be vízbe, kérd meg a gyülekezetedet, hogy merítsenek be!

Szent Szellem keresztség

A vízkeresztség után a következő lépés a Szent Szellem keresztség. Néha Isten ott és akkor merít be minket Szent Szellembe, ahol és amikor akar, emberi közreműködés nélkül. Néha közvetlenül a vízkeresztséget követi ez az átélés, épp akkor, amikor az illető kijön a vízből. Úgy is megkaphatjuk ezt az áldást, hogy valaki, aki már bemerült Szent Szellembe, kézrátétellel imádkozik értünk; megkéri Jézust, hogy merítsen be minket Szent Szellembe. Amikor erővel ránk száll a Szent Szellem, gyakran megkapjuk a nyelvek ajándékát.

A Szent Szellem keresztség jelentőségteljes élmény. Nem történik észrevétlenül. Nem úgy történik, hogy miután valaki imádkozott értünk, hogy megkapjuk, gyakorolnunk kell a hitünket, vagy még megvallással igényelnünk kell. Ha nem volt emlékezetes, természetfölötti átélésünk Istennel, akkor nagy valószínűséggel nem merültünk be Szent Szellembe. Nagyon hasonlóan ehhez: ha nem merült be az egész testünk a vízbe (nem egyszerre lett vizes mindenhol), akkor nem merítkeztünk be.

Zárjuk be az ajtót a bűn előtt és tisztuljunk meg
Ebben a szakaszban elkezdjük végigimádkozni saját életünk dolgait, amelyeket az első hat fejezet imádságos tanulmányozásakor fedeztünk fel. A 2. függelék 6. és 7. része mondja el, hogyan zárhatjuk be az ajtót a bűn előtt. Isten gondoskodott a bűnből kivezető útról: ez az, amikor megvalljuk bűneinket egymásnak, egyenként megtérünk minden bűnből és elfogadjuk a bűnbocsánatot Jézus kiontott vére által. Ezzel megszűnik az ellenség joga arra, hogy büntessen minket. Lehet, hogy miután végigimádkoztuk a szükséges dolgokat (lásd 6. függelék, 3, 4. és 5. rész), a gyötrő ellenségnek meg is kell parancsolnunk, hogy hagyja el az életünket.

Most kezdjünk el végigimádkozni néhány dolgot, amelyeket a saját életünkben fedeztünk fel a könyv első felének olvasása közben és amelyeket leírtunk az imanaplónkban! Szükségünk lesz a mintaimákkal megszerzett szabadságra és felszabadultságra ahhoz, hogy hatékonyabban dolgozzuk végig a könyv második felét.
Továbbra is javasoljuk: maradj meg a Jakab 5-ben lefektetett bibliai modellnél: valljátok meg bűneiteket egymásnak!

Szolgálat az imanaplódban szereplő kérdésekkel kapcsolatban
Imaszolgálat a fejezetek kérdései alapján

1. fejezet: Özvegyek és árvák – Imaszolgálat

Első kérdéssor – Alapok
Jelen fejezetünk előző részében, amelynek címe: Felkészülés az imaszolgálatra, megbeszéltük és végigimádkoztuk az 1. fejezet első kérdéssorára adott válaszokat az *imanaplódból*. Most térjünk rá az utolsó három kérdéssorra.

Második kérdéssor – A szülők elválása
Az *imanaplódban* most lapozz az 1. fejezet második kérdéssorára adott válaszaidhoz!
Ha összetört családból származol, vagyis a szüleid egy idő után már nem éltek együtt (elváltak, szétköltöztek, vagy elhagyta az egyik a másikat), miközben te még otthon laktál, fontos kérdés: kit tartok felelősnek a veszteségért, amit emiatt átéltem? Amint a 2. és 3. fejezetben megtanultuk, a meg nem bocsátás a bajok jelentős forrása lehet az életünkben. Az ítélkezés is olyan probléma, ami a meg nem bocsátásban gyökerezik. Ez esetben az ítélkezés törvénye (2. fejezet) arról gondoskodik, hogy bajba kerüljünk, amikor ítélkezünk szüleink vagy azok hibái fölött, akik szüleink házasságának a szétesését okozták.

Ha összetört családból jövünk, először meg kell bocsátanunk azoknak a szeretteinknek, akik megbántottak minket. Ezután imában el kell engednünk azokat, akik szüleink házasságának a szétesését okozták. Kérlek, ehhez keress egy megfelelő imatársat és imádkozzátok végig ezt az első szolgálati szakaszt, amelyben megbocsátasz! Mindegyik ponton mondd azt odavágó nevet!

Imaminta ahhoz, hogy megbocsássunk valakinek, aki kárt okozott nekünk

A te imád:
Drága Mennyei Atyám, Jézus nevében jövök Hozzád. Szabad akaratommal úgy döntök, hogy megbocsátok (anyámnak és/vagy apámnak), amiért (elvált[ak]/elköltöztek/elhagytak engem) (vagyis, amit elkövettek ellened, bármi is legyen az). Amikor (anyám és/vagy apám) ezt tette, annyira haragosnak, megbántottnak, szennyesnek, magányosnak, sebezhetőnek, stb.) éreztem magam/szégyenkeztem, féltem, zavarban voltam, stb.

Uram, most átadom Neked ezeket az érzéseket. Nem akarom többé őrizgetni őket.

Átadom Neked minden gondolatomat és döntésemet is ezzel (a károsodással, sérüléssel és/vagy veszteséggel) kapcsolatban, amit elszenvedtem.

Most kérlek, vágd el az Istenellenes kapcsolatot köztem és (anyám és/vagy apám) (illetve mások, akik bántottak) között, ami az ő bűnük miatt jött létre.

Most átadom (édesanyámat és/vagy édesapámat) Neked, miközben megbocsátok neki(k). Ezzel a teljes elengedéssel megtagadom ítélete(i)met. Rád bízom, hogy ítélj vagy bocsáss meg igazság szerint, valamint bánj velük irgalmad és igazságosságod értelmében, ahogy a legjobbnak látod. Szabad akaratommal azt is eldöntöm, hogy megbocsátok (apám barátnőjének/szeretőjének és/vagy édesanyám szeretőjének), aki részben okozta a válást. Teljesen átadom Neked (nevezd meg a szeretőt), hogy ítéld vagy bocsásd meg a tetteit igazság szerint, irgalmad és igazságosságod értelmében. Megtagadom az ítélkezésemet vele szemben.

Harmadik kérdéssor – szíved felkészítése a helyreállásra
Miközben a fejezet utolsó kérdéssorát vizsgálod ismerd fel, milyen óriási haladást jelent, hogy elhagytad az átok földjét! Ha be akarsz lépni mindabba, amit Isten tartogat neked, bíznod kell abban, hogy

Ő helyreállít. A következő ima segít, hogy belépj ebbe a bizalommal teli kapcsolatba.

A te imád:
Drága Úr Jézus, köszönöm, hogy megváltottál és beléptél az életembe Szent Szellemed által, aki segít megváltoztatni az életmódomat és a gondolkodásomat! Most kérlek, hogy lépj be az életembe helyreállító munkáddal! Állítsd helyre a kapcsolataimat, a belső békességemet, valamint a testem és a lelkem egészségét! Tisztíts meg a Sátán befolyásától, hogy a szellemem egészséges legyen! Kérlek segíts, hogy mély és tartalmas módon tudjak közeledni Hozzád: hogy megismerjelek, mint Atyámat, Apukámat.

2. fejezet: A világot irányító szellemi törvények – imaszolgálat

Tekintsd át *imanaplódban* a 2. fejezet kérdéseire adott válaszaidat! Keresd életedben azokat a dolgokat, amelyek valószínűleg bajokat hozhatnak rád a négy megvizsgált szellemi törvény értelmében. Mindegyik tételt imádkozd végig egy megbízható imatárssal! Lehet egyetlen emberrel kapcsolatban többféle szellemi problémád és mindegyik témát külön kell végigimádkozni. Az is lehetséges, hogy számos emberrel vagy több, hasonló helyzettel kapcsolatban van ugyanolyan problémád. Feltétlenül imádkozz mindegyik esetért külön-külön! Kezdjük hát el az imaszolgálatot!

Első kérdéssor – meg nem bocsátás

A te imád:
Úr Jézus, kérlek, bocsásd meg, hogy eddig nem bocsátottam meg (egyén vagy csoport neve) -nak/-nek! Most szabad akaratommal úgy döntök, hogy megbocsátok neki(k), amiért (magyarázd el, nevezd meg, mit tett[ek] ellened). Most átadom Neked minden gondolato-

mat az esettel kapcsolatban, bármely Istenellenes döntésemet, amit a tőle/tőlük kapott sérelem vagy kár következtében hoztam, és minden érzést, amit tartogattam magamban amiatt, ami az átélt bántalom következtében történt velem. Főként átadom Neked minden sértettségemet, bosszúvágyamat, minden felhalmozódott és feldolgozatlan haragomat, stb. – Uram, annyira (haragudtam, megbántódtam, zavarban voltam, stb.)! Kérlek, most szabadíts fel mindezek alól a dolgok alól Jézus nevében és az Ő drága vére által, ami a bűneimért folyt ki! Kérlek, hogy jöjjön Szent Szellemed, tisztítson meg és adjon erőt további megbocsátó döntések meghozásához! [Ne feledd: ezt a folyamatot végig kell csinálnod mindenkivel kapcsolatban, aki szerepel a „Bocsánatot még nem nyertek" listáján az imanaplódban.]

Az **imapartnered** mondja:
Jézus nevében kimondom: bocsánatot kaptál Istentől arra a bűnödre, hogy eddig nem bocsátottál meg (nevezze meg a most bocsánatot kapott személyt)-nak/-nek. Úr Jézus, segíts a testvéremnek, hogy átadhassa Neked az érzéseit ezzel az esettel kapcsolatban! Jézus nevében gyógyulást szólok az emberi szellemednek. Szent Szellem kérlek jöjj, vigasztald meg a testvéremet és gyógyítsd meg mindazokat a sebeit, amelyeket ennél az eseménynél szerzett, ami most a szolgálat tárgya!

Második kérdéssor – ítélkezések
Ezekkel a kérdésekkel abban akartunk segíteni, hogy felismerd az ítélkezés köreit az életedben; azokat a pontokat, ahol megítéltél valakit és ma már érzed ennek a következményeit. Az ítélkezési kör ismertetőjegye az, hogy amitől szenvedsz, az valahogyan tükrözi azt, amit valaki másban megítéltél.

Nézd meg az imanaplódban, mit válaszoltál a második kérdéssorra! Válaszd ki azokat az életedben jelenleg meglévő problémákat, amelyek hasonlítanak azokra, amelyeket másokban láttál és nem kedveltél. Talán elítélted édesapádat az alkoholizmusa miatt és a férjed is alkoholista lett, vagy a karcsú hölgy, akit elvettél elhízott, ahogyan édesanyád is, akit megítéltél a kövérsége miatt. Sok más változat lehet még, például harag, erőszak, hűtlenség, válás, stb. amikor ugyanaz történt meg veled, amit megítéltél. A dolog megnyilvánulhat a házastársadban, egy másik családtagodban, vagy közvetlenül benned. A következő imamintát alkalmazzuk mindegyik ítélkezési problémára, amit felfedeztél magadban:

A te imád
Drága Mennyei Atyám, most az ítélkezéssel kapcsolatos bűnömmel jövök Hozzád. Megvallom, hogy megítéltem (nevezd meg az egyént vagy csoportot). Kisebbrendűnek illetve nem elégségesnek láttam ő(-ke)t. Úgy hittem én fölöttük állok, a helyükben nem viselkednék úgy, olyan helytelenül, mint ő(k). Uram, ez az ítélkezés bűne. Megtagadom ezt a bűnt és szabad akaratommal úgy döntök, hogy elengedem szívemből ezt az ítélkezést. Kijelentem, hogy egyedül Te vagy az igaz bíró. Ezért átadom Neked (nevezd meg az egyént vagy csoportot)-t megbocsátásra vagy ítéletre, ahogy jónak látod. Csak Te, az Isten tudhatsz minden tényt, Te ismerheted a szívük állapotát, hogy helyesen ítélhess a viselkedésükről. Most Jézus vérét alkalmazom ítélkezési bűnömre és kérlek, szabadíts meg e bűn következményeitől!

Az imatársad mondja:
Jézus nevében kimondom: bocsánatot nyertél arra a bűnödre, hogy megítélted (nevezze meg az egyént vagy csoportot). Úr Jézus, kérlek segíts testvéremnek, hogy át tudja adni Neked az érzéseit ezzel a dologgal kapcsolatban! Jézus nevében gyógyulást szólok az emberi szellemedbe. Szent Szellem, kérlek, jöjj, vigasztald meg a testvéremet és gyógyítsd meg mindazokat a sebeit, amelyeket ennél az eseménynél szerzett, ami most a szolgálat tárgya!

Harmadik kérdéssor – vetés és aratás
Most nézd meg az imanaplódban a 2. fejezet harmadik kérdéssorának témáját! Itt életed problémáit kell vizsgálni úgy, hogy megkéred a Szent Szellemet, mutassa meg ezek bűnös gyökereit. Ha már vilá-

gosságra jöttek ezek a bűnös gyökerek, megvallhatod azokat, megtérhetsz belőlük, és bocsánatot nyerhetsz. Így ebből a gyökéből már nem nőhetnek ki folyton új problémák.

Rá kell döbbenned, hogy a vetés és aratás törvénye megsokszorozza a tetteidet. Ha áldottál másokat, te még több áldást kapsz. Ha bajt okoztál másoknak a viselkedéseddel, rád még több baj száll ugyanúgy, ahogyan egy növény magja is sokszoros termést hoz, ha elülteted. A régi probléma termése azonban még az után is rendszeresen beérhet az életedben, hogy már megtértél abból a bűnből és nem követed el többé. Talán nem könnyebbülsz meg azonnal, de végül megjavul a helyzeted. Mondd el a következő imát a vetés és aratás minden területével kapcsolatban, amit felfedeztél, amikor az Úr jelenlétében az imanaplóddal foglalkoztál:

A te imád:
Drága Mennyei Atyám, Hozzád jövök Jézus nevében. Megvallom, hogy vétkeztem azzal, hogy (mondd meg Istennek, mivel, hol, mikor, kivel, ki ellen tettél rosszat). Sajnálom a tettemet, mert szemben áll Veled és az útjaiddal. Úgy döntök, hogy elfordulok ettől a bűntől, nem teszem többé. Szent Szellem, kérlek, segíts elhagynom ezt a bűnt! Mennyei Atyám, kérlek, bocsáss meg nekem Jézus nevében és az Ő drága vére által! Ámen.

Az imatársad mondja:
Jézus nevében kihirdetem, hogy bocsánatot nyertél a (nevezze meg a bűnt), amit most megvallottál. Jézus nevében parancsolom minden (a nevezett bűn gyakorlása révén jogot nyert) gonosz szellemnek, hogy most hagyja el (a te neved)-t. [Várjon néhány pillanatot, amíg Isten munkálkodik!] [Ezt az utolsó parancsot mindegyik megtagadott bűn kapcsán ismételje meg! A Szent Szellemtől kérjen visszajelzést arra, hogy minden szükséges szabadulás megtörtént!]

Negyedik kérdéssor – bálványimádás
Imanaplódnak ebben a részében azokkal a hamis vallásokkal foglalkozunk, amelyekben benne voltál. Több kulcsfontosságú összetevője van annak, hogy ezek befolyása megszűnhessen az életedben:

1. Megvallod azt és megtérsz abból, hogy részt vettél ezekben (megtagadod az adott vallást és a tantételeit, valamint minden istenséget – bálványt –, amit szolgáltál)
2. Jézus nevében meg kell parancsolni minden az adott valláshoz és annak isteneihez kötődő gonosz szellemnek, hogy hagyjon el téged (lásd 6. függelék)
3. meg kell szabadulnod minden az adott hamis valláshoz, kultuszhoz tartozó tárgytól
4. el kell vágni az életedben azokat a lelki kötelékeket, amelyek az adott vallást vagy okkult gyakorlatot követőkhöz kötnek.

A 4. fejezethez tartozó imaszolgálat a bálványimádás generációs hatásaival foglalkozik. Hadd emlékeztessük az olvasót újra, hogy a szolgálatnál fontos az imatárs közreműködése. Ez különösen érvényes gonosz szellemek kiűzésekor.
A hamis vallásoktól történő megszabadulást célzó imaszolgálat formája általában a következő:

Szabadulás a hamis vallásokban való részvétel hatásaitól

A te imád:
Drága Mennyei Atyám, Hozzád jövök Jézus nevében. Megvallom bűnömet, hogy részt vettem és hittem a (vallás, kultusz neve) hamis vallásban, és gyakoroltam azt. Most megtérek ebből a hamis vallásból és elfordulok tőle. Megtagadom minden hittételét és istenét (bálványát), akiket most megnevezek: (a vallás hamis isteneinek, istenségeinek neve). Megtagadom minden odaszánásomat és minden beavatási szertartást (nevezd meg mindet, amin átmentél). Megtaga-

dok minden különleges nevet vagy azonosítót, amit a (hamis vallás neve)-ban/-ben való részvételem keretében kaptam. Kérlek Uram, hogy Szent Szellemed segítsen elhagynom e hamis vallás minden gyakorlatát és bűnét! Bocsásd meg a (hamis vallás, kultusz neve)-ban/-ben elkövetett bálványimádó bűneimet. Úr Jézus kérlek, most válassz el mindenkitől, akihez Istenellenes lelki kötelék/szellemi kapocs fűz azért, mert gyakoroltam a (hamis vallás, kultusz neve)-t! Kérlek, vágd el az Istenellenes kötelékeket köztem és (azok neve, akik tanítottak, képeztek, vezettek, vagy osztoztak velem ebben a hamis vallásban) között!

Az imatárs mondja:
Jézus nevében kijelentem, hogy bocsánatot kaptál a bálványimádás bűnére, amit most vallottál meg. Jézus nevében parancsolom a (hamis vallás, kultusz neve) minden bálványimádó szellemének, hogy most hagyja el (a neved)-t! [Várjon néhány pillanatot, amíg Isten munkálkodik!] Jézus nevében parancsolom az (előbb megtagadott isten vagy bálvány neve) szellemének, hogy hagyd el (testvér neve)-t most! [Várjon néhány pillanatot, amíg Isten munkálkodik!] [Ezt az utolsó parancsot mindegyik megtagadott isten és bálvány kapcsán ismételje meg! A Szent Szellemtől kérjen visszajelzést arra, hogy minden szükséges szabadulás megtörtént!]

Uram kérlek, vágd el az Istenellenes lelki köteléket (a neved) és (annak a neve, akihez kötődtél a »hamis vallás/bálványimádó gyakorlat neve«-n belül) között! Jézus, kérlek hozd vissza (a neved) életének minden darabját, amit helytelen módon átadott (annak neve, akivel összekapcsolódtál a bálványimádás bűnében)-nak/-nek és minden abból az emberből származó részt végy ki (a te neved)-ből /-ból. Jézus nevében parancsolom minden gonosz szellemnek, aki benne lakozott ebben a kapcsolatban vagy befolyásolta azt, hogy hagyja el (a neved)-t! [Imatárs: várj és figyeld, mi történik! A Szent Szellemtől kérj visszajelzést arra, hogy minden szükséges szabadulás megtörtént!]

A hamis valláshoz, kultuszhoz tartozó minden tárgyat (könyvet, szórólapot, oklevelet, képet, ékszert, ruhadarabot, kitűzőt, emblémát, emléket, kitüntetést, stb.) el kell távolítanod a lakásodból, illetve a telkedről, és meg kell semmisítened azokat (ne add el, ne ajándékozd másnak)!

Ötödik kérdéssor – az élet testies bálványai
Most lapozz *imanaplódban* a 2. fejezet ötödik kérdéssorára adott válaszaidhoz! Ezeknek a kérdéseknek az a céljuk, hogy kicsit szélesebb körben áttekintsék az életedet és így könnyebben felfedezhesd, hol nem bízol abban, hogy Isten betölti minden szükségedet. Ezek lelked azon területei, ahol Isten helyett valami mástól várod, hogy békességet, vigaszt megelégedést, fontosságot, tekintélyt, anyagi javakat, biztonságot, kapcsolatokat, stb. adjanak neked). Ezek azok a területek, ahol a 'testre' támaszkodsz (Jeremiás 17:5). Amikor nem Istentől, hanem valaki/valami mástól várjuk szükségeink betöltését, akkor ez a pótszer lényegében bálvánnyá is válhatott (lásd 4. függelék). Az imaszolgálat annak kapcsán, hogy felfedeztél bálványokat az életedben, a következőképpen néz ki:

A te imád:
Drága Mennyei Atyám, Jézus nevében jövök Hozzád és megvallom, hogy elkövettem a bálványimádás bűnét az (alkohol, kábítószer, dohány, önkielégítés, vigasztaló célú evés, anyagiasság, pénz, stb. használatával). Szabad akaratom cselekedeteként megtagadom azt, hogy ezzel (a tevékenységgel, anyaggal, stb., tehát istenpótlékkal) jutottam vigaszhoz, békességhez, biztonsághoz, önbizalomhoz, stb. Szent Szellem kérlek erősíts meg, hogy ne essek bele újra ebbe az istenpótlékba és abba, amit ez nyújt! Egyetértek azzal, hogy a túlzott evés és a szerek használata megrövidíti az emberi életet. Ezért megvallom önmagam pusztításának (életem megrövidítésének) a bűnét és kérlek, bocsásd meg ezt nekem! Jézus kiontott vérét helyezem önmagam

és e bűn közé. Szabad akaratommal úgy döntök, hogy megbocsátom ezt magamnak.

Ha valaki segített neked elkezdeni vagy fenntartani ezt a szokást, meg kell bocsátanod neki is azért, hogy belevitt ebbe a bűnbe vagy segített elkövetni. Helyénvaló ilyenkor a következő ima:

A te imád:
Drága Mennyei Atyám, most szabad akaratomból úgy döntök, hogy megbocsátok (nevezd meg az(oka)t, aki(k) bevezettek ebbe a bűnbe, vagy segítettek elkövetni)-nak/-nek, amiért részük volt bűnömben, a (nevezd meg a bűnt)-ben/-ban.

Az imatársad mondja:
Jézus nevében kijelentem, hogy bocsánatot kaptál a bálványimádás bűnére, amit most megvallottál. Jézus nevében parancsolom a bálványimádás minden szellemének, ami a (nevezze meg a most megvallott bálványimádó tevékenységet)-hoz/-hez kötődik, hogy most hagyja el (a neved)-t! [Várjon néhány pillanatot, amíg Isten munkálkodik! Várjon és figyelje, mi történik! A Szent Szellemtől kérjen visszajelzést arra, hogy minden szükséges szabadulás megtörtént. Ezt az utolsó parancsot ismételje meg mindegyik megtagadott bálványimádó gyakorlattal kapcsolatban!]

Ha kifejezted, hogy volt társad ebben a bűnben, tehát valaki, aki segített elkezdeni vagy fenntartani a fenti imában megnevezett bűnt, az **imatárs** folytatja:

Uram, kérlek, vágd el az Istenellenes lelki köteléket (a te neved) és (annak a neve, akihez a szerek használata által kötődtél) között! Jézus kérlek, hozd vissza (a te neved) életének minden darabját, amit helytelen módon átadott (annak neve, akivel összekapcsolódtál a bálványimádás bűnében)-nak/-nek bele, és minden abból az emberből származó részt végy ki (a te neved)-ból/-ből.

Ha bármilyen szert használtál (alkoholt, dohányt, illegális kábítószereket, gyógyszereket, ételt stb.) ami megrövidíti az életet és a fenti imában megvallottad, hogy ez önpusztítás, akkor az

imatársad folytatja:
Jézus nevében kihirdetem, hogy bocsánatot nyertél az önpusztítás bűnére. [A szemedbe nézve mondja] életet szólok <u>neked</u> Jézus nevében. Jézus nevében most távozást parancsolok a halál szellemének, amely a (<u>nevezze meg az szer használatának bűnét, amit az előbb vallottál meg, amint megtértél belőle</u>) által jött be (<u>a neved</u>)-be/-ba! [Várjon néhány pillanatot, amíg Isten munkálkodik! A Szent Szellemtől kérjen visszajelzést arra, hogy minden szükséges szabadulás megtörtént.]

3. fejezet: A megbocsátás témájának mélyebb vizsgálata – imaszolgálat

A 3. fejezet segít belépnünk a megbocsátás folyamatába, mert megmutatja, hogy sok ember, aki bántott minket, valójában saját sérülései és sebei miatt tette azt, amit tett. Nem kell feltétlenül tudnunk vagy értenünk, miért bántott meg minket valaki. Nem nekünk kell ítélnünk, sőt okokat és mentségeket sem kell helytállóként elfogadnunk a minket megkárosító ember javára. Ha azonban tudjuk, hogy ilyen okok rejtőzhetnek az elszenvedett sérelmek mögött, könnyebben készé válunk megbocsátani másoknak.

Az *Imaszolgálati kérdések* a 3. fejezet végén, amelyeket az *imanaplóban* kellett feldolgoznod arra szolgálnak, hogy eszedbe juttassák azokat, akiknek meg kell bocsátanod, mivel Isten ezt parancsolja. Lehet egyetlen emberrel több problémád (szellemi ügyed). Mindegyik esetet külön kell átimádkoznod. Az is lehet, hogy számos emberrel vagy sok hasonló helyzetben van/volt ugyanolyan fajta gondod. Fontos külön átimádkozni mindegyik emberrel mindegyik témát. Vegyük most végig a *imanaplódba* írt válaszaidat, amelyeket a 3. fejezet végén, a **Szolgálati kérdésekben,** a szolgálattal kapcsolatos témákban adtál!

Első kérdéssor – szabadulás a meg nem bocsátástól
Amikor átnézed, mit feleltél a *Felkészítő kérdések megértésünk elmélyítése érdekében* címszó alatt található kérdésekre a 3. fejezetben felfedezheted, hogy Isten azt kívánja, teljes szívvel bocsáss meg azoknak, akik megbántottak. Kezdjük el végigimádkozni azok listáját, akiknek meg kell bocsátanunk! Ismét javasoljuk, hogy legyen egy imatársad, aki tanúja a szavaidnak és szükség esetén szolgál feléd. A következő imaminta felhasználásával megbocsáthatsz mindenkinek a listádon.

A te imád:
Úr Jézus, kérlek bocsásd meg, hogy eddig nem bocsátottam meg (egyén vagy csoport neve)-nak/-nek! Most szabad akaratomból úgy döntök, megbocsátom neki(k), hogy (nevezd meg, magyarázd el, mit tett(ek)). Most átadom Neked minden gondolatomat ezzel kapcsolatban, minden Istenellenes döntést, amit a tőle/tőlük elszenvedett sérelmem következtében hoztam és minden érzést, amit tartogattam magamban azzal kapcsolatban, ami a sérülésem miatt történt velem. Főleg átadom Neked minden fájdalmamat, bosszúvágyamat, minden felhalmozott és fel nem dolgozott haragomat, stb. Uram, annyira (haragudtam, fájt, zavarba jöttem, stb.)! Most kérlek, hogy szabadíts fel mindezek alól a dolgok alól Jézus nevében és az Ő drága vére által, ami a bűneimért folyt ki! Kérlek, hogy Szent Szellemed jöjjön és tisztítson meg, valamint adjon erőt, hogy továbbra is tudjak a megbocsátás mellett dönteni! [Fontos: a „Még bocsánatot nem nyertek" listáján lévő minden emberrel végig kell csinálnod ezt a folyamatot. Ez a lista az *imanaplódban* a 3. fejezet első kérdésére adott válaszodban van.]

Az imatársad mondja:
Jézus nevében kijelentem, hogy bocsánatot kaptál a meg nem bocsátás bűnére, ami (nevezze meg azt, akinek most bocsátottál meg) iránt volt benned. Úr Jézus kérlek, segíts a testvéremnek átadni Neked minden érzését ezzel az eseménnyel kapcsolatban! Jézus nevében gyógyulást szólok az emberi szellemednek. Szent Szellem kérlek jöjj, vigasztald meg és gyógyítsd meg a testvéremet mindazokból a sebekből, amelyeket a jelen szolgálat tárgyát képező eseménykor kapott!

Második kérdéssor
Talán az egyik legnehezebb dolog önmagunknak megbocsátani. Néhányan kitűnő mentségeket tudunk találni a bukásainkra, de sokaknak komoly nehézséget okoz elengedni a bűneiket saját maguknak. Az a baj, hogy önmagunk kárhoztatása ellentétes Isten irántunk való szeretetével és azzal, hogy Ő gondoskodott a bűnbocsánatunkról bűnvallás, megtérés és Jézus kifolyt vére által. Amikor nem vagyunk hajlandók megbocsátani önmagunknak, Istennel ellentétes állásponton vagyunk. Ez nem előnyös szellemi helyzet; ajtót nyit a bukás és az ellenség látogatása előtt.

El kell fordulnunk az önkárhoztatástól és a meg nem bocsátástól önmagunk iránt. Az önmagunknak való megbocsátás imamintája a következő:

A te imád:
Drága Mennyei Atyám, úgy döntök, megbocsátom magamnak (nevezd meg a tettedet)-t. Megtagadom az önbírálatot és önkárhoztatást Jézus nevében. Most úgy döntök, hogy a Te szemeddel nézem magamat és bocsánatot nyert embernek tekintem magam. [Fontos: meg kell bocsátanod magadnak minden egyes dolgot, amit felrósz magadnak.]

Az imatársad mondja:
Kijelentem, hogy Jézus vére által bocsánatot kaptál az önkárhoztatás

és az önmagaddal szemben való meg nem bocsátás bűnére. Jézus nevében most megtörök minden önmagadra kimondott átkot, amit ez a bűn idézett elő és távozást parancsolok minden gonosz szellemnek, amely ezt az alkalmat megragadva zaklatott, Jézus nevében. [Várjon néhány pillanatot, amíg Isten munkálkodik! Figyelje, mi történik és a Szent Szellemtől kérjen visszajelzést arra, hogy minden szükséges szabadulás megtörtént.]

Harmadik kérdéssor
Fontos megbékélned azokkal, akiket megbántottál. Természetesen sok minden okozhatta az eseményeket, de amikor csak lehet, oda kell mennünk azokhoz, akiket megsebeztünk és meg kell mondanunk nekik, hogy helytelenül cselekedtünk és ezért bocsánatot kérünk tőlük. Ilyenkor nem szabad mentegetőznünk és magyaráznunk tetteink okait. Egyszerűen valljuk meg, hogy vétkeztünk és elismerjük, hogy megbántottuk a másikat. Mielőtt ezt elkezdted, imádkozz egyedül: kérd az Úr segítségét a megbékéléshez. Ezután az Úr segítségével, odamehetsz az embertársadhoz, vagy ha túl messze lakik, írhatsz neki levelet. Mielőtt beszélnél az(okk)al, aki(ke)t megbántottál, a bűnödet Jézus vére alá is kell helyezned. Ezért imádkozhatsz mondjuk így:

A te imád:
Drága Mennyei Atyám, Jézus drága nevében jövök Hozzád. Már rájöttem, hogy megbántottam (nevezd meg az érintette(ke)t) a cselekedeteimmel. Uram kérlek, bocsásd meg bűnömet: a (nevezd meg a bűnt), amivel megbántottam (nevezd meg az érintette(ke)t). Úgy döntök, hogy nem teszek ilyet többé és kérem Szent Szellemed segítségét ahhoz, hogy ne viselkedjek így még egyszer.

Az imatársad mondja:
Jézus nevében kinyilvánítom, hogy bocsánatot kaptál a (nevezze meg a megvallott bűnt) bűnére.

Amikor kapcsolatba lépsz azokkal, akiket megbántottál, tudnod kell, hogy oka van annak, ha nem akarnak beszélni veled; az okot te szolgáltattad. Négy kulcsfontosságú elemnek benne kell lennie a kommunikációdban azokkal, akiket megsértettél:
- Rosszul tettem, hogy így bántam veled
- Bánom, hogy megsértettelek
- Nincs mentségem a tettemre
- Kérlek, bocsáss meg! nem akarom soha többé ezt tenni veled

Negyedik kérdéssor
Megeshet, hogy ellopunk vagy elrontunk valamit, ami a másé, vagy a bűnünkkel okozhatunk anyagi veszteséget valakinek. Amikor csak módunkban áll, szellemi kötelességünk kárpótlást adni az okozott veszteségért. Ez a kártérítés alapelve. Vonatkozik jóhiszeműen kölcsönkért, ellopott és a bűnös viselkedésünk miatt elromlott dolgokra.

Az *imanaplódban* válaszoltál erre a negyedik, kártérítéssel kapcsolatos kérdésre. Imában kérted Istent, hogy juttassa eszedbe minden olyan tettedet, ami miatt kártérítést kell adnod valakinek. Mindenkinek vissza kell adnod az elveszített tárgyát, akivel kapcsolatban az Úr ezt mutatta neked, mert engedelmeskedned kell Neki. Az Úr mondhatja azt is, hogy adj vissza többet, mint az eredeti veszteség: ez fájdalomdíj a szomorúság és kényelmetlenség miatt, amit a viselkedésed okozott.

Mint a harmadik kérdésre adott válaszod kapcsán, most is oda kell menned a(zok)hoz, aki(ke)t megbántottál és ugyanazt kell mondanod neki(k), amit már javasoltunk:
- Rosszul tettem, hogy így bántam veled
- Bánom, hogy megsértettelek
- Nincs mentségem a tettemre
- Kérlek, bocsáss meg! Nem akarom soha többé ezt tenni veled

Ezen kívül pótolnod kell az elveszett tárgyat, pénzügyi kárpótlást vagy más ajándékot kell adnod neki, amit az Úr a szívedre helyez.

4. fejezet: A család bűnei – imaszolgálat

A 4. fejezet vezeti be azt a gondolatot, hogy őseink bűnei problémákat okozhatnak az életünkben, a jelenben. A kérdések, amelyekre az *imanaplódban* válaszoltál, abban akarnak segíteni, hogy felfedezd a Krisztusban élt életed néhány akadályát, amelyek közvetlen vérvonaladban gyökereznek anyai vagy apai oldalon. Most kezdjük az Úr elé vinni ezeket a problémákat, hogy eljuthass a szabadságig és a gyógyulásig.

Első kérdéssor

Ha *imanaplódban* utánanézel a 4. fejezetnek, felfedezheted, hogy válaszaid két csoportra oszthatók: A *Felkészítő kérdések* és a *Szolgálati kérdések* válaszaira. Most a *Szolgálati kérdésekre* adott válaszaidat vizsgáljuk meg. Az első kérdéssor kapcsán leírtad azokat a bűnöket, (a bálványimádás kivételével, mert azzal később foglalkozunk) amelyeket közvetlen felmenőid követtek el a születésed előtt. Itt következik egy imaminta sorozat ahhoz, hogy szabaddá válhass a családi bűnök mindegyikétől, amelyekről tudomásod van:

A te imád:

Drága Mennyei Atyám, Jézus nevében jövök Hozzád. Megvallom a (nevezd meg a bűnt) bűnét, amit (nevezd meg a rokont és hogy melyik szülőd családjában élt) követett el. Elfordulok ettől a bűnös gyakorlattól, azaz megtérek belőle és Jézus vérét helyezem (édesapám, édesanyám illetve a nevezett rokonuk) és önmagam közé. Most úgy döntök, megbocsátom (rokon neve)-nak/-nek, hogy ajtót nyitott a bajok előtt, amelyek bejöhettek az életembe.

Az imatárs mondja:

Jézus nevében és az Ő drága vére által elválasztalak édesapád/édes-

Isten a családokból, mint téglákból építi fel a társadalmat

anyád illetve apai/anyai (rokon megnevezése) bűneitől. Jézus nevében most megparancsolom minden generációs gonosz szellemnek, amely a vérvonalon jött le (a te neved)-hoz/-hez, hogy hagyd el őt! [Várjon néhány pillanatot, amíg Isten munkálkodik! Figyelje, mi történik és a Szent Szellemtől kérjen visszajelzést arra, hogy minden szükséges szabadulás megtörtént.]

Második kérdéssor
Ezzel a kérdéssel a keresztény életed gátjait keressük: azokat a bűnöket, amelyektől, úgy tűnik, nem tudsz szabadulni. Olyan útakadályok ezek, amelyek legyőzésére megtetted a legtöbbet, ami tőled telt, mégsem sikerült. Többek között azért lehetnek szellemileg annyira erősek ezek a bűnök, mert családod bűnei megengedték nekik, hogy bennetek működjenek. Kinyilváníthatjuk, hogyan állunk hozzá egy adott bűnhöz (a bűnök egy fajtájához) anélkül, hogy tudnánk, ki követte azt el a családfánkban, illetve volt-e egyáltalán ilyen személy. Ha folytonos bukásainknak az adott területen generációs gyökere van, akkor elvágjuk erőforrásától és táplálékától. Íme, az imaszolgálat ezzel kapcsolatban:

A te imád:
Drága Mennyei Atyám, Jézus nevében jövök Hozzád. Megvallom ezt a bűnt (nevezd meg a bűnt, amivel ismételten problémád van) melyet édesapám és/vagy édesanyám ága elkövetett (nem az ő nevükben kell megtérni!) és elfordulok ettől a bűntől. Szabad akaratomból megbocsátok a családomban mindazoknak, akik elkövették ezt a bűnt és ezzel kinyitottak egy szellemi ajtót az életemben, amin bejöhettek a bajok. Most Jézus vérét helyezem önmagam és mindazok közé, akik így vétkeztek.

Az imatárs mondja:
Jézus nevében és drága vére által elválasztalak a (nevezze meg a bűnt) bűnétől, bárki is követte el (édesanyád és édesapád családjában). Jézus nevében felszabadítalak e bűn ereje alól. Jézus nevében parancsolom

minden gonosz szellemnek, amely a (nevezze meg a bűnt)-hoz/-hez kötődik és a generációs vérvonalon jutott el (a te neved)-hoz/-hez, hogy most hagyja el őt! [Várjon néhány pillanatot, amíg Isten munkálkodik! Figyelje, mi történik és a Szent Szellemtől kérjen visszajelzést arra, hogy minden szükséges szabadulás megtörtént.] Úr Jézus, kérlek, zárd be és pecsételd be ezeknek a (a te neved) életébe vezető ajtóknak mindegyikét, ámen.

Harmadik kérdéssor – a törvénytelenség (fattyúság) törvénye

A 4. fejezetben felfedeztük a törvénytelenség törvényét (5 Mózes 23:2), amely kimondja, hogy ha párok házasságon kívül nemzenek gyermeket, az bűn és átkot hoz a vérvonalra. Akiket ez az átok sújt, azok azt élik meg, hogy Isten népe és az emberek is elutasítják őket. Az ilyen ember könnyebben esik szexuális bűnbe is. Ennél is fontosabb azonban az, hogy nem tudják megtapasztalni a bensőséges kapcsolatot Istennel, mint Atyával Jézus Krisztuson keresztül. Természetes értelemben a törvénytelen gyermekek jog szerint nem igényelhetik földi örökségüket. Szolgálati tapasztalataink azt mutatják, hogy sok keresztény sem kapja meg azt az áldást a földön, amit Isten gyermekeként egyébként megkaphatna.

Ha mi, vagy bármelyik közvetlen felmenőnk (tíz nemzedékig visszamenően) házasságon kívül fogant meg, akkor ez az átok rajtunk is megnyugszik. Ha tudunk erről a házasságon kívüli fogantatásról saját magunk vagy valamelyik közvetlen felmenőnk esetében, akkor imádkozhatunk konkrétan a szabadulásunkért, miközben megbocsátunk azoknak, akik ezt az átkot behozták az életünkbe. Imádkozhatunk viszont úgy is, hogy megtérünk minden olyan családtagunk bűneiből, akikről nem tudunk. Mindkét esetben hasonló az imaszolgálat, ami felszabadít ez alól az átok alól.

A te imád:
Drága Mennyei Atyám, Jézus nevében jövök Hozzád. Szabad akara-

tommal úgy döntök, hogy megbocsátok (elődök neve)-nak/-nek [ha nem tudod, ki volt az, csak mondd (bárkinek és mindenkinek a közvetlen vérvonalamban)] akinek házasságon kívül fogant meg gyermeke. Megbocsátom neki, hogy átkot hozott az életemre. Megvallom, hogy ez a tette bűn volt. Jézus nevében megtérek ebből a bűnből. Most Jézus vérét helyezem önmagam és az említett bűn közé.

Az imatársad mondja:
Jézus nevében és az Ő drága vére által elválasztalak téged (édesanyád és édesapád, vagy anyai/apai (nevezze meg a rokont)) azon szexuális bűnétől, aminek az eredményeként megfogant (ál te, vagy egy másik gyermek). Jézus nevében felszabadítalak a törvénytelenség átka alól. Jézus nevében parancsolom minden generációs gonosz szellemnek, amely a vérvonalon jutott el (a te neved)-hoz/-hez, hogy hagyd el őt most! [Várjon néhány pillanatot, amíg Isten munkálkodik! Figyelje, mi történik és a Szent Szellemtől kérjen visszajelzést arra, hogy minden szükséges szabadulás megtörtént.]

Az imatárs folytatja:
Úr Jézus, kérlek, jöjj most és gyógyítsd meg az elutasítás, a magány és az elszigeteltség mély sebeit (a te neved) életében! Most kinyilvánítom neked, hogy elfogadott vagy, mint (fiú/lány gyermek). [Ne siessen ezzel a szolgálattal! Figyelje, mit cselekszik a Szent Szellem! Adjon Neki időt, hogy mindent elvégezhessen, amit akar!]

Negyedik kérdéssor – generációs bálványimádás

A 2. fejezet imaszolgálatában végigmentél saját, nem keresztény vallásokban megvalósított bálványimádásod következményein. A bálványimádás és hamis vallások átkos következményei eljuthatnak az utódok harmadik, negyedik nemzedékéig (2 Mózes 20:4-5). Ezeknek az örökölt befolyásoknak a hatásait több kulcsfontosságú elem alkalmazásával távolíthatjuk el az életedből:

1. Először el kell végezni az imaszolgálatot amiatt, ha te részt vettél bálványimádásban (ez megtörtént, amikor a 2. fejezetre reagáltál),
2. Bűnvallás és megtérés – elfordulás elődeid hamis vallásaitól és isteneitől (bálványaitól)
3. Bocsásd meg őseidnek, hogy kinyitották ezeket az életedhez vezető szellemi ajtókat.
4. Jézus nevében távozást kell parancsolni minden gonosz szellemnek, amely ehhez a valláshoz és isteneihez kötődik (lásd 6. függelék)
5. El kell távolítanod az életedből, az otthonodból minden tárgyat, amelynek köze van a hamis valláshoz/kultuszhoz.[8] Hadd emlékeztessük újra az olvasót, hogy az imaszolgálatkor nagyon fontos egy imatárs jelenléte. Ez különösen vonatkozik gonosz szellemek kiűzésére.

Szabadságod elnyerése érdekében most imádkozzuk végig azokat a generációs bűnöket, amelyeket megneveztél az *imanaplódban* a családoddal kapcsolatban, amikor a 4. fejezet végén válaszoltál a 4. kérdéssorra! Mindegyik elődödnél végig kell imádkozni minden hamis vallást és minden egyes bálványt, amit az a bizonyos ősöd imádott. Ha nem tudsz ilyesmiről és a családod sem tud segíteni a tájékozódásban, kérj segítséget a Szent Szellemtől!

Itt áll ehhez egy imaminta.

Szabadság elnyerése a felmenők hamis vallásokban való részvételének következményei alól

A te imád:
Drága Mennyei Atyám, megtérek a (nevezd meg) hamis vallás/kultusz bálványimádó gyakorlataiból, amelyekben közvetlen őseim részt vettek, vagyis édesapám és családja nemzedékekre visszamenően, va-

---
8 5 Mózes 7:25

lamint édesanyám és családja, több nemzedékre visszamenően (elfordulok ezektől). Megtagadom minden hamis istenüket és istenségüket (nevezd meg mindazokat, amelyekről tudsz). Megbocsátok családomnak (nevezd meg mindazokat a közvetlen felmenőidet, akikről tudod, hogy benne voltak valamiben), akik ezekkel a gyakorlataikkal kinyitották életem szellemi ajtóit az átok előtt. Jézus vérét helyezem önmagam és mindazok közé, akik ilyen bűnöket elkövettek.

Az imatársad mondja:
Jézus nevében parancsolom a bálványimádás (nevezze meg a hamis vallást/kultuszt)-hoz/-hez tartozó minden öröklött szellemének, hogy most hagyja el (a te neved)-t! [Várjon néhány pillanatot, amíg Isten munkálkodik!] Jézus nevében parancsolom a (nevezze meg az előbb megtagadott istent vagy bálványt) szellemének, hogy most hagyja el (a te neved)-t! [Várjon néhány pillanatot, amíg Isten munkálkodik! Figyeljen és a Szent Szellemtől kérjen visszajelzést arra, hogy minden szükséges szabadulás megtörtént-e. Ezt a parancsot mindegyik megtagadott istenre és bálványra vonatkozóan ismételje el!]

Ötödik kérdéssor – az élet testies bálványai a korábbi nemzedékekből

Most lapozz a 4. fejezet 5. kérdéssorára adott válaszodhoz az *imanaplódban*! Most generációs szempontból beszélünk ugyanazokról a dolgokról, amelyeket már átimádkoztál önmagaddal kapcsolatban a 2. fejezet imaszolgálatakor. Ez a kérdés kicsit szélesebb körben tekinti át elődeid bűneit, hogy könnyebben megérthesd, miért nyitottak ajtót a bűn előtt a vérvonaladban azon oknál fogva, hogy nem bíztak abban, hogy Isten betölti minden szükségüket.

A fő területek azok, ahol a lelkünk mélyén nem Istentől, hanem valami mástól várjuk, hogy békét, vigaszt, megelégedést, fontosságot, hírnevet, anyagi javakat, biztonságot és kapcsolatokat adjon nekünk. Ilyenkor helyezzük a testbe az erőnket (Jeremiás 17:5), stb. Amikor szükségeink betöltése terén nem Istentől függünk, hanem valaki vagy valami mástól, ez a pótlék végül bálvánnyá válik (lásd 4. függelék).

Az imaszolgálat a test generációs bálványaival kapcsolatban, amelyeket az 5. kérdéssorra válaszolva soroltál fel az imanaplódban, a következőképpen történik:

A te imád:
Drága Mennyei Atyám, Jézus nevében jövök Hozzád és megvallom a bálványimádás generációs bűnét, amit az (alkohol, kábítószerek, dohányzás, önkielégítés, vigasztaló célú evés, anyagiasság, pénz, stb.) használatával követtünk el. Szabad akaratomból megtagadom ezt a (vigaszhoz, békességhez, biztonsághoz, magabiztossághoz, stb.) vezető hamis utat, amin családom tagjai jártak ennek az (anyagnak, tevékenységnek, stb. – vagyis istenpótléknak) a segítségével. Megtérek családom életmódjából. Szent Szellem, kérlek, segíts megerősödnöm, hogy ne essek bele ebbe a pótlékba Isten és az Ő gondoskodása helyett.
Egyetértek azzal, hogy a szerek használata és a túlzott evés megrövidíti az emberi életet. Ezért megvallom az önpusztítás családi bűnét, amely megrövidíti az életet és megtérek ebből. Megbocsátom családtagjaimnak, hogy a bűnük miatt elérhettek a halál átkai. Jézus vérét helyezem önmagam és e családi bűn közé.

Az imatársad mondja:
Jézus nevében Jézus vérét helyezem (a te neved) és a (bűn neve, amiből most tértél meg) bűnös gyakorlata közé. Jézus vére által felszabadítalak azok alól az átkok alól, amelyek e bűn miatt jutottak el hozzád a családi vérvonalon. Jézus nevében most megparancsolom a bálványimádás minden (most megvallott bálványimádó gyakorlat neve)-hoz/-hez kötődő szellemének, hogy hagyja el (a te neved)-t! [Várjon néhány pillanatot, amíg Isten munkálkodik! Figyelje, mi történik, és a Szent Szellemtől kérjen visszajelzést arra, hogy minden

szükséges szabadulás megtörtént-e. Ezt a parancsot mindegyik megtagadott bálványimádó gyakorlatra vonatkozóan ismételje el!]

Ha történt szerekkel – étellel, alkohollal, dohánnyal, illegális kábítószerrel, stb. – való visszaélés, ami megrövidíti az életet, és a fenti imában megvallottad ezt, mint önpusztítást, akkor az **imatárs** így folytatja:

Jézus nevében Jézus vérét helyezem (a te neved) és az (ön)pusztítás családi bűne közé. [Egyenesen nézzen a szemedbe és úgy mondja a következőt:] életet szólok neked Jézus nevében. Most Jézus nevében távozást parancsolok a halál szellemeinek, amelyek a (nevezze meg az adott szer használatának bűnös gyakorlatát, amit épp most tagadtál meg, miután megtértél belőle) révén jöhettek be ebbe az életbe! [Várjon néhány pillanatot, amíg Isten munkálkodik! A Szent Szellemtől kérjen visszajelzést arra, hogy minden szükséges szabadulás megtörtént-e.]

5. fejezet: Hová tűntek az atyák – imaszolgálat

Az 5. fejezet a kapu, amin át beléphetünk az Atyaistennel való bensőséges kapcsolatba, és elkezdhet fejlődni a jellemünk Isten akarata szerint. Isten az Íráson, valamint földi apánk és köztünk lévő kapcsolaton keresztül szándékozik kijelenteni Magát. Ebben a fejezetben fedezzük fel, mennyire nehezünkre esik olyannak látni és ismerni Istent, amilyennek kijelenti Magát a Bibliában. Az Úr a saját képmására alkotott minket és arra hívott el, hogy legyünk olyanok, mint Ő. Az a baj, hogy a Sátán elrontotta gyermekkorunk legerőteljesebb képmását Istenről: földi apánkat. Emiatt a legfogékonyabb korunkban nem vésődött belénk, milyen Isten, az Apukánk.

Amint együtt éltünk nem tökéletes apánkkal, és amint figyeltük őt, mi magunk is falakat építettünk önmagunk és Isten közé. A földi apánk iránti meg nem bocsátás és ítélkezés két ilyen fal, de nem veszett el minden. Jézus oda akar lépni hozzánk a Szent Szellem által, és személyesen nekünk ki akarja jelenteni az Atyaistent, mint Apucit.

A gondosan és imádkozva kitöltött, az 5. fejezet végén található *Az Atyaisten tulajdonságai* című táblázat segít felfedeznünk, hol hibás az istenképünk. Megmutatja, mit kell megbocsátanunk földi apánknak azért, mert hiányosan mutatta be a Mennyei Atyánkat. A táblázat utolsó oszlopa megmutatja saját Istenellenes vonásainkat, amelyekből meg kell térnünk. Ezután a Szent Szellem segítségével Isten elkezdheti (át)formálni a jellemünket.

Induljunk el az Istentől átalakított jellem felé! Most végigmegyünk a fejezet végén lévő szolgálati kérdésekre adott válaszaidon, amelyek az *imanaplódban* olvashatók. (Ehhez szükséges, hogy először végezd el a Felkészítő feladatot.)

Első kérdéssor – keressük Istent a Maga mivoltában

Amikor meg akarjuk ismerni Istent olyannak, amilyennek kijelentette Magát, először meg kell mondanunk Neki, hogy szeretnénk ismerni Őt. Miközben válaszoltál erre az első kérdésre, felfedeztél néhány területet, ahol a bibliai állításoktól eltérőnek látod Isten személyiségét? Itt az ideje, hogy őszintén elismerd Isten előtt mindegyik téves nézetedet Róla. Meg kell kérned Őt, hogy mindegyik problémás területen mutatkozzon be neked a valódi jellemének megfelelően.

A te imád:

Drága Mennyei Atyám, Jézus nevében jövök Hozzád. Köszönöm, hogy megengeded, hogy megismerhessem a valódi lényedet. Rájöttem, hogy valamilyen okból helytelenül fogtam fel a jellemedet. Nem tudtam érzékelni, hogy (nevezd meg a jellemvonást, pl. gyengéd) vagy hozzám, hanem úgy hittem, nem éred el ezt a szintet. Megtagadom ezt a téves vélekedést. Kérlek, bocsásd meg azokat a (gondolataimat, szavaimat és tetteimet), amelyek ebben a téves meg-

Isten a családokból, mint téglákból építi fel a társadalmat 145

győződésben gyökereztek! Úgy döntök, hogy megismerlek olyannak, amilyennek a Biblia leír. Kérlek, hadd tudjam meg tapasztalati szinten, hogy (nevezd meg a tulajdonságot, pl. figyelmes) vagy!

Az imatársad mondja:
Jézus nevében kinyilvánítom: (a neved), bocsánatot kaptál arra, hogy cselekedtél, mondtál és gondoltál bizonyos dolgokat azért, mert nem hitted: Isten (nevezd meg a jellemvonást pl. gyengéd). Uram, egyetértek (a te neved)-val/-vel abban az kérésében, hogy meg akar Téged ismerni, mint (nevezze meg a tulajdonságot). Ámen.

Ismételjétek meg a fenti ima folyamatot Isten minden olyan tulajdonságával kapcsolatban, amit az *imanaplóban* elvégzett feladat szerint félreértettél!

Második kérdéssor – fedezd fel, miben nem mutattak jó mintát a szüleid

Amikor az *imanaplóban* válaszoltunk a második kérdésre, látni kezdtük, hogy néhány Istenről alkotott téves véleményünket elsősorban a szüleink jelleme befolyásolta. Ahol Istennel kapcsolatos téves meggyőződésed hasonlít arra, amit szüleidnél láttál, valószínű, hogy a kettő összefügg egymással. Két szinten kell végigmennünk a megbocsátás folyamatán ahhoz, hogy Isten egy adott tulajdonságát megismerhessük a valóságnak megfelelően.

A te imád:

Drága Mennyei Atyám, Jézus nevében jövök Hozzád. Már látom az összefüggést (édesapám és/vagy édesanyám) károsodott jelleme és a Rólad alkotott téves véleményem között. Megtagadom minden ítélkezésemet (édesapám és/vagy édesanyám) fölött a (nevezd meg az Istenellenes tulajdonságot) vonása miatt, ami meggátolta, hogy (nevezd meg a tulajdonságot)-nak/-nek ismerjelek meg Téged. Azt is eldöntöm, hogy megbocsátom (édesapámnak és/vagy édesanyámnak), hogy ezt a nem Isten szerinti jellemvonást mutatta be nekem. Ámen.

Az imatársad mondja:
(A neved), a Jézus nevében megbocsátatott neked az a megvallott bűnöd, hogy megítélted (édesapádat és/vagy édesanyádat) a (nevezze meg az Istenellenes tulajdonságot) miatt. Úr Jézus kérlek, vágj el minden Istenellenes lelki köteléket (a te neved) és (édesapád és/vagy édesanyád) között, ami a szülők nem Isten szerinti magatartása miatt alakult ki a családban.

Jézus nevében megbocsátást szólok neked (a neved) minden meg nem bocsátásodra, amit (édesapád és/vagy édesanyád) ellen tartogattál a szívedben azért, mert hiányosan élték meg előtted Isten jellemét.

Harmadik kérdéssor

Az *imanaplódban,* a harmadik kérdésre adott válaszodban összehasonlítottad a jellemedet Istennek *Az Atyaisten tulajdonságai* című táblázatban, az 5. fejezet végén felsorolt tulajdonságaival. Ekkor felfedeztél néhány olyan területet az életedben, amelyek nem igazán tükrözik Isten jellemét.

A fejezet korábbi részében megtanultuk: elvárható, hogy Isten a gondolkodásunkhoz és viselkedésünkhöz méltó módon bánjon velünk (Zsoltár 18:25-26). Tehát, ha rosszul viselkedünk, nehezen látjuk Istent olyannak, amilyen, hiszen a jellemünknek megfelelően viszonyulhat hozzánk. Ezért az egyetlen reményünk az, hogy úgy döntünk: megváltoztatjuk életmódunkat Isten Szava szerint, hogy jobban hasonlítsunk Rá. Ehhez szükségünk van a Szent Szellem segítségére, és meg kell térnünk Istentelen útjainkból is. Az imaszolgálat a következőképpen dolgozza fel mindazt, amit felfedeztél magadban:

A te imád:
Drága Mennyei Atyám, Jézus nevében jövök Hozzád és megvallom

Isten a családokból, mint téglákból építi fel a társadalmat 147

bűnös viselkedésemet, a (nevezd meg saját tulajdonságodat, amely eltér Istenétől)-t. Úgy döntök, hogy életemnek ezen a területén hasonlóbbá válok Hozzád és kérlek, segíts nekem ebben Szent Szellemed által. Sajnálom eddigi viselkedésemet, és a bocsánatodat kérem ezért. Azt is eldöntöm, hogy megbocsátom magamnak ezt a helytelen viselkedést. Ámen.

Az imatársad mondja:

Jézus nevében kinyilvánítom, hogy bocsánatot kaptál (a neved) a (nevezd meg a most megvallott bűnös tulajdonságot) bűnös viselkedésedre. Úr Jézus, egyetértek a (a neved)-val/-vel, amikor a segítségedet kéri ahhoz, hogy jellemének ez a területe megváltozzon, miközben kedvesen figyelemmel kíséred a tanítványoddá válás folyamatában.

6. fejezet: Isten a családokból, mint téglákból építi fel a társadalmat - imaszolgálat

A 6. fejezetben találkoztunk azzal a gondolattal, hogy a családon belüli hanyagság átokhoz vezet. Ha meg akarunk szabadulni ettől az átoktól, eleget kell tennünk Isten törvényének, amely előírja a hanyagság bűnének megbüntetését. Az átokból régi barátaink, a bűnvallás, a megtérés és a bűnbocsánat segítenek ki minket. A szabadsághoz azonban kulcs annak a megértése, hogy mit vár tőlünk Isten. A hanyagság egyszerűen az, amikor nem teljesítjük szorgalmasan a kötelességeinket. Emlékeztessük magunkat ezekre az Isten által meghatározott kötelességekre, amelyeket a 6. fejezetben tanulmányoztunk.

Isten megparancsolta, hogy szeressük egymást. A Malakiás 4:6 szerint a gyermekek szeretetének (szívének) a szülők felé, a szülők, különösen az apák szívének pedig a gyermekeik felé kell fordulni Isten elhívása értelmében. Ha elhanyagoljuk ezt az Istentől kapott kötelességünket, átkot vonunk magunkra. A 6. fejezet elején megtudtuk, hogy az apáknak családjuk prófétáinak, papjainak és királyainak kell lenniük. Istent kell képviselniük a család előtt, a családot Isten elé kell vinniük és végül, elő kell segíteniük az Isten szerinti gyakorlatok bevezetését otthon, majd pedig a környezetükben is. Arra kaptunk elhívást, hogy szeressük egymást és törődjünk egymással, különösen a családon belül. Amikor a család rosszul teljesít ebben, átok szállhat rá. Amikor a kultúra diktálja ezt, az átok a családok szintjéről átterjed a falvakra, a városokra, sőt egész országokra is.

Isten Malakiás 4:6-ban leírt törvénye átokkal sújtja az engedetlenséget. A Sátán ismeri a szellemi parancsot, hogy a családban egymásért kell égnie a szívünknek, és felhasználja ellenünk. Hatalomvágyában az a stratégiája, hogy a lehető legtöbb embert bűnre csábítja, mert így a szellemi törvények átkai alá kényszeríthet minket. Ebben a bűnös állapotban pedig bekerülünk a Sátán birodalmába és a rabszolgái leszünk.

A Sátán, minthogy ismeri Isten érzéseit és tervét a családokkal kapcsolatban, az életnek ezt a területét világméretű stratégiákkal támadja, amelyek kiterjednek az élet és a kultúra minden oldalára. Ebben a könyvben főként azokat a közös, kulturális bűnöket vizsgáljuk, amelyek a szovjet típusú kommunizmus hagyott hátra a mai társadalomban. Ezek a hatások minden országban másként jelennek meg és még országon belül is különbözők lehetnek az egyes körzetekben és térségekben. A pusztulás szembetűnő mindenütt, ahol a szovjet típusú kommunizmus hatását rákényszerítették a népre. Miután ezt megértettük, készen állunk kijönni a malakiási átok alól Jézus kiontott vére által és azzal, hogy megbocsátunk azoknak, akik ártottak nekünk. A bűnvallás és megtérés szintén a folyamat része. A megtérésünkhöz hozzá kell tartoznia annak, hogy eldöntjük a szívünkben: olyan családok leszünk, amilyennek Isten elhívott minket.

Első kérdés:
Az első szolgálati kérdésre válaszolva az *imanaplódban* felsoroltad

azokat a tevékenységeket, amelyek szüleid szívét elfordították tőled és a családtól. Ezen tevékenységek miatt nem voltak veled, hogy segítsenek és ettől, szélsőséges esetben szellemileg vagy konkrétan árva lettél. Itt az ideje, hogy Isten segítségével elkezdj megszabadulni ettől az elhanyagoltságtól.

A te imád:
Drága Mennyei Atyám, Jézus nevében jövök Hozzád és kérlek, vedd le rólam és családomról az átkot, aminek az alapját az képezi, hogy a szülők elhanyagolják a családjukat! Most szabad akaratommal úgy döntök, megbocsátom (apámnak és/vagy édesanyámnak) a (nevezd meg a tevékenységeket) tevékenységeket, amelyek elvették őket és a szívüket tőlem és a családtól. Megtagadom minden ítélkezésemet (édesapám és/vagy édesanyám) fölött amiatt, hogy elhanyagolták a családot. Megtérek ebből a családi bűnből és kérlek, szabadíts meg minden Istenellenes lelki köteléktől, ami az elhanyagolás bűne miatt jöhetett létre szüleim és énközöttem. Ámen.

Az imatársad mondja:
Jézus nevében kinyilvánítom, hogy bocsánatot kaptál (a neved) az (édesapád és/vagy édesanyád) iránti, most megvallott meg nem bocsátásodra, ami azért volt benned, mert (édesapád és/vagy édesanyád) elhanyagolt téged és a családot. Jézus nevében felszabadítalak az (édesapád és/vagy édesanyád)-ra kimondott ítéleteid következményei alól. A testvéremmel egyetértésben kérem, Uram, hogy vágj el minden, az elhanyagolás bűne kapcsán létrejött Istenellenes lelki köteléket közte és a szülei között. Úr Jézus, kérlek segíts a testvéremnek (a neved) átalakulni jellemének ezen a területén, hogy kedves és figyelmes legyen, főleg a családjához! Ámen.

Második kérdéssor:
Az átok az egyik eredménye annak, hogy az apák (szülők) elhanyagolják a gyermekeiket. A másik az emberi szellemed megsérülése, összetörése és éhezése (táplálék híján). Amilyen mértékben elutasí-

tottak vagy megfosztottak minket attól, amire szükségünk volt, olyan mértékben károsodunk szellemünkben és lelkünkben is. Amíg ebből nem gyógyulunk meg, megpróbálunk másokat anyánkká/apánkká változtatni és tőlük várjuk azt a bátorítást, gondoskodást és lelki táplálékot, amit formálódásunk éveiben nem kaptunk meg. Erre az emberek negatívan reagálnak, ezért további elutasítást élünk át. Ez mély probléma és gyógyulása igénybe vehet némi időt, de most beindíthatjuk a folyamatot.

A te imád:
Drága Mennyei Atyám, Jézus nevében jövök Hozzád és kérlek, gyógyítsd meg bennem az elutasítottság mély sebeit, amelyeket azért kaptam, mert gyermekkoromban elhanyagoltak, félreértettek és elhagytak. Nem tudom, hogy (édesapám és/vagy édesanyám) miért hagyott magamra, hanyagolt el vagy értett félre (bizonyos mértékben). Úgy döntök, megbocsátom neki(k), hogy növekedéseim idején nem adták meg a szükséges mennyiségű szülői szeretetet, törődést és elfogadást.

Az imatársad mondja:
Jézus nevében megkérem Szent Szellemedet, hogy jöjjön, mint Vigasztaló és Gyógyító: látogassa meg (a neved)-t és kezdje el gyógyítani az emberi szellemét. Jézus nevében gyógyulást és gondoskodást szólok (a neved) emberi szellemének. Uram, kérlek, jöjj és gyógyítsd meg az elutasítottságból fakadó összetörtséget! [Várjon és figyelje, ahogy az Úr munkálkodik!]

Most, (a neved), kezdd el kimondani és átadni Jézusnak az elutasítottság és elhanyagoltság fájdalmát, ami a szüleiddel való sérült kapcsolatodból fakadt! [Várjon és figyelje, mi történik! Gyakran sír az érintett és más reakciói is lehetnek. Ilyenkor talán helyénvaló a kéz vagy a váll megérintése és/vagy egy ölelés, átkarolás. Ez a vigasztalás és a gyógyulás része – a „kézzelfogható Isten", de ez csak egyneműek

Isten a családokból, mint téglákból építi fel a társadalmat 151

között történhet, nehogy félreértelmeződjön a kapcsolat. Folytassa az imádkozást és vigasztalást, amíg látja, hogy az Úr is cselekszik!]

Harmadik kérdéssor:
Ennél a kérdésnél az apák három fő feladatára összpontosítunk: prófétai, papi és királyi szerepükre. Amilyen mértékben ezek hiányoztak apánkból, szülői szerepkörének gyakorlása folyamán, olyan mértékben vagyunk hajlamosak gyengének bizonyulni azokon a területeken, amelyeken apánknak hiányosságai voltak. A következő imaszolgálatnak két célja van:
1. elengedjük azt, amit felróttunk apánknak, mert nem adta meg nekünk, amire szükségünk volt
2. megkérjük Istent, hogy szabadítson fel minket azokon a területeken, amelyeken nem teljesítünk kielégítően szülőként, mint próféták, papok és királyok, vagy mint feleségek és anyák nem támogatjuk férjünket ezekben a szerepkörökben.

A te imád:
Drága Mennyei Atyám, köszönöm, hogy alkalmat adsz nekem megszabadulni a jogos büntetéstől amiatt, hogy nem bocsátottam meg apámnak és elítéltem őt, mert a családunkban, növekedésem évei alatt nem úgy teljesített prófétaként, papként és királyként, mint kellett volna. Most szabad akaratommal úgy döntök, megbocsátom földi apámnak, hogy nem volt jó (nevezd meg, mely szerepkörökben: mint próféta, pap vagy király). Megtagadom minden ítélkezésemet is apámmal szemben amiatt, hogy kudarcot vallott: nem volt jó próféta, pap és király nekem és családunknak, cseperedésem évei alatt. Uram, kérlek, vágj el minden Istenellenes lelki köteléket, ami azért jött létre köztem és apám között, mert ő nem tett eleget a kívánalmaidnak, mint földi szülőm. Úr Jézus, köszönöm földi szüleimet, akiket Tőled kaptam! Kérlek, most adj vissza nekem mindent, amit elvesztettem édesapám és édesanyám sérülései miatt! Ámen.

Az imatársad mondja:

Jézus nevében kinyilvánítom, hogy bocsánatot kaptál (a neved) az apáddal szembeni meg nem bocsátás és ítélkezés most megvallott bűnére, ami azért volt benned, mert apád nem volt jó szülő ezen a téren. Úr Jézus, arra is kérlek, hogy vágj el minden Istenellenes lelki köteléket, ami azért jött létre, mert (a neved) apjának rossz befolyása alá került, aki nem Isten terve és célja szerint járt el a családjában, mint próféta, pap és király.

Most nézzük meg, hogyan teljesítesz felnőttként te ezeken a területeken: férfiként, apaként talán nem teszel eleget prófétai, papi és királyi feladatodnak, ha pedig feleség vagy, eddig nem támogattad férjedet ezekben a feladataiban.

A te imád:

Drága Mennyei Atyám, Jézus nevében jövök Hozzád családi feladataim miatt (apaként ez a prófétai, papi és királyi szerep, feleségként és anyaként pedig azért, mert nem támogattam férjemet ebben e három szerepkörben). Kérlek, bocsásd meg, hogy elhanyagoltam az életemre vonatkozó terveidet a családomban, illetve nem engedelmeskedtem annak! Sajnálom, hogy ilyen voltam és most úgy döntök, hogy követlek ezekben az életemre elrendelt feladatokban, akár még most is (bármennyi idősek a gyermekeim). Kérlek, Uram, jöjj és add meg gyermeke(i)mnek azt, amit (rajtam és/vagy férjemen keresztül) kellett volna megkapniuk! [Megjegyzés: Ez a házasokra vagy azokra vonatkozik, akik valamikor házasok voltak.]

Az imatársad mondja:

Jézus nevében kinyilvánítom: bocsánatot kaptál arra, hogy elhanyagoltad Isten kívánságát, mely szerint a családban az apának prófétának, papnak és királynak kell lennie, illetve nem engedelmeskedtél ennek a kívánalomnak. Uram, kérlek, vágj el minden Istenellenes lelki köteléket (a neved) és gyermekei között, ami azért jött létre, mert (a neved) elhanyagolta prófétai, papi és királyi feladatait a szűk családjában.

Ahol bizonyos szempontokból te magad nem engedelmeskedtél Isten kívánalmának, hogy ezeket a feladatokat betöltsd a családodban, helyénvaló, ha megvallod mulasztásodat az érintett családtagoknak és bocsánatot kérsz tőlük. Soha nincs túl késő. Kezdd el most betölteni Istentől kapott szerepedet a családban, tehát kérd meg az Urat, hogy segítsen elindulnod a helyes irányba onnan, ahol épp tartasz!

Negyedik kérdéssor:
Ennek a kérdésnek a kapcsán akkor kapsz imaszolgálatot, ha gyermekkorodban a kommunista ifjúsági csoportosulások és egyéb, az iskolában beléd táplált propaganda elfordították a szívedet szüleidtől és családodtól. (Ezzel a témával részletesebben foglalkozunk könyvünk 2. részében, amelynek címe: FOGLYOK.) A Malakiás 4:6-ban Isten nem csak arról beszél, hogy az apák szíve elfordult a gyermekektől, hanem arról is, hogy a gyermekek szíve elfordult az apáktól (Isten terveivel és céljaival ellentétesen). Isten előtt felelősek vagyunk azért, ahogyan a szüleinkkel bán(t)unk (Máté 15:4).

A te imád:
Drága Mennyei Atyám, Jézus nevében jövök Hozzád amiatt, hogy felnövekedésem idején a szívemet elfordították a szüleimtől. Uram, már tudom, hogy az iskolában és az ifjúsági szervezetekben folytatott propaganda hatott rám, és ennek eredményeként a szívem elfordult az édesapámtól és az édesanyámtól – a szűk családtól és vakon követtem ifjúsági oktatóimat és kommunista vezetőimet, 'vezéreimet'. Bánom a magam részét ebben és most úgy döntök, hogy a szívemet istenfélő módon és tisztelettel a szüleim felé fordítom (akár élnek még, akár nem). Megbocsátom iskolai tanáraimnak, az ifjúsági vezetőknek és azoknak, akik az iskolámban a Lenin szobát működtették, hogy félrevezettek: figyelmemet az államra, annak céljaira és önmagam megvalósítására irányították. Noha félrevezettek, kérlek,

Úr Jézus, bocsásd meg a magam részét szüleim és családom elhanyagolásában! Ámen.

Az imatársad mondja:
Jézus nevében most kinyilvánítom: (a neved) bocsánatot nyertél arra, hogy nem tisztelted szüleidet és elhanyagoltad a családodat az állami tanításnak megfelelően, amit az iskolában és az ifjúsági szervezetekben való részvételed által kaptál. Bűnbocsánatot szólok neked arra, hogy továbbra sem becsülted a szüleidet, hiszen elhanyagoltad őket, mert a szíved az állam felé fordult és a kapott oktatás a saját érdekeid előtérbe helyezését szorgalmazta. Úr Jézus, most kérlek, vágj el minden Istenellenes lelki köteléket (a neved) életében, ami a propagandán, a (tanítvány)képzésen és az ifjúsági csoportosulásokon keresztül megnyilvánuló állami betanítás miatt jött létre! Különösen kérlek arra, hogy ha az elöljárói az ifjúsági szervezetbe való felvétel részeként rátették a kezüket (a neved)-ra/-re, szabadítsd meg őt minden Istenellenes lelki kötéstől, ami emiatt jött létre az életében. Ámen.

II. RÉSZ
Foglyok
A kommunizmus szellemi gyökerei

Foglyok

8. FEJEZET

Tél volt Tallinban, Észtországban. A hőmérséklet messze fagypont alatt volt. A sápadt, téli nap már régen lenyugodott ebben az északi városban, noha még csak kora este volt. Közel százan jöttek össze istentiszteletre egy osztályteremben. A legtöbb jelenlévő nem vetette le a kabátját, mert még az épületben is hideg volt, de a várakozás légkörét éreztük dicsőítés közben. Végül felálltam, hogy először tanítsak a szovjet típusú kommunizmus szellemi hatásairól.

Nagyon meglepődtünk, miközben szolgáltunk aznap este, olyan intenzíven reagáltak az emberek. Isten vezetésére arról tanítottam, hogy a volt Szovjet blokk népeire rákényszerített kommunizmusnak a hamis vallásokhoz hasonlít a formája és olyanok a tulajdonságai is. Isten kijelentette, hogy akik a kommunizmus hatalma alatt éltek, azoknak meg kell szabadulniuk a kommunizmus, mint kormányzati rendszer bukása után még mindig működő szellemi mozgatórugóktól.

Tehát hamis vallásként kezeltük a kommunizmust. Ennek keretében megtérésre vezettük az embereket azokból a bűnökből, amelyekben részt vettek a szocializmus idején. Megkértük őket: bocsássanak meg azoknak, akik agymosóan oktatták és ennek a totalitárius rendszernek a kötelékében tartották őket. Amint a jelenlévők megalázták magukat az Isten előtt, egyre erősödött az Ő jelenléte, és az Úr betöltötte a termet szentségével. Sok démon kiáltozni kezdett az emberekben, a gyülekezet tagjai holtként estek a földre. Némelyeknek felfordult a gyomra, egyesek sírtak. Mások úgy tekeregtek, mint a kígyó, amikor megparancsoltuk az ellenségnek, hogy hagyja el azokat a drága, bűnbánó keresztényeket.

Isten ereje közel fél órán keresztül tisztította és gyógyította az embereket a szovjet kommunizmus szellemi szennyeződéseinek hatásaitól. Sem ők, sem mi nem voltunk többé ugyanazok. Ami Tallinban ott történt, sokszor ismétlődött más helyeken, miközben sok ezer embernek szolgáltunk a későbbi években. Ezek a drága átélések késztettek arra, hogy megírjam ezt a könyvet. Számtalan emberrel, akinek szüksége lenne erre a szabadságra, sosem fogunk találkozni. Ők nem is tudják, mi tartja őket vissza Isten áldásainak a teljességétől, pedig Isten, a Fián, Jézus Krisztuson keresztül, igen nagylelkűen adja nekünk ezt a szabadságot.

Gyakran meglepődünk, milyen eredménnyel jár, ha engedelmeskedünk Istennek. Az 1990-es évek közepén kezdett az Úr beszélni nekem azokról a szertartásokról, fogadalmakról, megállapodásokról és oktatásról, amelyekre rávették a szovjet kommunizmus befolyása alatt élő embereket. Csupán néhány évvel ezt megelőzően vitt végig Isten egy gyors tanulási folyamaton, amelyben kijelentette nekem, hogyan működnek a kultuszok, a hamis vallások, és néhány világi, felebaráti (testvéri) szervezet is, mint a szabadkőművesség. Ezek a szervezetek megtévesztés által, Isten erőteljes szellemi törvényeit félremagyarázva ejtik csapdába a tudatlanokat, a gyanútlanokat, a károsultakat és rászorulókat, hogy mind a keresztényeket, mind a nem keresztényeket bűnös fogadalmakra, oktatásokon és szertartásokon való részvételre vegyék rá.

Mielőtt tovább vizsgáljuk a kommunizmust, ami csak az egyik szellemi szerkezet, avagy eszköz a népcsoportok kötelékben tartására, nézzünk körül tágabb körben! Talán hasznos, ha vázlatosan áttekintjük, hogyan működnek a kultuszok és a hamis vallások. Így alapszinten megérthetjük a könyv II. részben bemutatott felvetéseket, amelyek szerint a szovjet típusú kommunizmus valójában hamis vallás. Minden kultusz és hamis vallás lényege és erőforrása a bálványimádás. Ezt ebben a könyvben két másik helyen elemezzük: *A világot irányító szellemi törvények* című második fejezetben és a 4. függelékben, amelynek címe: *Bálványimádás*. Most nézzük meg ezeknek a kultuszoknak és hamis vallásoknak a szerkezetét és működését!

KULTUSZOK, HAMIS VALLÁSOK ÉS BÁLVÁNYIMÁDÁS

A kötelékben tartáshoz szükséges erő

A kultuszok és a hamis vallások pókhálószerű megtévesztések, amiket szószólói elképzelések és eszmék rendszerezett halmazaként tálalnak egy embercsoportnak. A csoport tagjai, önmagukat megtévesztve, folyamatosan ezeket az eszméket és azok feltételezett hasznát tartják a szemük előtt. Ezeket az előnyöket gyakran felkínálják a leendő tagoknak; ehhez csak csatlakozniuk kell a rendszerhez és gyakorolniuk kell egy bizonyos életmódot vagy viselkedést, amit a csoport tanításai és szabályai határoznak meg.

Az ezeket a csoportokat népszerűsítő propaganda, reklámanyagok, előadások és ismeretterjesztő anyagok kerítőhálóját a Sátán fullajtárjai húzzák át a népesség egyes csoportjain, hogy kifogják és megtartsák a tudatlanokat és gyanútlanokat. Ezeket a módszereket úgy alakították ki, hogy tudatlanságunkat kihasználva, a bűn erejével kapjanak el és tartsanak kötelékben embereket. Meg kell ismernünk ezeket az eszközöket, ahogyan Pál apostol írta a korinthusiaknak:

„…*hogy meg ne csaljon minket a Sátán: Mert jól ismerjük az ő szándékait.*"

(2 Korinthus 2:10-11)

Sokakban fel sem merül, hogy létezik egy intelligens gonosz, vagy ha igen, nem veszik azt komolyan. A Biblia azonban egyértelműen kimondja, hogy az terveket sző a csapdába ejtésünkre, hogy a Sátán szolgálatába álljunk. Ha nem ismerjük Isten törvényeit és nem járunk szentségben, akkor az ellenség rávehet bennünket arra, hogy részt vegyünk terveinek és ötleteinek a megvalósításában, és így próbáljunk megszerezni olyan dolgokat, amiket egyébként Isten akar nekünk adni.

Az a gond, hogy bűnt kell elkövetnünk ahhoz, hogy a kultuszok és hamis vallások eszméinek és gyakorlatainak ígéreteihez, jutalmaihoz és előnyeihez vezető utat járjuk. Természetesen a megtévesztés nem bűnnek mutatja ezeket a gyakorlatokat, sőt gyakran az erény köntösébe burkolja azokat.

Ha azonban a Sátán rá tud venni a bűnre, akkor az ő hazugságainak a kötelékébe kerülünk, hogy az ő akaratát cselekedjük. Megdöbbentő módon, ilyenkor nem a Sátán ereje tart minket fogságban, hanem Isten bűnre vonatkozó szellemi törvényei. Tudatlanságunk és becsapottságunk megakadályozza, hogy megtérjünk a bálványimádás bűnéből, ami a hamis kultuszok és vallások veleje. Ezért a Sátán befolyása alatt maradunk, aki a törvény erejével tart fogságban minket.

„...a bűn ereje pedig a törvény."

(1 Korinthus 15:56)

Közös tényezők

A kultuszoknak és hamis vallásoknak sok a közös vonásuk. Ha ismerjük ezek némelyikét, a szolgáló vagy lelkigondozó könnyebben elsegítheti a megkötözötteket a szabadságig anélkül, hogy az adott tanítást és életgyakorlatot teljes mélységében és részleteiben ismernie kellene. Tehát, néhány közös alapelem:

- Bálványimádás – amikor nem Istent imádjuk, hanem valaki vagy valami mást (2 Mózes 20:3-4) az átkot hoz.
- Személyiségeket, fejedelemségeket vagy célokat imádnak (akár

embereket vagy szellemi lényeket is) – isteneket, sőt a Sátánt, az ént, a pénzt, a biztonságot, a hatalmat, a tudományt, az értelmet, az elfogadást vagy a hírnevet, a világuralmat vagy a világbékét stb.
- A bálványimádás magva a gúnyolódás, hiszen ezek a dolgok szemben állnak Istennel és az Ő Szavával (Jeremiás 10:15).
- Megtévesztés és csábítás.
- Támogató rendszerek – alapelvek, koncepciók, viselkedési szabályok, tantételek, gyakorlatok, szertartások.
- Személyes beleegyezések, fogadalmak, eskük és rituális oktatás egymást követő láncolata.
- Egymás szeretete és az egymással való törődés hiányzik, vagy elmarad a Bibliában előírt szinttől. Ezeket sokszor a kontroll, a leuralás, sőt, akár a tekintély alatt való megkötözöttség vagy rabszolgaság bizonyos mértéke helyettesíti.

Bibliai igazságok a kultuszok, hamis vallások és a bálványimádás gyakorlatairól

- Más istenek (vagy képmások) imádása átkot hoz: 2 Mózes 20:3-4; Zsoltárok 115:4-8; Jeremiás 10:14-15.
- A bálványimádó tárgyak átkot hoznak: 5 Mózes 7:25-26.
- Az esküknek, szertartásoknak, megállapodásoknak és odaszánásoknak, amelyekben mi, vagy a felmenőink vettek részt, szellemi hatalma lehet fölöttünk még az után is, hogy elhagytuk az adott hamis vallást, kultuszt, vagy bálványimádást. Ez akkor is így van, ha mi magunk soha nem is vettünk részt benne, csak valamelyik elődünk: Galata 6:7-8; Ézsaiás 65:6-7.

A bálványimádás, a kultuszok és a hamis vallások meghatározása

Bálványimádás
Meghatározás: szellemek, hamis istenek, folyamatok ill. eljárásmódok, anyagok vagy erők imádása, valamint ezektől származó belső vagy külső békesség vagy jóindulat keresése annak érdekében, hogy kaphassunk, használhassunk és továbbadhassunk:

a. erőt
b. egészséget és jólétet
c. információt
d. bővölködést (pénzt)
e. kapcsolatot a holtakkal (halott szeretteinkkel)

Kultuszok és hamis vallások
Meghatározás: olyan tanításhoz, hitrendszerhez és gyakorlatokhoz ragaszkodó embercsoportok, amelyeknek alapja, gyökere bálványimádó jellegű (azaz valami, valaki mást imád, nem Ábrahám, Izsák és Jákob Istenét: az Atyaistent, Jézust – a Fiút, és a Szent Szellemet; a Biblia Istenét). Ők nem a bibliai kereszténységet gyakorolják, hanem valami másféle vallást (leplezetten vagy nyíltan). Így többféle nem-keresztény csoportot tanulmányozhatunk, vizsgálhatunk:

- Magukat kereszténynek nevező, vagy álcázó csoportokat pl. a mormonokat, a Jehova tanúit, a keresztény tudományt (szcientológia) stb.
- Leplezetten vallásos, de magukról valami mást állító csoportokat. Talán még azt is állítják, hogy összhangban vannak a kereszténységgel, pl. a szabadkőművesek, a harci művészetek és a jóga, valamint a kereszténység ellenzői, mint pl. a kommunizmus.
- A kereszténységgel nyíltan szembenálló csoportokat, amelyek nyíltabban imádnak más isteneket, mint pl. a hinduizmus.

A bálványimádás személyes gyökerei – miért veszünk részt benne

- Üldöztetés és félelem zsarnoki vagy hamis vallások uralma alatt álló kultúrákban és kormányzati rendszerekben.
- Elfogadottság
- Társas szükségek – barátság
- Szellemi szükségek
- Érzelmi szükségek
- Politikai vagy üzleti törekvések
- Családi értékek
- Családi, kulturális vagy társadalmi bevésődés
- Be nem töltött szükségek
- Az élet, vagy saját életünk értelmének, az élet eredetének, vagy Istennek a keresése
- Vágy a világ megjobbítására
- Jutalmak, presztízs, hatalom, kontroll, védelem
- Félelem a kudarctól, tehetetlenség, rászorultság

Erő az emberek kötelékben tartásához

Az embereket hasonló vagy azonos erők tartják kötelékben minden bálványimádó rendszerben, kultuszban és hamis vallásban. Ezek mind szellemi törvényeket használnak és a bűn ereje – az Isten iránti engedetlenség rejlik mögöttük. Ha ezeknek a rendszereknek a csapdájába esünk, ezek rávesznek a bűnre, két dolog az eredménye: Isten tökéletes igazságügyi rendszere fogságban tart minket és ajtók nyílnak a szellemi világra, amelyeken démonok jöhetnek be az életünkbe (lásd: Máté 18:34-35). A bálványimádó rendszerek a következő szerkezeti elemeket használják:

- Eskük, egyetértések, szertartások, fogadalmak, odaszánások
- Átkok, generációs eskük, megtévesztés és csábítás
- Agymosás, bevésődés, beavatás, tanítványság
- Ékszerek, szobrok, képmások, könyvek ill. irodalom, jelvé-

nyek, egyenruhák ill. öltözékek, medálok, okkult vagy bálványimádó gyökerű művészi alkotások vagy emléktárgyak
- A csoportban korábban elfogadott vagy oktatott téves hitrendszerek, azokon belül megtévesztések, amelyek a hazugságok és visszájára fordított igazságok között tartalmaznak némi igazságot is; a keresztény fogalmak más értelmezése – pl. a mormonizmusban Jézus a Sátán testvére (5 Mózes 32:31).
- Az érintett fél elhagyni a hittételeket, a gyakorlatot és a hitrendszert, mert elhiszi, hogy akkor megtörténnek vele a csoport által beígért bajok
- Elszigetelődés az igazságtól vagy a nem beavatottaktól
- Uralkodás és kontroll – Istenellenes lelki kötelékek
- Ismétlődő démonizálódás
- Félelem a csoport vezetőjének vagy tagjainak bosszújától
- Az illető azért hisz, mert szüksége van önvédelemre vagy testedzésre pl. a harcművészetek, jóga stb. esetében.

A bálványimádástól, hamis vallásoktól és kultuszoktól való szabadulás kulcsa

Fogalmilag a bálványimádástól, a kultuszoktól és a hamis vallásoktól való szabadulásnak két kulcsa van. Számos lépésből áll az a folyamat, amin keresztül elérhetjük a szabadságot e kulcsok felhasználásával. A szabadsághoz vezető első kulcs a bűn elhagyása. Mi keresztények, miután rádöbbentünk, hogyan nézi Isten jelenlegi és múltbeli bűnös és bálványimádó tevékenységeinket, dönthetünk úgy, hogy abbahagyjuk és megtagadjuk azokat amiatt, amit Isten gondol róluk. Nem maradhatunk benne az adott csoportban és gyakorlataiban, valamint meg kell válnunk minden hozzájuk tartozó tárgytól, ami a birtokunkban van.

A második kulcs az, hogy Jézus vére és nevének ereje szellemileg megtisztítson minket. Ezután is maradnak még szellemi problémáink, ami imaszolgálatot igényel, ami általában egy keresztény barátunk segítségével történik meg. Ez az ima számos lépést tartalmaz.

Foglalkoznunk kell például az átkokkal, a lélek és a szellem szellemi sebeivel, és az Istenellenes lelki kötelékekkel, amelyek te és szellemi vezetőid, a veled egy szinten lévő társaid illetve vezetettjeid között létrejöttek, ha vezető voltál. Kezelni kell a hozzád tapadt, vagy hozzáférést nyert démonokat, valamint a kultuszon vagy hamis valláson (azaz bálványimádáson) kívüli sérült kapcsolataidat.

Csakis Jézus Krisztustól nyerhetünk megváltást (Cselekedetek 4:12), tehát minden hamis vallásból és kultuszból is csak Általa szabadulhatunk ki (Ézsaiás 61:1). Csak a szolgálati folyamat részletei változnak attól függően, hogy az adott egyén vagy család hogyan keveredett bele az
ellenség hálójába. A folyamat vázlata a következő:

1. Az érintett Jézus Krisztusba veti a hitét, mint Isten egyszülött Fiába, valamint személyes Megváltójába és Urába
2. Megvallja bűneit, megtér, megtagadja a bűnös dolgokat és bűnbocsánatot nyer
    a. Ezt megteszi minden egyes bűnös szertartással, esküvel és megállapodással, amelyek szülei ill. ősei bűnös gyakorlataiban előfordultak
    b. Ugyanígy megteszi mindazokkal a dolgokkal, amelyekben ő maga vett részt, ill. amelyeket ő tett, beleértve élete önkéntes vagy vonakodó odaszánását isteneknek, templomoknak, eszméknek, valódi vagy elképzelt személyeknek, valamint minden szellemnek vagy istennek az Atya, a Fiú és a Szent Szellem ISTEN helyett vagy mellett
1. Imaszolgálatot kap azért, hogy:
    a. Megszabaduljon minden démontól, aki saját vagy elődei bűnös tevékenysége révén léphetett be az életébe
    b. Megbocsásson azoknak, akik belevonták ebbe (önmagát is beleértve)
    c. Megtörjenek az Istenellenes lelki kötelékek közte és azok között, akikkel kapcsolatba került

d. Megsemmisítsen minden, a kultuszhoz vagy valláshoz tartozó anyagot és tárgyat

e. Megtörjenek az Istenellenes lelki kötelékek közte és a bálványimádást vele együtt gyakorlók között

f. Javasoljuk, hogy akik ilyen szolgálatban szeretnének részesülni, alakítsák ki a személyes imaéletüket, tanulmányozzák a Bibliát, vegyenek részt a helyi gyülekezet keretében folyó alkalmakon és tanítványozásban. Azoknak, akik előre akarnak haladni Istennel és meg akarják tartani szabadságukat, meg kell maradniuk a fenti életmódban

A 8. fejezet fő gondolatai

Mielőtt továbblépünk és megválaszoljuk Imanaplónkban az erre a fejezetre vonatkozó kérdéseket, szánjunk némi időt a jelen fejezetben bemutatott alapgondolatok tisztázására!

- A kommunizmus, mint a hamis vallások egyike, azon szellemi csapdák közé tartozik, melyeknek célja, hogy az embereket a Sátán kötelékeiben tartsák.
- A kultuszok, a hamis vallások és a bálványimádás vizsgálatával többet megérthetünk a kommunizmus erejéről. Az ellenség úgy tervezte meg ezeket a megtévesztéseket, hogy valamelyest hasznosnak tűnjenek, mégis megkövetelik, hogy bűnt kövessünk el.
- Isten szellemi törvényének az ereje tart minket kötelékben. Ha áthágjuk Isten korlátait (parancsait), akkor kikerülünk az áldások területéről és az átok, a sebezhetőség, a veszteség és a halál földjén találjuk magunkat.
- A kultuszoknak és hamis vallásoknak sok a közös vonása: bálványimádás, hittételek, tiszteletben tartott isten(ek) vagy más személy(ek), megtévesztés és csábítás, gyakorlatok és szertartások, a szeretet hiánya, fogadalmak és eskük, rituális oktatás.

- Bálványimádáskor nem Istent imádjuk, nem Nála keresünk belső vagy külső békét és nem az Ő jóindulatát igényeljük, hanem valaki vagy valami máshoz fordulunk mindezekért. A vallás bálványimádó gyakorlat, avagy rendszer. A kultuszoktól, hamis vallásoktól és a bálványimádástól csak úgy válhatunk szellemileg szabaddá, ha megismerjük Jézus Krisztust, mint Urunkat és Megváltónkat, valamint ha megtérünk azokból a konkrét bűnökből, amelyeket a bálványimádás vagy a hamis vallás keretében követtünk el; megvalljuk ezeket és bűnbocsánatot nyerünk. Így elkezdhetünk szabaddá válni, miközben:

  a. Megszabadulunk minden démontól, aki saját bűnös tevékenységünk vagy családunk bűnös tevékenysége révén léphetett be az életünkbe
  b. Megbocsátunk azoknak, akik belevontak ebbe a bűnös gyakorlatba (önmagunkat is beleértve)
  c. Megtörünk minden Istenellenes lelki köteléket magunk és azok között, akikkel kapcsolatba kerültünk
  d. Megsemmisítünk minden anyagot és tárgyat, ami a kultuszhoz, avagy valláshoz tartozik
  e. Megtörjük az Istenellenes lelki kötelékeket magunk és a bálványimádást velünk együtt gyakorlók között
  f. Kialakul személyes imaéletünk és bibliatanulmányozási szokásaink, tanítvánnyá válunk, és közösen imádjuk Istent a helyi gyülekezettel

HOGYAN HAT EZ AZ ÉLETEDRE?

Álljunk meg egy pillanatra, lélegezzünk mélyeket és idézzük fel, miért is tanulmányozzuk ilyen alaposan a bálványimádást: így készülünk fel arra, hogy tárgyilagosan megvizsgáljuk a kommunizmus szerkezetét és erejét. A következő fejezetben azt, amit megértettünk a bálványimádásról, a szovjet kommunizmus vizsgálatában fogjuk kamatoztatni. Ezeknek a gondolatoknak és fogalmaknak az összessége megmutatja, hogyan szabadulhatunk meg személy szerint mindabból, ami azért maradt bennünk, mert ki voltunk téve a bálványimádás ezen formájának.

Ahhoz, hogy a legtöbbet meríts ennek a fejezetnek a tanulmányozásából, folytasd az imanaplód vezetését és válaszolj a *Személyes kulcskérdések* címszó alatti kérdésekre, amelyek a fejezet utolsó oldalán találhatók, keretben. Ezek a kérdések abban kívánnak segíteni, hogy elkezd alkalmazni az ebben a fejezetben tanult információkat. Most is írj le az imanaplódba minden kérdést és válaszolj rá, mielőtt továbblépsz a következőre!

Fontos személyes kérdések a nyolcadik fejezet kapcsán

Megtagadtad valaha, hogy Lenin az apád és Sztálin (Rákosi) a vezéred?
Megvan még a vörös úttörő nyakkendőd, vagy bármely kitüntetés, ruhadarab és ékszer, amit a kommunizmustól kaptál?
Megvan még a kisdobos jelvényed, vagy a felvételi igazolásod és a medálod a KISZ-től?

A kommunizmus szellemi gyökerei

9. FEJEZET

Bevezetés

Azoknak az embereknek, akik a hinduizmusból, iszlámból, buddhizmusból, vagy hasonló vallásokból jönnek Krisztushoz, meg kell tagadniuk korábbi, hamis isteneiket (bálványaikat) és minden a beavatásukhoz kötődő fogadalmukat, gyakorlatukat és szertartásukat. Miután megtértek ezekből, szellemileg meg kell tisztulniuk. Ez szabadulással történik. Ha elhanyagoljuk ezt a megtisztulási folyamatot, a friss megtérő komoly küszködéseket fog átélni; úgy érzi, valami gátolja, vagy megakadályozza, hogy betöltekezzen Szent Szellemmel. Ha ez a folyamat elmarad, az adott hívő nem fogja érteni Isten Szavát, és nem tud bensőséges kapcsolatot kialakítani Istennel. Ezen a szellemi tisztulási folyamaton szinte sosem vezetik végig a kommunizmus bukása után megtérteket a volt Szocialista országokban: Oroszországban, volt csatlós államaiban és szövetséges köztársaságaiban. Ennek elhanyagolása jelentős oka a törvénykezésnek, a keresztény növekedés megrekedésének, a visszaesésnek és az erő hiányának a posztkommunista korszak egyházában.

A lenini alapokon gyakorolt szocializmus nem csupán politikai rendszer volt, hanem, amint majd később megvizsgáljuk, tartalmazta a hamis vallások minden elemét is. Ezért mindenki, aki a hatása alá került és önként, vagy esetleg vonakodva, de gyakorolta, Isten ítélete és átkai alá került (2 Mózes 20:3-6). Ezek az átkok hatnak az utódok nemzedékeire is, de Jézus Krisztuson keresztül, aki átokká lett értünk, van út, amely szabadságra vezet. Jézus azért jött, hogy szabadulást hirdessen a foglyoknak és szabadon bocsátást a megkötözötteknek (Ézsaiás 61:1).

Meg kell értenünk, milyen szabadságra szabadít meg minket Jézus a kommunizmusból:
- Szellemi és **nem** politikai vagy kormányzati szabadságra
- a politikai rendszerek szellemi következményeitől szabadulunk meg
- valamint az önkényuralmi rendszerben eltöltött éveink bennünk maradt hatásaitól

A kommunizmus szellemi hatásának felmérése

Ebben a fejezetben részletesebben megvizsgáljuk, mit jelent az, hogy mi ill. családunk – önként vagy kelletlenül – részt vettünk az élet különböző tevékenységeiben a kommunizmus befolyása alatt. Így felfedezzük:

- a volt Szovjet blokkban működött kommunizmus szellemi gyökereit és erejét
- ennek hatását ránk, a kultúránkra, a környezetünkre és az országunkra (lásd: Zsoltárok 135:15-18)
- Miután ezt megértettük, Jézus neve, szeretete és ereje által felszabadulhatunk átéléseink hatásai alól, és meggyógyulhatunk azokból.
- Felkészítést kapunk, hogy segíthessünk ugyanúgy megszabadulni másoknak, mint ahogyan mi megszabadultunk (lásd: 2 Korinthus 1:4)

Bűnbánat: a szabadság ajtaja

Ha a lenini kommunizmus valóban hamis vallás volt, akkor csak megtérés által válhatunk szabaddá tőle. Mi tehát a szellemi igazság a kommunizmusról? Nem térhetünk meg olyasmiből, amiről nem tudhatjuk meg biztosan a Bibliából, hogy bűn.

Jézus azt mondta Izrael gyermekeinek, hogy az igazság szabaddá teszi őket, de tudatlanságukban azt is tagadták, hogy rabszolgák (megkötözöttek) lennének (János 8:33). Az izraeliek nem csak tudatlanok voltak a bűnüket tekintve, hanem a bűnük általi tompaság teljesen elzárta elméjük elől az igazság útját. Bűne miatt szállhatta meg nemzetüket a római sereg. Így mindnyájan a cézár rabszolgái voltak, de Jézus nem a politikai helyzetről beszélt, hanem arról, hogy a bűn rabszolgáivá váltak. Ma ugyanez a helyzet mindnyájunkkal: nem értjük, hogyan értékeli Isten Szava az életünket. Ha meg akarunk szabadulni, az Írás tükrében kell megértenünk jelenlegi és múltbeli viselkedésünk milyenségét.

Szükséges ismernünk és értenünk Isten Szavát, de nem szabadulhatunk meg:
- Jézus megismerése nélkül
- anélkül, hogy életünket az Ő szemével látnánk
- anélkül, hogy a Bibliában megígért áldásokat befogadnánk az életünkbe
- anélkül, hogy alávetnénk életünket Jézusnak és mindannak, amit az Ő kiontott vére megtett értünk, hiszen az igazi szabadság csak hívők számára elérhető

„Tudás nélkül elvész az én népem."

(Hóseás 4:6)

Lehetünk 'jó keresztények' és buzgólkodhatunk Istenért anélkül, hogy tudatában lennénk rabszolgaságunknak, ami törvénykezéshez vezet a Róma 10:2 szerint. Isten hasonlóan bánik az egyénekkel, a csoportokkal és a nemzetekkel is.

A szabadsághoz vezető fogalmak

Mielőtt belemélyednénk a kommunizmus részleteibe, álljunk meg egy percre, hogy áttekintsük az eddigieket – így karbantarthatjuk lámpásunkat, mielőtt végigmegyünk ezen a sötét ösvényen. A rabságunkból kivezető út meghatározásához meg kell értenünk, milyen szellemi állapotban vagyunk életünk korábbi tevékenységei miatt. Gondolkodjunk el a következőkön:

- Az engedetlenség (bűn) bajba sodor minket (5 Mózes 28:15-68; 3 Mózes 26:14-39)
- Felelősek vagyunk minden szavunkért és tettünkért (Máté 12:36-37; 2 Korinthus 5:10), megtérésünk előtt és után is.
- A szabadsághoz és helyreálláshoz a bűnvalláson – személyes és nemzeti bűneink, valamint elődeink bűneinek megvallásán – és a megtérésen át vezet az út (lásd: 3 Mózes 26:40-42; 2 Krónikák 7:14; Cselekedetek 3:19; Jakab 5:16).

A kormányzati rendszerek szelleme

Könyvünk jelen részében, amelynek címe *Foglyok*, tovább vizsgáljuk az életünkre ható szellemi tényezőket. Már elkezdtük közelebbről tanulmányozni a kommunizmus rendszerét. Nem a kormányzás ideológiáját és működését szemléljük most, inkább azokat a hatásokat, amelyeket a kormányzat gyakorolt az uralma alá vetettekre elvei mindennapos alkalmazásával és kultúrájával. Meg kell néznünk, hogyan kezdődött, hogyan valósították meg és hogyan tartották fenn; Isten szerinti célok, tervek és gyakorlatok jellemezték a kommunizmust, vagy sem? Elismerték és beépítették az ország kormányzásába Istent és az Ő útjait, vagy nem? Tisztelték, támogatták és értékelték az egyének és családok életét? A végső elemzéskor Isten ezen ismérvek alapján fogja megítélni ezt a rendszert. Íme néhány kulcsfontosságú dolog:

- Ne a kormányzási formát, hanem annak végrehajtását vegyük figyelembe, vagyis a mögötte lévő szellemet. A Cselekedetek 2:44-45 megmutatja, milyen közösségben élni, amikor minden vagyon közös, akkor azonban a politikai rendszer, azaz az ország kormányzása a bálványimádó, római diktatúra kezében volt.
- A demokráciát, ami a jelenlegi kormányzati rendszerek egyike, nem említi a Biblia, de ahol Isten törvényéből és hozzáállásából beépítettek valamit a demokráciába, ott Isten megáldja ezt a társadalmi formát olyan mértékben, amennyiben az Istenközpontú.
- A lenini kommunizmus/szocializmus magában foglalta:
  a. az ateizmus tanát, tehát ellenállt Istennek
  b. a keresztények, a zsidók és a burzsoázia üldözését, akár megölését is, mint politikai elvet
  c. mindenki üldözését, akár megölését is, aki „ideológiailag ellenállt";
  d. a tömegek üldözését félelemkeltés és az engedelmesség kikényszerítése érdekében.

A SZOVJET TÍPUSÚ KOMMUNIZMUS SZELLEMI ALAPJA

A *9. fejezet* utolsó szakaszában a szerint vizsgáljuk meg a szovjet kommunizmust, amit szellemileg létrehozott és hirdetett, ill. ahogyan alattvalóit átnevelte. Amint a szovjet kommunizmus politikai formáján és kormányzati szerkezetén túlra tekintünk világossá válik, hogy az állam kiépítése érdekében működött mögötte egy ideológia, amelyben szerepelt a bálványimádás eleme is. A kommunizmus bevezetésével egy megdöbbentő pótlék jött létre. A kereszténységet elnyomták, az állam pedig bevetette a maga ópiumát: a vallás egy adott formáját, amelyben voltak tantételek, istenségek, papok, templomok, dicsérő énekek és dicsőítés, hitvallások, áldozatok, fogadalmak és szertartások. Nézzük meg közelebbről ezt a megdöbbentő kinyilatkoztatást, alkotórészeire bontva:

Az államvallás: BÁLVÁNYIMÁDÁS

Tantételek:
- ateizmus
- evolúció
- az állam mindenek előtt
- az eljövendő utópia, öt éves tervek
- mindenki képességei szerint dolgozik, és szükségei szerint részesül a javakból
- osztályharc: a proletárok a burzsoázia ellen

Istenek:
- az állam
- a kommunista vezetők, a „nép" hősei
- a tudomány és a technológia
- az iskolai osztálytermek hősei
- katonai fensőbbség

Papok:
- párttitkár (a párt képviselője gyárakban és máshol) és funkcionáriusai
- politikai tisztek (a párt képviselője a hadseregben)

Templomok:
- kultúrtermek (Lenin szobák, gyárakban és iskolákban)
- előadótermek (a településeken)

Dicsérő énekek és dicsőítés:
(Például az alábbi Lenin-dal)

*A rablánc a lábon nehéz volt,
De széttörte büszkén a nép,
Mert példája volt ki érte
Feláldozta hű életét. Lenin!
A hős, ki csak népének élt.*

*A béklyó a porba lehullott,
S az ember a napfénybe néz,
A zászlót emeld fel az égig,
És légy hozzá hű, míg csak élsz. Lenin!
Ő járjon előtted, míg élsz!*

*És gyúlnak a lángok a földön,
Már árad a fény szerteszét.
Így mindenhol Északon, Délen
Szabad lesz és boldog a nép. Lenin!
Szabad lesz és boldog a nép.*

*Ma millióknak ajkán egy név zeng
E név oly nagy és oly dicső
Nem hervasztja őt semmi ármány
Nem hervasztja idő. Lenin!
Nem hervasztja el az idő.*

*Csak jól fogd a fegyvert a kézben
Te harcos, erős nemzedék
Hisz példát ad ő, aki érted
Feláldozta hű életét. Lenin!
Feláldozta hű életét*

Hitvallás:
„*Lenin élt, Lenin él, Lenin élni fog!*"
(Különböző gyűléseken hirdették ki.)

Áldozatok, fogadalmak és szertartások:

- abortusz – (áldozat), a meg nem született gyermekek megölése (3 Mózes 20:3-5)
- kisdobosok hat pontja, amelyek közül az utolsó a tagokat már továbbküldi a következő szintre (6-8 éves gyerekek – Lásd a fejezet végét!)
- úttörők tizenkét pontja, amelyek közül az utolsó a tagokat már továbbküldi a következő szintre (kb. 9-14 éves kor között – lásd a fejezet végét!)
- a KISZ (Kommunista Ifjúsági Szövetség) tagok fogadalma és azok a dolgok, amelyek által a tagok a következő szintre léphetnek (kb. 14-28 éves kor között – lásd a fejezet végét!)
- a párttagok fogadalma, amivel az emberek a párthoz kötődtek, az ehhez tartozó ígéretek, szertartások és törvénytelen vagy erkölcstelen cselekedetek, amelyek között volt gyilkosság, fenyegetések és megfélemlítés, kínzás és bebörtönzés, hazugság, megtévesztés, stb.
- kollektív szerződések, amelyek keretében a dolgozóknak egyet kellett érteniük a párt illetve az állam hivatalos tanításával
- katonai eskük és fogadalmak, amelyeket elmondtak és aláírtak. Ezek bezárták az érintetteket az állam hivatalos meggyőződéseinek és céljainak hitrendszerébe és viselkedésmódjába
- informátorok, besúgók, rendőrök, titkos rendőrök és börtönőrök;

URALOM AZ ÉRTELEM, AZ AKARAT ÉS AZ ÉRZELMEK FÖLÖTT

Értelem

Megjutalmazták az embereket, ha úgy gondolkodtak, ahogyan az állam megengedte, és megdorgálták őket a hivatalos, állami ideológián és tanításokon kívül eső új gondolatokért és eszmékért; pl. figyelték, mi szerepel a tankönyvekben.

Akarat

Megjutalmazták az embereket, ha meghajoltak az állam akarata, tervei és céljai előtt, de büntették az olyan viselkedést, terveket és célokat, amelyek kívül estek az államilag előírt magatartáson.

Érzelmek

Megjutalmazták az embereket, ha úgy uralták az érzelmeiket, hogy nem mutatták ki nemtetszésüket amiatt, hogy megfosztották őket az életüktől, a szabadságuktól és a boldogságra törekvéstől, hanem inkább „elfogadható", hamis érzéseket mutattak.

A szabadság ígérete

A következő fejezetben felvázoljuk, hogyan juthatunk el a szabadságig, amikor megvalljuk és megbánjuk azokat a bűnöket, amelyekben a szocializmus idején részt vettünk. Ott leírunk imamintákat is, de mielőtt átimádkozhatnánk magunkat a szabadságba, meg kell értenünk szellemi örökségünket és személyes állapotunkat.

A beavatáshoz kapcsolódó fogadalmak, jelszavak és ígéretek

Kisdobosok[9]

Jelszó: „A dolgozó népért, a hazáért előre - rendületlenül!"
Fogadalom: „Én, (név), a mai naptól büszkén viselem a kisdobos nevet. Csapatom zászlaja és társaim előtt ígérem: a 6 pontot megtartom, sok örömet szerzek pajtásaimnak, nevelőimnek, családomnak."

A 6 pont:
1. A kisdobos hűséges gyermeke a magyar hazának.
2. A kisdobos szereti és tiszteli szüleit, nevelőit, pajtásait.
3. A kisdobos szorgalmasan tanul és dolgozik, segíti társait.

---

9 Idézet a kisdobosok tagsági könyvéből.

4. A kisdobos igazat mond és igazságosan cselekszik.
5. A kisdobos edzi testét és óvja egészségét.
6. A kisdobos úgy él, hogy méltó legyen az úttörők vörös nyakkendőjére.

Megjegyzés: ez a fogadalom már összeköti a gyermeket az úttörők fogadalmával, amelyek közül az utolsó már a KISZ esküihez kapcsolódik. A KISZ, pedig természetesen már elvezet a kommunista párthoz és mindahhoz, amit a párt képvisel – ezt a jelen fejezet korábbi részében részleteztük (ezek közé tartozik az antiszemitizmus, a gyilkosság és a rettegés az engedelmesség előmozdítása érdekében, a darwinizmus, a burzsoázia kiirtása és személyes javainak megszerzése, sokszor az ősök megtagadása, a nemesség szégyene, a nemzeti múlt meghamisítása stb.). Tehát azzal, hogy a gyermekeket bevonták ezekbe az ifjúsági szervezetekbe, a felnőttek rávették a fiatal nemzedéket arra, hogy értsen egyet az állam bűneivel.

Úttörők[10]

Jelmondat: „A dolgozó népért, a hazáért előre - rendületlenül!"

Fogadalom: „Én, (név), a Magyar Népköztársaság ifjú úttörője csapatom zászlaja és társaim előtt fogadom: az úttörőélet törvényét megtartom, csapatom jó hírnevét megőrzöm, tetteimmel szocialista hazámat szolgálom.
[Ezt alá kellett írni.]

Az úttörők tizenkét pontja
1. Az úttörő hű gyermeke hazánknak, a Magyar Népköztársaságnak, felelősséggel dolgozik érte.
2. Az úttörő erősíti a népek barátságát, védi a vörös nyakkendő becsületét.
3. Az úttörő szorgalmasan tanul, a világ és önmaga megismerésére törekszik.

---

10 *Idézetek az úttörők tagsági könyvéből.*

4. Az úttörő gyarapítja, és védi a szocialista társadalom értékeit.
5. Az úttörő ahol tud, segít, és önként szolgálja a közösséget.
6. Az úttörő igazat mond, és igazságosan cselekszik [Fontos: az igazság és igazságosság nem bibliai, hanem kommunista mércéje szerint. Szerző.].
7. Az úttörő szereti, tiszteli szüleit, nevelőit, és az idősebbeket [azonban könnyű szívvel tájékoztatja a hatóságokat szülei, tanárai vagy mások bármely olyan cselekedetéről, amely ellentétes a szovjet szabályokkal: keresztény tevékenységről, a kormánypolitika megkérdőjelezéséről, a párt iránti hűtlenségről vagy az állam ideológiájától és tanításától eltérő nézeteikről. *A szerző.*]
8. Az úttörő igaz, hű barát.
9. Az úttörő bátor és fegyelmezett.
10. Az úttörő szereti és védi a természetet.
11. Az úttörő edzi testét és óvja egészségét.
12. Az úttörő úgy él, hogy méltó legyen a Magyar Kommunista Ifjúsági Szövetség tagságára.

KISZ
Jelszó: „Hűség a néphez, hűség a párthoz. A tagfelvételt „átvilágítás" előzte meg, ami a párt iránti hűség meghatározását célozta. A tagoknak rendszeresen tagdíjat kellett fizetniük (a gyülekezeti tizedhez és adományokhoz hasonlóan).

A KISZ céljai[11]
A KISZ oktatómunkájának alapja a marxizmus-leninizmus és a párt politikája.
1. Az osztályharchoz való hozzáállást erősíteni kell a KISZ tagjaiban és a fiatalokban általában. Az egyik legfontosabb feladat a

---

11 *Lábjegyzet: idézet angol forrása: 1956 Archive, RFE/RL Collection - Background Reports, Hungarian Background Reports, November 1960, http://www.osa.ceu.hu/files/holdings/300/8/3/text_da/31-1-37.shtml Open Society Archives, Közép-Európai Egyetem.*

hazafias és proletár érzület fejlesztése a fiatalok gondolkodásában, miközben lankadatlan harcot folytatunk a nacionalizmus minden megnyilvánulása ellen.
2. A háromszínű magyar lobogó iránti hűségnek össze kell forrnia a népek testvériségét jelképező vörös zászló iránti szeretettel.
3. A határozottságot, de ugyanakkor tapintatot követelő, kitartó ideológiai harccal a fiatalokat ki kell szabadítani a vallásos ideológia szellemi korlátai közül.
4. A fiatalokat képezni kell a közösségi ideológiára, és harcolni kell egyes fiatalok kicsinyes, burzsoá önközpontúsága és karrierizmusa ellen. A KISZ kommunista erkölcsre tanítja a fiatalokat és nemes emberi vonásokat táplál beléjük.
5. A KISZ oktató munkáját a marxizmus-leninizmus tanai és az osztályharc érdekei határozzák meg. Ezen alapelvek szerint neveljük fel a fiatalokat munkára és a társadalmi tulajdonhoz való új, szocialista viszonyulásra.
6. Arra oktatjuk az ifjúságot, hogy legyen őszinte és becsületes, állhatatos jellemű, igaz barát és jó elvtárs.
7. Megköveteljük, hogy a fiatalok legyenek szerények és figyelmesek, tiszteljék a szüleiket, a tanáraikat, a vezetőiket és az időseket.

Kisdobos és úttörő emlékek

1. Azt tanultuk, hogy Lenin a mi apánk és mindenki apja. Amint ezt elfogadtuk, szembekerültünk Istennel, mint Atyánkkal.
2. A kisdobosok és úttörők szertartásainak, fogadalmainak és tanításainak értelmében a tagság felsőbb szintjeire úgy hívták meg és iktatták be a résztvevőket, hogy egy magasabb rangú pajtás rátette a kezét (az állam iránti hűség következő szintjére) jelentkező vállára.
3. A Szovjetunió lett az „anyánk", mert életet adott a kommunizmusnak.
4. Azoknak, akik szerettek úttörők lenni, ez a szervezet lett a csa-

ládjuk, legalább is ez volt a cél. Együtt táboroztak és utaztak – a szeretetük és elfogadottságuk a mozgalomban összpontosult. Ez a tisztán humanista szeretetközpont lett életük alapköve.
5. Emberektől függött, hogy elfogadottnak és odavalónak érezték-e magukat. Az egészet az ifjúsági szervezetek jutalmazási és büntetési rendszere működtette. Isten helyét az emberek kedvének keresése és a szabályok betartása vette át.
6. Sokan megőriztek néhány jutalmat és tárgyat, mondjuk a tagsági könyvünket és a vörös nyakkendőt, amelyek emlékeztetnek „életünk szebb napjaira", de ezek az emléktárgyak odakötnek minket a múlt szellemi uralmához (5Mózes 7:25-26).

Személyes alkalmazás

Itt ér véget a tanító anyag azok számára, akik személyesen átélték a kommunizmust, vagy akiknek az elődei vettek részt mindebben. A következő fejezetben az imaszolgálat segítségével elkezdünk megszabadulni a szovjet típusú kommunizmus szellemi hatásaitól.

Mielőtt továbblépünk a 10. fejezetre, szánjunk egy kis időt a jelen fejezet alapgondolatainak tisztázására, amelyeket a következő szakaszban, a *fő gondolatok* címszó alatt tekintünk át. Ahhoz, hogy a legtöbbet meríts ennek a fejezetnek a tanulmányozásából, folytasd az imanaplód vezetését: válaszolj a **Személyes kulcskérdések** címszó alatti kérdésekre, amelyek a fejezet utolsó oldalán találhatók, keretben. Ezek a kérdések segítenek felkészülni a 10. fejezetben levezetett imaszolgálatra. Ismét szánj időt arra, hogy az Úr segítségét kéred, aztán pedig másolj le minden kérdést az imanaplódba és válaszolj is rá, mielőtt a következővel foglalkoznál.

Az 9. fejezet fő gondolatai

A kommunizmusba beépült a bálványimádás, ezért a hamis vallások jellemzőit hordozza és úgy is működik, pl.:

- Tantételek, istenek, papok, templomok, dicsérő énekek, hitvallás, áldozatok, fogadalmak és szertartások vannak benne.
- Ez a rendszer a szellemi uralma alá hajtotta az emberek elméjét, akaratát és érzelmeit.
- A hamis vallások (önként vagy kényszerűségből) történt gyakorlása rendszerezett bálványimádást tartalmaz és ez mindig átkot hoz az abban résztvevő egyénekre ill. csoportokra. (Lásd a *szellemi törvényeket* a 2. fejezetben és a *bálványimádás* témáját a 4. függelékben!) A bálványimádással kapcsolatos szellemi törvényt a Tízparancsolat közül az első kettőben találjuk.
- A fogadalmaknak, szertartásoknak és beavatásoknak, amelyeknek te és/vagy a családod alávetettétek magatokat, szellemi hatalmuk van, amíg meg nem vallod, és meg nem tagadod ezeket a bűnös tevékenységeket, valamint amíg meg nem térsz ezekből.
- A kisdobosok, úttörők és KISZ-tagok fogadalmai, amelyeket kimondtunk, jóváhagyják a párt bűneit (pl. a gyilkosságot, a terrort, az antiszemitizmust, a Darwinizmust, a bálványimádást, a hazugságokat, a megtévesztést, az ateizmust, stb.) és azokhoz kötöznek minket.
- Az elődeid által a szocializmus idején elkövetett bűnök is szellemi befolyással vannak rád.

Fontos személyes kérdések a kilencedik fejezet kapcsán

1. Mely szervezeteknek voltál a tagja? Kisdobosoknak, úttörőknek, KISZ-nek, Kommunista pártnak, ÁVH-nak, Munkásőrségnek – a párt és a proletár osztály fegyveres szervezetének? ÁVH besúgó voltál?
2. Az elődeid mely kommunista szervezetekben voltak tagok?
3. Milyen bizonyítványok, tagsági könyvek, személyazonosító kártyák vagy bálványimádó (és antikrisztusi), kommunista anyagok vannak még a birtokodban? Pl. kisdobos és úttörő tagsági könyvek, vörös úttörő nyakkendő, oklevelek, zászlók, egyenruhák, párttagsági kártyák és propaganda anyagok. (Égesd el őket!)
4. Te vagy bárki a családodból (kényszer hatására vagy önként) beszélt-e antiszemita módon, részt vett-e antiszemita gyűléseken és programokon? Gúnyolta-e vagy üldözte-e a zsidókat, illetve mondott-e róluk vicceket? Te és családod kitettetek-e zsidókat üldöztetésnek, vagyonuk elkobzásának vagy a halálnak?
5. Kémkedtél-e családod és szomszédjaid után, vagy megvetetted-e őket államellenes hozzáállásuk miatt?
6. Melyik felmenőd adta el a szívét az államnak, mint párttag, ÁVH besúgó, pártfunkcionárius, börtönőr, rendőr, stb.? Írd össze azokat, akiknek meg kell bocsátanod ezt!
7. Voltak „példaképeid az osztályban"? Nevezd meg őket, hogy a 10. fejezetben majd megtagadhasd mindegyiket!

Szabadulás a kommunizmustól

10. FEJEZET

A SZOLGÁLAT FOLYAMATA

A szellemi elnyomás maradványai

1. Fejezet – Bevezetés

Ebben a fejezetben elkezdünk kilépni a kommunizmus kötelékeiből, amelyeket megvizsgáltunk a 8. és 9. fejezetben. Az előző oldalakon megtudtuk, hogy a kommunizmusnak része volt a bálványimádás és ebbe beletartozott sok egyéb bűnös gyakorlat és ideológia is. Ha mi vagy családunk részt vettünk ezekben a gyakorlatokban és ideológiákban, akkor ezeket a bűnöket mi is elkövettük, és még ma is hatnak ránk. Ahogyan *Az ima szabadságra vezető útja* című 7. fejezetben ráébredtünk, a folyamatnak része az, hogy bűnvallás, bűnbánat és bűnbocsánat által rendezzük a dolgunkat Istennel. Ha szabadok akarunk lenni múltbeli tetteink gyümölcseitől, át kell gondolnunk, hogyan állítottak minket szembe ezek a tevékenységek Istennel és az Ő útjaival. Mindezek elválasztanak minket Istentől. Most nézzük meg, hogyan hozhatjuk rendbe a dolgunkat Isten előtt, hogy beléphessünk az áldások földjére!

Amint tovább olvasol, először azt tanulod meg, hogyan lehet a keresztényeket megszabadítani a Szovjetunióban, tagköztársaságaiban és csatlós nemzeteiben gyakorolt lenini kommunizmus okozta démoni elnyomástól. Ezután végigvezetünk egy konkrét imasorozaton annak érdekében, hogy te elkezdhess megszabadulni. Noha nem voltak egyformák minden országban a tevékenységek, a fogadalmak, a szertartások és az oktatási módszerek, a kötelékek, amelyeket létrehoztak, hasonlóak. Mint minden imaszolgálatnál, itt is fontos behívnunk a Szent Szellemet a folyamatba. Figyelj a Szent Szellemre és engedd, hogy elvezessen minden igazságra és a szabadságra!

Mielőtt elkezdjük az imaszolgálatot, vizsgáljuk meg a démoni erősségek listáját, amelyekkel az évek során találkoztunk. Ezek jellemzően fellelhetők azoknak az életében, akik benne voltak a kommunizmusban, vagy akiknek az elődei éltek ebben a rendszerben:

- Leuralás és kontroll (varázslás)
- Megtévesztés, hazugságok
- Félelem
- Árulás, bizalmatlanság
- Bálványimádás
- Gyilkosság
- Antiszemitizmus
- Lázadás
- Megosztás
- Antikrisztus szelleme
- Gúny
- Gyanakvás
- Érzelmi halál
- A kezdeményező készség (akarat) halála
- A gondolkodás (elme) halála
- Fizikai halál és betegség
- Megfélemlítés
- Megbélyegzés
- Elutasítás
- Megalkuvás

2. Fejezet – A szolgálati folyamat vázlatának összefoglalása

Most tekintsük át az általános imaszolgálati folyamatot, aminek a segítségével eltávolítjuk a kommunizmusból hátramaradt kötelékeket. Fontos: javasoljuk, hogy egy imatárs segítsen neked ebben a szolgálatban. Először te imádkozol, azután az imatársad reagál erre, hogy segítsen megszabadulnod, meggyógyulnod és megtisztulnod.

A mi imaszolgálatunk[12]

- Hallható módon megvallod saját bűneidet, valamint családod és nemzeted bűneit: elismered, hogy te tetted (vagy családod/ nemzeted) azokat a dolgokat és te vettél részt azokban a száddal, a szíveddel és a testeddel.
- Egyetértesz azzal, amit Isten Szava mond arról, amit mi tettünk, valamint amit a családunk és a nemzetünk tett, ill. amivé ezek a cselekedetek tettek minket (vagyis gyilkossá, hazuggá, tolvajjá, házasságtörővé, zsidóüldözővé, bálványimádóvá, stb.).
- Megtérsz – eldöntöd a szívedben és kimondod a száddal, hogy elfordulsz a megvallott bűnfajtáktól. Elmondod Istennek, hogy bánod a viselkedésedet, valamint családod és nemzeted viselkedését.

Megbocsátás – a bűn, a kárhoztatás, az ítélkezés stb. elengedése.

- Megbocsátasz azoknak, akik belevittek ezekbe a bűnökbe.
- Megbocsátod családtagjaidnak, hogy kinyitották ezeket a szellemi ajtókat az életedben.
- Megbocsátod önmagadnak, hogy elkövetted ezeket a hibákat.
- Bocsánatot kérsz Istentől a saját, megvallott bűneidért.

12 Az ebben a fejezetben leírt imaszolgálatot nem szabad megkísérelni, amíg valaki nem ment végig a 7. fejezet szolgálati elemein. Ebben a szolgálatban csak keresztények részesülhetnek tehát előtte imában komolyan át kellett adnod Jézusnak az egész életedet, és ezen belül konkrétan, készségesen és mélyrehatóan imádkozva oda kellett szánnod Neki az elmédet, az akaratodat, az érzelmeidet, a testedet, a szexualitásodat, stb.

Személyes kinyilvánítás: (mielőtt továbbmennénk, mondd ki hangosan)
LENIN HALOTT! JÉZUS ÉL! JÉZUS ÖRÖKKÉ ÉL!

Az imatársunk szolgálati feladata
- Jézus nevében kinyilvánítja, hogy bocsánatot kaptunk a megvallott és megbánt bűnökre.
- Megparancsolja a különböző gonosz szellemeknek – egyszerre egy csoportjuknak, vagy egy fajtának – hogy hagyjon el téged.
- Megkéri az Urat, hogy töltsön be Szent Szellemével, valamint pecsételje be a munkáját és azokat az ajtókat, amelyeket a bűnök kinyitottak.
- Vezet hálaadásban, dicséretben és Jézus imádásában, aki azért jött, hogy szabaddá tegye a foglyokat!

3. Fejezet – Részletes imaszolgálat a kommunizmus maradék hatásainak felszámolására

Első imasor: a csatatér kitakarítása a háború előtt
A 9. fejezetben megtanultuk, hogy önként vagy vonakodva odaadtuk lelkünket (elménket, akaratunkat és érzelmeinket) az állam céljainak szolgálatára. Ez a terület a harctér, amit vissza kell foglalnunk a kommunizmus szellemeitől. Alávetettük magunkat az államnak (leborultunk előtte) olyan dolgokban, amelyek végső soron szellemiek, ahogyan az előző fejezetben láttuk, és ebből bizonyos fokú rabszolgaság következik. Aki azonban a bűn rabszolgája, az nehezen tudja megvalósítani az Úr tervét az életében, bármilyen laza is legyen a kötelék. Alább felvázoljuk, hogyan lett a lelkünkből rabszolga:

1. Nem lehettünk az államnak sikeres gyermekei, ha nem képeztük ki az elménket arra, hogy értsen egyet az állam „igazságaival". Azokat a dogmákat és azt a propagandát kellett helyesnek nyilvánítanunk és szajkóznunk, amivel tömtek minket. Meg-

tanították nekünk, miféle gondolatok elfogadhatók, vagyis hogyan gondolkodik az állam gyermeke. Az elménknek fel kell szabadulnia az állam szorítása alól.
2. Ha nem hajolt meg az akaratunk, hogy engedelmeskedjen az államnak, számíthattunk kiváltságaink elvesztésére és büntetésre, sőt a családunk is veszélybe került. El kell választanunk az akaratunkat az államétól.
3. Nem mertük kifejezni negatív érzéseinket (azaz nemtetszésünket) a kormány intézkedései miatt minket ért hátrányos körülményekkel vagy a hazug propagandával kapcsolatban. Megtanultuk: engednünk kell, hogy érzéseink az állam kezében legyenek. Minden alkalommal éljeneztünk, tapsoltunk és pozitív hozzáállást mutattunk. Ha mást tettünk volna, megtorlásnak tettük volna ki magunkat, az iskolai vagy úttörőőrsünket és végül a családunkat is. Érzelmeinknek külön kell válniuk az államtól.

Most kezdjük el megszüntetni e dolgok befolyását a lelkünkben!

A te imád az agykontroll megszüntetése érdekében:

Drága Mennyei Atyám, Jézus nevében jövök Hozzád és kérlek, vedd le rólam azokat az átkokat, amelyek jogosan szálltak rám, mert alávetettem elmémet a kommunista állam hazugságainak, propagandájának és gondolatmeneteinek. Most megtagadom ezt a magatartást és megvallom: bűn volt az elmémet kiképezi arra, hogy az állam irányítása alá vesse magát ahelyett, hogy használtam volna azt a gondolkodási képességet, amit fogantatásomkor belém helyeztél. Most úgy döntök, hogy a Te szándékaid szerint fogom használni az elmémet. Kérlek, bocsáss meg! Megtérek abból, hogy édesapám és édesanyám családja is ugyanebben a bűnben élt. Megbocsátok azoknak a családtagjaimnak, akik szellemileg ajtót nyitottak az életemben az agykontroll előtt. Jézus kiontott vérét helyezem önmagam és az agykontroll generációs hatásai közé.

Az imatársad mondja:
Jézus nevében kinyilvánítom: bocsánatot nyertél arra a bűnödre, hogy alávetetted elmédet és gondolkodási folyamataidat a bálványimádó, megtévesztő és leuraló kommunista rendszernek. Veled (a neved) való egyetértésben igénylem Jézus vérét közéd és édesanyád meg édesapád családjának ugyanilyen bűnös gyakorlata közé. Jézus nevében megkötözöm az agykontroll generációs szellemeit, akik (a neved) vérvonalán jutottak el (a neved)-hoz/-hez. Megkötözöm az agykontroll mindazon szellemeit is, akik úgy jöttek be (a neved) életébe, hogy ő maga vetette alá a saját elméjét az állam céljainak.

Most Jézus nevében parancsolom az agykontroll és összezavarodottság generációs varázsló szellemeinek, hogy jöjjenek le (a neved) elméjéről és ki az elméjéből. [Várjon néhány pillanatot, amíg Isten munkálkodik! Kérjen visszaigazolást a Szent Szellemtől, hogy minden szükséges szabadulás megtörtént-e.]

Most Jézus nevében parancsolom az agykontroll varázsló szellemeinek, amelyeknek (a neved) alávetette magát, és minden zűrzavarnak, hogy jöjjenek le (a neved) elméjéről és ki az elméjéből. [Várjon néhány pillanatot, amíg Isten munkálkodik! Kérjen visszaigazolást a Szent Szellemtől, hogy minden szükséges szabadulás megtörtént-e.]

A te imád az akaratod felszabadításáért:

Drága Mennyei Atyám, Jézus nevében jövök Hozzád, és kérlek, vedd le rólam azokat az átkokat, amelyek jogosan szálltak rám, mert alávetettem az akaratomat és a döntéseimet a kommunista állam fenyegetéseinek, megfélemlítésének és irányításának! Most megtagadom ezt a magatartást és megvallom, bűn volt az akaratomat kiképezi arra, hogy az állam irányítása alá vesse magát ahelyett, hogy a lelkiismeretnek engedelmeskedett volna, amit fogantatásomkor belém helyeztél. Most úgy döntök, hogy a Te szándékaid szerint fogom használni az akaratomat, és a jövendőbeli döntéseimet alávetem a Te akaratodnak. Kérlek, bocsáss meg! Megtérek abból, hogy édesapám és édesanyám családja is ugyanebben a bűnben élt. Megbocsátok azoknak a családtagjaimnak, akik megnyitották az életemben a szellemi ajtót a leuralás és irányítás előtt. Jézus kiontott vérét helyezem önmagam és az akaratom fölötti uralkodás és irányítás generációs hatásai közé.

Az imatársad mondja:
Jézus nevében kinyilvánítom: bocsánatot nyertél arra a bűnödre, hogy alávetetted akaratodat és döntéseidet a bálványimádó, megtévesztő és leuraló kommunista rendszernek. Veled (a neved) való egyetértésben igénylem Jézus vérét közéd és édesanyád meg édesapád családjának ugyanilyen bűnös gyakorlata közé. Jézus nevében megkötözöm a leuralás és irányítás generációs varázsló szellemeit, akik (a neved) vérvonalán jutottak el (a neved)-hoz/-hez. Megkötözöm a leuralás és irányítás mindazon varázsló szellemeit is, akik úgy jöttek be (a neved) életébe, hogy ő maga vetette alá rendszeresen a saját döntéseit az állam akaratának.

Most Jézus nevében parancsolom a leuralás, az irányítás, a határozatlanság és a döntéshozataltól való félelem generációs varázsló szellemeinek, hogy jöjjenek le (a neved) akaratáról és ki az akaratából. [Várjon néhány pillanatot, amíg Isten munkálkodik! Kérjen visszaigazolást a Szent Szellemtől, hogy minden szükséges szabadulás megtörtént-e.]
Most Jézus nevében parancsolom a leuralás és irányítás varázsló szellemeinek, amelyeknek (a neved) alávetette magát, valamint a határozatlanság és a döntéshozataltól való félelem szellemeinek, hogy jöjjenek le (a neved) akaratáról és ki az akaratából. [Várjon néhány pillanatot, amíg Isten munkálkodik! Kérjen visszaigazolást a Szent Szellemtől, hogy minden szükséges szabadulás megtörtént-e.]

A te imád az érzelmeid felszabadulásáért:
Drága Mennyei Atyám, Jézus nevében jövök Hozzád és kérlek, vedd le rólam azokat az átkokat, amelyek jogosan szálltak rám, mert elnyomtam a Tőled kapott érzéseimet. Megvallom, hogy valódi érzéseimet betanult és hamis érzelemnyilvánításokkal helyettesítettem.

Érzelmeim kifejezését alávetettem a kommunista állam akaratának, fenyegetéseinek, megfélemlítésének és irányításának. Most megtagadom ezt a magatartást és megvallom: bűn volt megtévesztő módon hamis érzéseket mutatni az állami leuralás miatt. Most úgy döntök, hogy a Te szándékaid szerint a valódi érzéseimet fogom kifejezni, hogy Istennek tetsző kapcsolatokat alakítsak ki, építsek és erősítsek. Jövendőbeli érzelmi megnyilvánulásaimat alávetem a Te akaratodnak és útjaidnak. Kérlek, bocsáss meg! Megtérek abból, hogy édesapám és édesanyám családja is ugyanebben a bűnben élt. Megbocsátok azoknak a családtagjaimnak, akik megnyitották az életemben a szellemi ajtót az érzelmi leuralás előtt. Jézus kiontott vérét helyezem önmagam és az érzelmek elnyomásának, illetve hamis érzelmek mutatásának generációs hatásai közé.

Az imatársad mondja:
Jézus nevében kinyilvánítom: bocsánatot nyertél arra a bűnödre, hogy alávetetted érzelmeidet és azok kifejezését a bálványimádó, megtévesztő és leuraló kommunista rendszernek. Veled (a neved) való egyetértésben igénylem Jézus vérét közéd és édesanyád meg édesapád családjának ugyanilyen bűnös gyakorlata közé. Jézus nevében megkötözöm a leuralás és irányítás generációs varázsló szellemeit, akik (a neved) vérvonalán jutottak el (a neved)-hoz/-hez. Megkötözöm a leuralás és irányítás mindazon varázsló szellemeit is, akik úgy jöttek be (a neved) életébe, hogy ő maga elnyomta és/vagy tagadta az érzéseit, illetve hamis érzelmeket fejezett ki az állami akarat igényeinek megfelelően.

Most Jézus nevében parancsolom a leuralás, az irányítás és az érzelmi zavar generációs varázsló szellemeinek, hogy jöjjenek le (a neved) érzelmeiről és ki az érzelmeiből. [Várjon néhány pillanatot, amíg Isten munkálkodik! Kérjen visszaigazolást a Szent Szellemtől, hogy minden szükséges szabadulás megtörtént-e.]

Most Jézus nevében parancsolom a leuralás és irányítás varázsló szellemeinek, amelyeknek (a neved) alávetette magát, valamint minden érzelmi zűrzavart okozó szellemnek, hogy jöjjenek le (a neved) érzelmeiről és ki az érzelmeiből. [Várjon néhány pillanatot, amíg Isten munkálkodik! Kérjen visszaigazolást a Szent Szellemtől, hogy minden szükséges szabadulás megtörtént-e.]

Végül, kérem a Szent Szellemet, hogy jöjjön és tisztítsa meg (a neved)-t azoknak a bűnöknek a hatásaitól, amelyeket akkor követett el, amikor alávetette elméjét, akaratát és érzelmeit az államnak és azoktól a szellemektől, akik ebben szerepet játszottak. Kérlek Szent Szellem, töltsd be (a neved)-t és pecsételd el, elválasztva őt mindezektől a dolgoktól és elkülönítve Önmagad számára!

Második imasor: a kommunista bálványimádás

A te imád:

Drága Mennyei Atyám, Jézus nevében jövök Hozzád, és kérlek, vedd le rólam és családomról azokat az átkokat, amelyek jogosan szálltak ránk, mert részt vettünk a kommunista rendszer dolgaiban! Most szabad akaratommal úgy döntök, hogy megtagadom a kommunizmust, mint bálványimádó rendszert, amely egy hamis vallás formájában működött. Ezt bűnnek vallom és elfordulok a gyakorlataitól. Megtérek abból, hogy részt vettem ezekben a cselekedetekben, és hogy édesapám és édesanyám családja részt vett ezekben. Megbocsátok azoknak a családtagjaimnak, akik megnyitották az életemben a szellemi ajtót a bálványimádás előtt. Jézus kiontott vérét helyezem önmagam és a bálványimádás kommunizmuson belül megnyilvánuló bűnei közé, amelyek lejöttek a családfámon. Mennyei Atyám, Jézus kiontott vérét igényelem a kommunizmuson belüli bálványimádás bűnére és kérlek, bocsásd meg nekem ezeket a bűnöket!

Az imatársad mondja:

Jézus nevében kinyilvánítom: bocsánatot nyertél a bálványimádó bűneidre, amelyeket a kommunista rendszerben követtél el. Veled (a neved) való egyetértésben igénylem Jézus vérét közéd és édesanyád meg édesapád családjának kommunista bálványimádása közé. Jézus nevében megkötözöm a bálványimádás generációs szellemeit, akik (a neved) szüleinek a vérvonalán jutottak el (a neved)-hoz/-hez. Megkötözöm mindazokat a bálványimádó szellemeket is, akik a saját kommunista tevékenységei révén jöttek be (a neved) életébe.

A te imád:
Jézus nevében megtagadom a kommunizmus minden istenét, köztük az államot, a nép (állam) hőseit, a tudományt és technikát, a katonai fensőbbséget, az osztályterem hőseit, Lenint, Sztálint, az ötéves terveket, stb. Mennyei Atyám, kérlek, bocsásd meg, hogy Föléd helyeztem ezeket a bálványokat! Jézus vérét kérem önmagam és e bálványok közé, és Jézus nevében parancsolom minden mögöttük meghúzódó szellemnek, hogy hagyjon el engem!

Az imatársad mondja:
Jézus nevében kinyilvánítom: bocsánatot nyertél a bálványimádó bűneidre, arra, hogy a kommunizmusnak ezeket a bálványait Isten fölé vagy a Ő helyére helyezted. Jézus nevében megkötözöm a gonosz szellemeket ezek mögött a hamis istenek mögött és megparancsolom nekik, hogy hagyják el (a neved)-t! [Várjon néhány pillanatot, amíg Isten munkálkodik! Kérjen visszaigazolást a Szent Szellemtől, hogy minden szükséges szabadulás megtörtént-e.]

[A Szent Szellem vezetheti úgy, hogy számos szellemet konkrétan parancsoljon ki, pl. „Jézus nevében parancsolom Lenin szellemének, hogy hagyja el (a neved)-t!" Ilyenkor is várjon egy kicsit, amíg Isten csalakszik! Kérjen visszaigazolást a Szent Szellemtől, hogy minden szükséges szabadulás megtörtént-e.]

Végül kérje meg a Szent Szellemet, hogy jöjjön és tisztítson meg téged ezeknek a bűnöknek a hatásaitól, és a mögöttük működő szellemektől. Kérje meg a Szent Szellemet, hogy töltsön be téged és pecsételjen el, elválasztva téged mindezektől a dolgoktól és elkülönítve Önmaga számára!

Harmadik imasor a kommunizmus tantételeivel kapcsolatban[13]

A te imád:
Jézus nevében megtagadom a kommunizmus Istenellenes és hamis tanításait, valamint megtérek azokból. Így megtagadom az ateizmust, az evolúciót (azaz darwinizmust), az állam felsőbbségét, az Utópiát, az ötéves terveket, a hamis marxista osztályharcot a proletárok és a burzsoázia között, Lenin apa mivoltát, Oroszország anya mivoltát, az antiszemitizmust, stb. Jézus kiontott vérét helyezem önmagam és azon bűnöm közé, hogy egyetértettem ezekkel a tantételekkel. Atyám, kérlek, bocsáss meg és szabadíts meg ezektől a dolgoktól!

Az imatársad mondja:
Jézus nevében kinyilvánítom: bocsánatot nyertél arra a bűnödre, hogy egyetértettél ezekkel a hamis és bűnös tantételekkel. Jézus drága, kifolyt vérének ereje által parancsolom minden egyes szellemnek ezen tanítások mögött, hogy hagyja el (a neved)-t. Ateizmus szelleme most távozz Jézus nevében! [Várjon néhány pillanatot, amíg Isten munkálkodik! Kérjen visszaigazolást a Szent Szellemtől, hogy minden szükséges szabadulás megtörtént-e.] Darwinizmus szelleme távozz Jézus nevében! [Várjon néhány pillanatot, amíg Isten munkálkodik! Kérjen visszaigazolást a Szent Szellemtől, hogy minden szükséges szabadulás megtörtént-e.] Antiszemitizmus szelleme távozz Jézus nevében! [Várjon néhány pillanatot, amíg Isten munkálkodik! Kérjen visszaigazolást a Szent Szellemtől, hogy minden szükséges szabadulás megtörtént-e.]

[Fontos hogy megnevezzen minden szellemet, amire a Szent Szel-

---

13 Lásd a 3. függeléket, amelynek címe: *Szellemi kötelékek – eskük, szertartások és fogadalmak.*

lem rávilágít! Némelyik talán elmegy az általános parancsra, de lehet, hogy mások konkrét parancsra várnak.]

Végül kérje meg a Szent Szellemet, hogy jöjjön és tisztítson meg téged ezeknek a bűnöknek a hatásaitól, és a mögöttük működő szellemektől. Kérje meg a Szent Szellemet, hogy töltsön be téged és pecsételjen el, elválasztva téged mindezektől a dolgoktól és elkülönítve Önmaga számára!

Negyedik imasor: a kommunizmus dalai, hitvallásai és jelszavai

A te imád:
Drága Mennyei Atyám, most Eléd jövök Jézus nevében és megtagadom a kommunista propagandadalokat, amelyeket énekeltem, és a hitvallásokat meg jelszavakat, amelyeket nyilvánosan és magánjelleggel mondogattam és hangoztattam. Kijelentem, hogy Lenin nincs ott minden boldog napban és nem szükséges semmilyen időszakban. Uram, kérlek, bocsásd meg nekem ezeket a káromló dolgokat és azokat a hazugságokat, amiket ezek propagáltak és ami mellett kiálltak.

Az imatársad mondja:
Jézus nevében megbocsátom neked, hogy hittél a kommunista propagandadalokban és hitvallásokban, amelyek korábbi életednek részei voltak, és hogy hangoztattad ezeket, amint most megvallottad, miközben megtértél ebből. Jézus nevében távozást parancsolok a káromlásnak, a hazugságoknak, a megtévesztésnek, a gúnyolódásnak, a bálványimádásnak és minden gonosz szellemnek, amely együtt lakott veled ezen hitvallások és dalok révén. [Várjon néhány pillanatot, amíg Isten munkálkodik! Kérjen visszaigazolást a Szent Szellemtől, hogy minden szükséges szabadulás megtörtént-e. Szükség esetén folytassa a szellem(ek) kiűzését és ebbe a parancsba foglalja bele bármely szellem nevét, amelyre a Szent Szellem rámutat!]

Végül kérje meg a Szent Szellemet, hogy jöjjön és tisztítson meg téged ezeknek a bűnöknek a hatásaitól, és a mögöttük működő szellemektől. Kérje meg a Szent Szellemet, hogy töltsön be téged és pecsételjen el, elválasztva téged mindezektől a dolgoktól és elkülönítve Önmaga számára!

Ötödik imasor: az ifjúsági szervezetek

Kisdobosok

Több rejtett probléma kínozza még azokat a felnőtteket, akik kisdobosok voltak:
1. A látszólag önzetlen fogadalmak nem Isten, hanem a kommunista kormányzat irányelveihez kötődnek (például a haza hű gyermeke ateista, helyesli az antiszemitizmust, a gyilkosságot, a terrort, stb.). Lásd a *záró gondolatokat* a 9. fejezet végén!
2. A kisdobosra vonatkozó igazság és jogosság az, amit a kommunista állam annak tart.
3. Azzal, hogy megfogadja, az úttörők vörös nyakkendőjéhez méltóan él, a gyermek magára veszi szellemileg és jogilag egymáshoz kötött fogadalmak az egymásra épülő ifjúsági szervezeteken végigvonuló láncolatát. Ennek eredménye a kommunista párttal és annak minden bűntényével való szóbeli és írott egyetértés (lásd 9. fejezet).
4. Az utolsó nagy probléma az, hogy a kisdobosság jelentette az első lépést ahhoz, hogy a gyermek szíve elforduljon a családtól. A 7. fejezetben már imádkoztunk ezzel kapcsolatban.

Ezekből a szellemi problémákból egyedül Jézus Krisztuson által lehet kiszabadulni, az imaszolgálat segítségével.

A te imád:
Drága Mennyei Atyám, Jézus nevében jövök Hozzád, hogy megszabaduljak a kisdobosságom következményeitől. Megvallom, hogy

elköteleztem magam az állam bálványimádása, megtévesztése, gyilkossága és más bűntényei mellett. Most megtagadom ezeket a fogadalmakat és kérlek, bocsásd meg ezeket a bűneimet! Megtagadom továbbá a kisdobosok kéknyakkendőjét és mindent, ami ahhoz kötődött. Megbocsátok mindazoknak a felnőtteknek, akik megtévesztettek és arra vezettek, hogy letegyem ezeket a fogadalmakat. Kérlek, szabadíts meg minden Istenellenes lelki köteléktől, ami az agymosásom és az elfogadottság utáni törekvésem során létrejött!

Az imatársad mondja:
Jézus nevében megbocsátom neked a kisdobosi esküdet és azt, hogy hitted a kommunista tantételeket, amelyeket most vallottál meg, miközben megtértél belőlük. Bocsánatot hirdetek neked arra, hogy egyetértettél ezekkel a tantételekkel. Felszabadítalak az eskük és agymosó szertartások alól, amelyekben részt vettél. Jézus nevében kérlek, Uram, hogy vigyed vissza azok minden szellemi darabját őbeléjük, akik rátették a kezüket (a neved)-ra/-re a fogadalmi ünnepségeken, és hozd vissza (a neved) minden darabját bele, amit helytelen módon befektetett azokba, akik ezen a szertartáson tekintélyben fölötte álltak vagy a vezetői voltak!

Most Jézus nevében távozást parancsolok minden gonosz szellemnek, amely a kisdobosságod miatt lakott az életedben! [Várjon néhány pillanatot, amíg Isten munkálkodik! Kérjen visszaigazolást a Szent Szellemtől, hogy minden szükséges szabadulás megtörtént-e. Szükség esetén folytassa a szellem(ek) kiűzését, és ebbe a parancsba foglalja bele bármely szellem nevét, amelyre a Szent Szellem rámutat!]

Végül kérje meg a Szent Szellemet, hogy jöjjön és tisztítson meg téged a kisdobosi tagságodhoz kötődő minden bűnös tevékenységtől, és a mögöttük működő szellemektől. Kérje meg a Szent Szellemet, hogy töltsön be téged és pecsételjen el, elválasztva téged mindezektől a dolgoktól és elkülönítve Önmaga számára!

Úttörők

A kisdobossághoz hasonlóan számos rejtett szellemi gyökér okozhat problémákat folyamatosan azoknak a felnőtteknek az életében is, akik úttörők voltak.

1. A látszólag önzetlen fogadalmak nem Isten, hanem a kommunista kormányzat irányelveihez kötődnek (pl. az úttörőnek a Magyar Népköztársasághoz kell hűnek lennie, vagyis egy ateista, az antiszemitizmust, a gyilkosságot, a terrort stb. helyeslő kormányhoz). Lásd a záró gondolatokat a 9. fejezet végén!
2. Az úttörőre vonatkozó igazság és jogosság az, amit a kommunista állam annak tart.
3. Azzal, hogy megígéri: a KISZ tagsághoz méltó módon él, a fiatal magára veszi szellemileg és jogilag egymáshoz kötött fogadalmak az egymásra épülő ifjúsági szervezeteken végigvonuló láncolatát. Ennek eredménye a kommunista párttal és annak minden bűntényével való szóbeli és írott egyetértés (lásd 9. fejezet).
4. Az utolsó nagy probléma az, hogy az úttörőség jelentette a következő lépést ahhoz, hogy a gyermek szíve elforduljon a családtól. A 7. fejezetben már imádkoztunk ezzel kapcsolatban.

Ezekből a szellemi problémákból egyedül Jézus Krisztuson keresztül lehet kiszabadulni, az imaszolgálat segítségével.

A te imád:

Drága Mennyei Atyám, Jézus nevében jövök Hozzád, hogy megszabaduljak az úttörő mozgalomban való részvételem következményeitől. Megvallom, hogy elköteleztem magam az állam bálványimádása, megtévesztése, gyilkossága és más bűntényei mellett. Most megtagadom ezeket a fogadalmakat és kérlek, bocsásd meg ezeket a bűneimet! Megtagadom az úttörők vörös nyakkendőjét. Megbocsátok mindazoknak a felnőtteknek, akik megtévesztettek és arra vezettek, hogy letegyem ezeket a fogadalmakat. Kérlek, szabadíts meg minden Istenellenes lelki köteléktől, ami az agymosásom és az elfogadottság utáni törekvésem során létrejött!

Az imatársad mondja:
Jézus nevében megbocsátom neked az úttörő esküdet és azt, hogy elhitted a kommunista tantételeket, amelyeket most vallottál meg, miközben megtértél belőlük. Bocsánatot hirdetek neked arra, hogy egyetértettél ezekkel a tantételekkel. Felszabadítalak az eskük és agymosó szertartások alól, amelyekben részt vettél. Jézus nevében felszabadítalak a vörös nyakkendő és minden kötelék alól, amiben ez a nyakkendő benne tartott. Jézus nevében kérlek Uram, hogy vigyed vissza azok minden szellemi darabját őbeléjük, akik rátették a kezüket (a neved)-ra/-re a fogadalomtételi ünnepségeken, és hozd vissza (a neved) minden darabját bele, amit helytelen módon befektetett azokba, akik ezen a szertartáson tekintélyben fölötte álltak vagy a vezetői voltak!

Most Jézus nevében távozást parancsolok minden gonosz szellemnek, amely az úttörőséged miatt lakott veled! [Várjon néhány pillanatot, amíg Isten munkálkodik! Kérjen visszaigazolást a Szent Szellemtől, hogy minden szükséges szabadulás megtörtént-e. Szükség esetén folytassa a szellem(ek) kiűzését, és ebbe a parancsba foglalja bele bármely szellem nevét, amelyre a Szent Szellem rámutat!]

Végül kérje meg a Szent Szellemet, hogy jöjjön és tisztítson meg téged az úttörő tagságodhoz kötődő minden bűnös tevékenységtől, és a mögöttük működő szellemektől. Kérje meg a Szent Szellemet, hogy töltsön be téged és pecsételjen el, elválasztva téged mindezektől a dolgoktól és elkülönítve Önmaga számára!

KISZ (Kommunista Ifjúsági Szövetség)

A kisdobossághoz és az úttörőséghez hasonlóan számos rejtett szellemi gyökér okoz problémákat folyamatosan azoknak a felnőtteknek az életében is, akik KISZ tagok voltak.

1. A KISZ fő célja az volt, hogy tagjaiba belevésse a marxizmus-leninizmus ideológiáját és a párt politikáját, valamint hogy átmossa agyukat a burzsoázia és a proletáriátus között elképzelt „osztályharc" hazugságaival.
2. A fiatalokat ki akarták szabadítani a vallásos ideológia szellemi korlátai közül (és átitatni őket antikrisztusi szellemmel).
3. A szavak még a látszólag emberbaráti célok megfogalmazásakor sem Isten, hanem a kommunista kormányzat irányelveihez kötődtek (pl. az ateizmust, az antiszemitizmust, a gyilkosságot, a terrort stb. helyeslő kommunista rendszerhez kellett hűnek lenni). Lásd a záró gondolatokat a 9. fejezet végén!
4. A KISZ iránti hűség szellemileg és jogilag egymáshoz kötött fogadalmaknak az egymásra épülő ifjúsági szervezeteken végigvonuló láncolatát támasztja alá. Ennek eredménye a kommunista párttal és annak minden bűntényével való szóbeli és írott egyetértés (lásd 9. fejezet).
5. Az utolsó nagy probléma az, hogy míg a KISZ látszólag szorgalmazta a szülők iránti tiszteletet, tovább segítette a fiatalok szívének elfordítását a családtól. A 7. fejezetben már imádkoztunk ezzel kapcsolatban.

A KISZ-be való beépültség következményeitől egyedül Jézus Krisztuson keresztül lehet kiszabadulni, az imaszolgálat segítségével.

A te imád:
Drága Mennyei Atyám, Jézus nevében jövök Hozzád, hogy megszabaduljak a KISZ-beli tevékenységem következményeitől. Megvallom, hogy amikor beléptem a KISZ-be, elköteleztem magam

a kommunista/szocialista párt és az állam bálványimádása, megtévesztése, gyilkossága és más bűntényei mellett. Most megtagadom ezeket a fogadalmakat és kérlek, bocsásd meg ezeket a bűneimet! Bocsánatot kérek azért, hogy „tizedet fizettem és adakoztam" ennek a bálványimádáshoz, gyilkossághoz, üldözéshez, antiszemitizmushoz, a párt és állam minden bűntényéhez kötődő szervezetnek. Megbocsátok mindazoknak a felnőtteknek, akik megtévesztettek és arra vezettek, hogy letegyem ezeket a fogadalmakat. Kérlek, szabadíts meg minden Istenellenes lelki köteléktől, ami az agymosásom, az elfogadottság és érvényesülés utáni törekvésem során létrejött!

Az imatársad mondja:
Jézus nevében megbocsátom neked a KISZ-ben letett fogadalmaidat és azt, hogy hitted a kommunista tantételeket, amelyeket most vallottál meg, miközben megtértél belőlük. Bocsánatot hirdetek neked arra, hogy egyetértettél ezekkel a tantételekkel. Felszabadítalak az eskük és agymosó szertartások alól, amelyekben részt vettél. Jézus nevében kinyilvánítom: bocsánatot nyertél arra, hogy adakoztál („tizedet fizettél") ennek az Istenellenes rendszernek és szabadulást hirdetek neked azokból a kötelékekből, amelyek közé ezért kerültél. Jézus nevében kérlek Uram, hogy vigyed vissza azok minden szellemi darabját őbeléjük, akik rátették a kezüket (a neved)-ra/-re az (bármely formában megnyilvánuló) avató ünnepségeken, és hozd vissza (a neved) minden darabját bele, amit helytelen módon befektetett azokba, akik ezen a szertartáson tekintélyben fölötte álltak vagy a vezetői voltak!

Most Jézus nevében távozást parancsolok minden gonosz szellemnek, amely a KISZ-tagságod miatt veled lakozott! [Várjon néhány pillanatot, amíg Isten munkálkodik! Kérjen visszaigazolást a Szent Szellemtől, hogy minden szükséges szabadulás megtörtént-e. Szükség esetén folytassa a szellem(ek) kiűzését, és ebbe a parancsba foglalja bele bármely szellem nevét, amelyre a Szent Szellem rámutat!]

Végül kérje meg a Szent Szellemet, hogy jöjjön és tisztítson meg téged a KISZ tagságodhoz kötődő minden bűnös tevékenységtől, és a mögöttük működő szellemektől. Kérje meg a Szent Szellemet, hogy töltsön be téged és pecsételjen el, elválasztva téged mindezektől a dolgoktól és elkülönítve Önmaga számára!

Hatodok imasor: párttagság

Az ifjúsági szervezetek hatásaihoz hasonlóan számos rejtett szellemi gyökér okoz problémákat folyamatosan azoknak a felnőtteknek az életében is, akik az MSZMP-nek illetve valamely elődszervezetének tagjai voltak.

1. A párt fő célja az volt, hogy a hatása alatt álló országokat irányítva a szocializmus bevezetésével elérje az erőszakos váltást a szabad vállalkozás és a kapitalizmus rendszeréről az osztálynélküli, kommunista társadalomra, ahol a termelés tényezői közül egy sincs magántulajdonban, stb. Az ateista és antiszemita ideológiával alátámasztott erőszakos és önkényuralmi rendőrállam segítségével tartották fenn ezt az eszmét a munkásosztály lelkében.
2. A fogalmak még a látszólag emberbaráti célok esetében sem Isten, hanem a kommunista kormányzat irányelveihez kötődtek (pl. az ateizmust, az antiszemitizmust, a gyilkosságot, a terrort stb. helyeslő kommunista rendszerhez kellett hűnek lenni). Lásd a záró gondolatokat a 9. fejezet végén!
3. A párt iránti hűség és a párttagság megerősíti a szellemileg és jogilag kötelező érvényű közös felelősséget a párt minden erőszakosságáért, gyilkosságáért, rablásaiért, bűntényeiért, megtévesztéséért (hazugságaiért), valamint az antikrisztusi és antiszemita tevékenységek propagálásáért (lásd 9. fejezet).

Az MSZMP-be (Magyar Szocialista Munkáspárt) való beépültség következményeitől egyedül Jézus Krisztuson keresztül lehet megszabadulni, az imaszolgálat segítségével.

A te imád:

Drága Mennyei Atyám, Jézus nevében jövök Hozzád, hogy megszabaduljak a pártbeli tevékenységem következményeitől. Megvallom, hogy amikor beléptem a pártba, elköteleztem magam az MSZMP és az állam bálványimádása, megtévesztése, gyilkossága és más bűntényei mellett. Most megtagadom ezeket a fogadalmakat és kérlek, bocsásd meg ezeket a bűneimet! Bocsásd meg, hogy odaadtam az időmet, az erőmet és a pénzem egy részét is ennek a bálványimádáshoz, gyilkossághoz, üldözéshez, antiszemitizmushoz és a párt és állam minden bűntényéhez kötődő szervezetnek. Megbocsátok mindazoknak, akik megtévesztettek és arra késztettek, hogy letegyem ezeket a hűségesküket. Kérlek, szabadíts meg minden Istenellenes lelki köteléktől, ami az agymosásom, az elfogadottság, érvényesülés és jóindulat utáni törekvésem során létrejött!

Az imatársad mondja:

Jézus nevében megbocsátást hirdetek a pártba való felvételedkor elmondott fogadalmaid miatt és azért hogy elhitted a kommunista tantételeket, amelyeket most vallottál meg, miközben megtértél belőlük. Bocsánatot hirdetek neked arra, hogy egyetértettél ezekkel a tantételekkel. Felszabadítalak minden eskü és agymosó szertartás alól, amiben részt vettél, hogy beléphess a pártba. Jézus nevében kinyilvánítom: bocsánatot nyertél arra, hogy hozzájárultál ennek az Istenellenes rendszernek a működéséhez, és szabadulást hirdetek neked azokból a kötelékekből, amelyek közé ezért kerültél. Jézus nevében kérlek Uram, hogy vigyed vissza azok minden szellemi darabját őbeléjük, akik rátették a kezüket (a neved)-ra/-re a (bármely formában megnyilvánuló) avató ünnepségeken, és hozd vissza (a neved) minden darabját bele, amit helytelen módon átadott azokba, akik ezen a szertartáson tekintélyben fölötte álltak vagy a vezetői voltak!

Most Jézus nevében távozást parancsolok minden gonosz szellemnek, amely párttagságod miatt lakott veled! [Várjon néhány pillanatot, amíg Isten munkálkodik! Kérjen visszaigazolást a Szent Szellemtől, hogy minden szükséges szabadulás megtörtént-e. Szükség esetén folytassa a szellem(ek) kiűzését, és ebbe a parancsba foglalja bele bármely szellem nevét, amelyre a Szent Szellem rámutat!] Végül kérje meg a Szent Szellemet, hogy jöjjön és tisztítson meg téged a párttagságodhoz kötődő minden bűnös tevékenységtől, és a mögöttük működő szellemektől. Kérje meg a Szent Szellemet, hogy töltsön be téged és pecsételjen el, elválasztva téged mindezektől a dolgoktól és elkülönítve Önmaga számára!

Befejezésként ne feledd: ehhez a szolgálathoz hozzá tartozik, hogy megszabadulj minden tárgytól, kitüntetéstől, ékszertől, ruhadarabtól, dokumentumtól, könyvtől és tagsági könyvtől, ami a birtokodban van és téged vagy a családodat a múlt most megtagadott, szovjet típusú kommunista rendszeréhez köt! Ne add el, és ne ajándékozd el ezeket a tárgyakat, hanem semmisítsd meg őket (5 Mózes 7:25-26)

A 10. fejezet fő gondolatai

- Ennek a fejezetnek az az alapgondolata, hogy ha mi vagy a családunk - akár előző nemzedékekben is - gyakoroltuk a kommunizmus hamis vallását, az szellemi kötelékeket hagy hátra bennünk. Ez a szellemi szemétkupac továbbra is sújtja az Istennel és embertársainkkal ápolt kapcsolatainkat. Ezek arra késztetnek, hogy hagyjuk el az Isten szerinti viselkedést és értékrendszert, s így aláássa a tanítványságunkat és az egy igaz Isten iránti engedelmességünket.
- A kommunizmus szellemi hatásaitól csak úgy szabadulhatunk meg, ha megvalljuk a kommunizmushoz kötődő saját bűneinket, valamint felmenőink ezzel kapcsolatos bűneit, miközben megtérünk ezekből, és bűnbocsánatot nyerünk rájuk Jézus vére által.
- Meg kell szabadulnunk a kommunizmushoz kötődő bűnökben lakozó szellemek befolyásától.

- Általában szerepelnek a következő elemek azokban az imákban, amelyeket azért mondunk el, hogy szabaddá váljunk ezen Istenellenes rendszer szellemi kötelékeitől:

1. Bűnvallás – Megvalljunk önmagunk, családunk és nemzetünk bűneit: a szavainkkal elismerjük azt, amit tettünk és amiben a szívünkkel, a szánkkal és a testünkkel részt vettünk.
2. Egyetértünk azzal, amit Isten Igéje mond a magunk, családunk és nemzetünk tetteiről, illetve e tettek eredményéről (vagyis, hogy ezek gyilkossá, hazuggá, tolvajjá, házasságtörővé, zsidóüldözővé, bálványimádóvá, stb. tettek minket).
3. Bűnbánat – eldöntjük a szívünkkel és kimondjuk a szánkkal, hogy elfordulunk a bűn megvallott területeitől. Megmondjuk Istennek, hogy bánjuk a viselkedésünket, valamint családunk és nemzetünk viselkedését.
4. Bűnbocsánat – felszabadulunk a bűntudat, a kárhoztatás és az ítélet alól.
5. Megbocsátunk azoknak, akik belevittek minket ezekbe a bűnökbe.
6. Megbocsátunk a családunknak, amiért megnyitotta ezeket a szellemi ajtókat az életünkben.
7. Megbocsátjuk önmagunknak, hogy elkövettük ezeket a hibákat.
8. Megkérjük Istent, hogy bocsássa meg személyes bűneinket, amelyeket megvallottunk.

Az imaszolgálat mellett meg kell semmisítenünk (nem eladnunk vagy elajándékoznunk) minden bálványimádó, antikrisztusi és Istenellenes anyagot és tárgyat, ami a saját kommunista életvitelünkhöz vagy családunk szocialista tevékenységéhez kapcsolódik, beleértve érmeket, kitűzőket, bizonyítványokat, tagkönyveket, nyakkendőket, egyenruhákat, zászlókat, propagandaanyagokat, könyveket és dokumentumokat – mindent, ami a saját tulajdonunk, a lakásunkban van, illetve ami fölött jogunk van intézkedni.

Meg kell jegyeznünk: te és családod részt vehettetek olyan tevékenységekben és átélhettetek olyan dolgokat, amelyekről nem esik szó ebben a könyvben, pl. tagjai voltatok az ÁVH-nak vagy Munkásőrségnek[14] Imádkozzátok át ezeket és a kapcsolódó ügyeket is az ebben a fejezetben bemutatott minta szerint!

---

14 A párt fegyveres testülete, tagjait gyilkolásra, erőszakos fellépésre és megfélemlítésre képezték ki a párton belüli engedelmesség biztosítása érdekében.

Függelék

Üdvösség és Jézus Úr mivolta

1. FÜGGELÉK

1.0 Bevezetés

Ez a könyv kulcsfontosságú szellemi igazságokat fed fel a Bibliából, úgy hogy azokat könnyen megérthessük és alkalmazhassuk a gyakorlatban. Első lépésként arra kell képessé válnod, hogy a segítségükkel megszabadulj néhány olyan, jelentős problémától, amelyek a volt Szovjet blokkot alkotó népcsoportok jellemzői, illetve segíthess megszabadulni másoknak is ezek alól a hatások alól. Ezen túlmenően azonban, a mindennapi életed is sikeresebb lesz, ha ismered és alkalmazod ezeket az igazságokat.

Ez egy keresztény könyv, s ezért az itt felkínált segítség útja elsősorban az Úr Jézus Krisztus, mint személyes Megváltód ismerete (lásd alább a *megváltásról* szóló bekezdéseket).

Az 1. függelék némi alapvető információt ad ahhoz, hogy megérthessük a természetes és a szellemi világ működését. Megtudjuk, mi a viszonyunk e két világhoz és a Teremtőnkhöz. Ezen ismeretek hiányában nem könnyű megértenünk, kik vagyunk, hogyan alkotott meg minket Isten és milyen kapcsolatban állunk Vele. A tudás hatalom. Elpusztulunk, ha nem ismerjük a szellemi világot, magát Istent, valamint az Ő szellemi törvényeit és alapelveit.

Ezt a függeléket azért írtuk, hogy elmagyarázzon néhány alapelvet, igazságot és tényt, amelyek könyvünk alapját képezik. Elsődlegesen a Krisztusban hívőkhöz szólunk, ill. azokhoz, akik rendelkeznek némi istenismerettel. Reméljük, hogy ezzel segítünk további, működőképes ismereteket szerezned Istenről, az Ő Királyságáról és önmagadról. Miután ezt elmondtuk, hozzátesszük: lehet, hogy amint egyre több dolgot megértesz, egyszer csak szeretnéd majd elmondani a megtérés imáját, amit *Üdvösség* címszó alatt találsz (1. Függelék, 2. rész.), hogy így erősítsd meg az Istennel való járásodat Fián, Jézus Krisztuson keresztül.

Az 1. függelék későbbi részében kifejtjük, hogy mi a szerepünk és mik a kötelességeink a földön és a mennyben. Megvizsgálunk néhány alapvető tényt az emberek, valamint a földi és a mennyei világ felépítéséről és szerkezetéről. Mindezek a fogalmak megtalálhatók a Bibliában, de itt összefoglaljuk őket, hogy kapj róluk egy általános képet. Csatlakozz hát hozzánk az Isten megismerése által elnyerhető szabadsághoz és gyógyuláshoz vezető izgalmas utazásban! Az első lépés az üdvösség elnyerése!

2.0 Üdvösség

Ebben a részben az üdvösség fogalmát és az arról szóló tanítást kezdjük tanulmányozni; meglátjuk, mit jelent ez ilyen hétköznapi embereknek, mint te vagy én. Az üdvösség fogalma a kereszténység minden változatában fellelhető; ez az ajtó, melyen minden férfinak, nőnek és gyermeknek át kell mennie, ha kapcsolatba akar kerülni Istennel.

Az üdvösség elnyerése egy kicsit olyan, mint amikor belépünk a lakásunk ajtaján: betesszük a kulcsot a zárba, hogy beléphessünk otthonunk teljes biztonságába, kényelmébe és az ott ránk váró gondoskodásra. Hálásak vagyunk az ajtóért, amely kirekeszti a világot. Az üdvösségen át léphetünk be Alkotónk házába - a Vele való kapcsolatba! Jézus az ajtó és a Szent Szellem, mint egy zár, elpecsétel minket a menny számára. Nézzük meg most, hogy mi is pontosan az *üdvösség*, mely Isten ajándéka! Derítsük ki, hogyan kaphatjuk meg a saját üdvösségünk elnyeréséhez vezető kulcsokat.

Maga az „üdvösség" szó is elárul valamit arról, hogy mit rejt. A Biblia legkorábbi kézirataiban a *'sozo'* görög szó jelenti az üdvösséget, avagy megmenekülést. A leglogikusabb kérdés, tehát: mitől kell megmenekülnünk? A válasz egyszerű: a pokoltól, ahova mindazok, akik nem ismerik Istent, és nem engedelmeskednek Neki kerülnek a földi testük halála után.

„*...Ki (az Úr) bosszút áll azokon, a kik nem ismerik az Istent, és a kik nem engedelmeskednek a mi Urunk Jézus Krisztus evangyéliomának. A kik meg fognak lakolni örök veszedelemmel az Úr ábrázatától, és az ő hatalmának dicsőségétől...[a pokolban]*"
(2 Thesszalonika 1:8-9)

Az üdvösség elnyerésének folyamatát tovább tanulmányozzuk alább, az Engle skáláról szóló bekezdésekben és táblázaton. Abból kiderül, hogy milyen utat tesz meg az ember a hitetlenségtől az üdvösség teljes átéléséig. Először is fel kell ismernünk: nem csupán az anyagi világ létezik. Majd be kell látnunk a különbséget a jó és rossz között, azután egyre többet kell megtudnunk Istenről, és fel kell ismernünk saját bűnös állapotunkat. Meg kell értenünk a menny és a pokol (vagyis az örökkévaló világ) lényegét (lásd a 8. részt, *A természetes és a szellemi világ*), végül pedig kijelentést kell kapnunk a mennybe vezető ajtóról – Jézusról – hogy megmenekülhessünk a pokoltól, ha akarunk.

Mit kell hát tennünk, hogy üdvözüljünk, vagyis ne a pokolba jussunk földi életünk befejeztével? Kapcsolatba kell kerülnünk az élő Istennel, és örök életet kell kapnunk, hogy Vele élhessünk a mennyben, miután földi testünk meghal. Olvassunk el néhány bibliaverset, amelyekből megérthetjük a megmenekülés útját! Íme, az első:

„Mert úgy szerette Isten e világot, hogy az ő egyszülött Fiát adta, hogy valaki hiszen ő benne, el ne vesszen, hanem örök élete legyen."
(János 3:16)

Tehát a Jézusba vetett hit az első kulcs az üdvösséghez. Ő Isten egyszülött Fia. Eljött a földre és magára vette a halálbüntetést, ami mindnyájunknak járt volna a bűneink miatt. Amikor megismerjük Jézus értünk bemutatott áldozatát, elfogadhatjuk Őt Urunknak.

A második kulcs az, amikor rádöbbenünk: el kell fordulnunk bűnös (Istenellenes) útjainktól; ezután nyerhetünk üdvösséget. Ezért, a második bibliai szakasz, amit most megnézünk, jobban megvilágítja, hogyan használjuk az üdvösség kulcsait. Ezt mondja az Írás:

„…Ha a te száddal vallást teszel az Úr Jézusról, és szívedben hiszed, hogy az Isten feltámasztotta őt a halálból, megtartatol. Mert szívvel hiszünk az igazságra, szájjal teszünk pedig vallást az idvességre."
(Róma 10:9-10)

Mostanra már lehet, hogy azt kérdezed: „Hogyan üdvözülhetek hát pontosan?" Mondd el imában Istennek, hogy akarod az üdvösséget! Talán a **megtérés imájával** szeretnéd kezdeni, amit alább olvashatsz. Lehet, hogy már sok éve jársz templomba, gyülekezetbe, de nem emlékszel, hogy valaha elmondtad volna a megtérés imáját. Ez megfelelő pillanat arra, hogy elmondd. A gyülekezetbe, templomba járás nem ad üdvösséget, csak az, ha imában személyesen elfogadjuk Jézust.

A megtérés imája

Ha hitre jutottál Jézus Krisztusban, mint Uradban és Megváltódban, a következő lépés az, hogy az üdvösség kulcsait használva hallható imával és bizonyságtétellel elismerd ezt a hitedet. Lépj be az üdvösség ajtaján úgy, hogy hangosan elmondod az alábbi imát:
Drága Mennyei Atyám, most egyszülött Fiad, Jézus Krisztus nevében jövök Hozzád.
- Bevallom, hogy nem ismertelek, és nem a Te igaz útjaid szerint éltem. Ezért egyre távolodtam Tőled és a pokol felé haladtam.
- Kérlek, bocsásd meg bűnös útjaimat!
- Úgy döntök, hogy megváltoztatom az életmódomat; a Te akaratod szerint fogok élni.
- Ma megvallom, hogy Jézus Úr, és úgy döntök, hogy az én Uram is lesz.
- Hálásan elfogadom, amit Jézus tett értem, amikor elszenvedte bűneim büntetését a testében, és meghalt a kereszten, hogy én élhessek.
- Hiszem, hogy Te, mennyei Atyám, feltámasztottad Jézust a halálból.
- Kérlek, hogy most fogadj gyermekeddé Jézus értem kiontott, drága vére által!
- Kérlek, jelentsd ki Magad nekem még jobban, és erősíts meg, hogy a Te útjaidon tudjak járni! Ámen.

Ha őszinte és hívő szívvel elmondtad ezt az imát, kereszténnyé lettél, és abban a kiváltságban részesülsz, hogy már a földön megismerheted Istent, és földi tested halála után csatlakozni fogsz Hozzá a mennyben. Most léptél át az örök életbe vezető ajtón. Meg kell azonban értened, hogy noha üdvösségednek (Krisztusban nyert új, földi életednek) van kezdete az időben, teljességre csak akkor jut, amikor már a mennyben leszel.

1. ábra

A megváltás olyan, mint a mennyei állampolgárság megszerzése

A beavatás az új, Isten gyermekeként élt életedbe hasonlít ahhoz, mint amikor új útlevelet kapunk, mely szerint a menny polgárai vagyunk, és ugyanakkor megkapjuk a jegyet is jövendőbeli utazásunkhoz, hogy új hazánkba, a mennybe mehessünk. Jobban meg fogjuk érteni, hogy a megváltás folyamat, *A megváltáshoz vezető utat* tanulmányozva a következő, *Az üdvösség skálája* c. szakaszban.

3.0 Az üdvösség skálája

A XX. század vége felé Lou Engle evangélista kigondolta a róla elnevezett egyszerű skálát, az *Engle skálát*, amely az üdvösség folyamatának fokozatait mutatja. Dicséretére legyen mondva, hogy Lou nem Jézus, mint Megváltó elfogadásával fejezte be skáláját, hanem tovább folytatva, bemutatta, hogy tanítvánnyá kell fejlődnünk, ha érettségre akarunk jutni Isten családjában.

Szabadulás a kommunizmustól

Fokozatok az üdvösség elnyeréshez viszonyítva	A MEGVÁLTÁSHOZ VEZETŐ ÚT A keresztény hit szellemi minőségének kategóriái
+10	Ismeri Istent, Jézus cselekedeteit teszi
+9	Fejlett az imaélete
+8	A Királyság forrásainak a jó sáfára
+7	Fejlődik a keresztény életmódja
+6	Felfedezi és használja a szellemi ajándékokat
+5	Tevékeny tagként beépül a gyülekezetbe
+4	Bemerül Szent Szellembe
+3	Növekszik keresztény jelleme és bibliaismerete
+2	Vízkeresztségben részesül
+1	Egyre inkább érti a hit kérdéseit és Jézus uralmát
0	Elfogadja Krisztust, mint Megváltóját – elkezd tanítványnyá válni
-1	Megtér és hitre jut
-2	Megérti a kihívást és úgy dönt: cselekszik
-3	Tudatosul benne saját szüksége: meggyőződik bűnösségéről
-4	Pozitívan viszonyul az evangéliumhoz
-5	Kezdi felfogni, mivel jár az evangélium elfogadása
-6	Megismeri az evangélium alapvető tényeit
-7	Érdeklődik a kereszténység iránt
-8	Először hall a kereszténységről
-9	Nincs használható ismerete a kereszténységről
-10	Nincsenek keresztény fogalmai a természetfeletti világról

Az itt bemutatott üdvösségi skála 21 fokozatú: -10-től indul és +10-ig tart. Talán, amint fent megnézed az Engle skálán alapuló üdvösségi táblázatot, megtalálod rajta a saját helyedet. A táblázat utáni oldalon látható ábra grafikusan mutatja a megtérés előtti és utáni folyamatot a testünkre, a lelkünkre és a szellemünkre vetítve (a *Az ember felépítése* c. 9.0 rész, leírja, hogyan működnek személyiségünk ezen elemei és mi közöttük a kapcsolat).

A fenti skála segít megértenünk az üdvösség folyamatát, s ugyanakkor felveti a tanítványképzés fogalmát, melynek eredményeképpen egyre hasonlóbbá válunk Jézushoz. Erre felmerülhet a kérdés: hogyan juthatok fölfelé az üdvösség skáláján? A válasz részben Istenre, részben ránk mutat.

Szellemi előrehaladásunk egészét saját döntéseink és Isten minket befolyásoló cselekedetei együttesen valósítják meg. A Biblia szerint, miközben a hitetlenségtől Jézus megismerése és a megtérés felé haladunk, az Atya (kívülről) vonz minket (János 6:44).

A további előrehaladást tanítvánnyá válásnak nevezzük, mely során a Szent Szellemnek kell vezetnie minket.

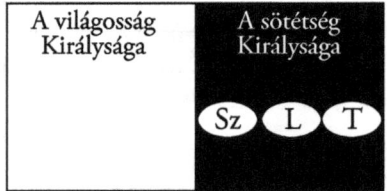

Megtérés előtt –
Sötétség Királysága uralma alatt

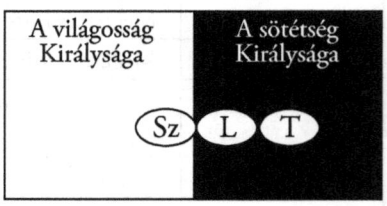

Megtéréskor –
Szellem a Világosság Királysága alatt

A tanítványság gyümölcse –
lélek halad a Világosság királysága felé

A mélyebb tanítványság gyümölcsei – test és a lélek halad a Világosság királysága felé

2. ábra

Most fontoljuk meg a második legfontosabb döntést, amit földi életünkben meghozhatunk, de amit a legtöbb magát kereszténynek valló ember még nem hozott meg tudatosan: Úrrá tesszük-e Jézust életünk minden területe fölött?

Miután az üdvösséget választottuk és biztosak vagyunk örök életünkben, az a legfontosabb, amit tehetünk, hogy földi életünket Isten ereje és szentsége alá rendeljük, azaz megengedjük Neki, hogy kifejezze Önmagát rajtunk keresztül. Ez fontos tényező, ha fölfelé akarunk menetelni az üdvösség skáláján.

Most nézzük meg a következő részt Jézus *Úr mivoltáról!* Ebből kiderül, hogyan tehetjük az életünket hasznossá Jézus számára, és hogyan hathatunk a környezetünkre, más emberekre Isten érdekében, a Szent Szellem befolyásának segítségével.

4.0 Jézus, mint Úr

Amikor üdvösséget kapunk Isten Szent Szelleme beköltözik emberi szellemünkbe (lásd *Az ember felépítése* c. 9.0 részt), és bizonyosságot kapunk arról, hogy a földi halálunk után a mennybe jutunk. Történik azonban valami más is: amikor Isten Szent Szelleme lakozást vesz emberi szellemünkben, a szellemünk valahogyan megelevenedik Isten számára (kommunikálni kezd Vele), képes meghallani Isten hangját és közvetítheti hatását a lelkünknek, hogy az Istennek tetsző módon cselekedjen.

Amint gondolataink és tetteink elkezdik Isten hatását tükrözni az életünkben a bennünk élő Szent Szellem működésein keresztül, rádöbbenünk, hogy megvalósul bennünk az üdvösségi skála néhány nullpont feletti fokozata. Az üdvösségi, avagy tanítvánnyá válási folyamathoz tartozik az, hogy viselkedésünk megváltozik: már nem a régi, hanem Isten életünkre vonatkozó akaratát tükrözi. Ez nem könnyű, mert a lelkünk mást szokott meg, és szeretné a dolgokat a maga egykori módján tenni, legalább szokásból.

Ekkor gyakorlatilag egy harc dúl a bensőnkben a Szent Szellem befolyása alatt álló szellemünk és a lelkünk között, amely megszokta, hogy a saját tetszése szerint jár el. Hogyan tudunk ebben a helyzetben az engedelmesség és szentség olyan szintjén élni, amire Isten elhívott minket? Hogyan vegyük át azt a gyógyulást és teljességet, amit Isten, üdvösségünk részeként, felkínál nekünk.

Vizsgáljuk tovább ezt a témát: mit jelent, hogy Jézus Úr. Legnyilvánvalóbb értelmében: Jézus Krisztus mindennek Ura a mennyben és a földön. Kijelentette, hogy:

„*Nékem adatott minden hatalom mennyen és földön.*"

(Máté 28:18)

Ebben az értelemben énekelhetünk arról, hogy Jézus Úr, és megvallhatjuk ezt az igazságot a szánkkal. Azonban megtérésünk pillanatában lelkünk és testünk nagy része még egy másik úr, e világ istenének hatalma alatt marad, miközben a szellemünket Isten Szent Szelleme tölti be. A lelket és a testet már nagyon régóta a bűn: a bűnös szokások, gondolatok, álmok, viselkedési minták, az érzelmek megromlott használata és helytelen döntések irányították. A lelkünk korábbi atyánk, a Sátán befolyása alatt állt, és testünk is az ő kívánságainak tett eleget. Ezt kijelenteni nem kárhoztatás, pusztán a tények leszögezése.

Segítségre van szükségünk, ha le akarjuk győzni bűnös természetünk múltbeli gyakorlatát. Nem tudjuk hogyan kell „jónak lenni", és sok esetben siralmas, hogy mennyire nem tudjuk, mi a jó és mi a rossz, mert gyermekkorunkban nem nyomták rá a lelkünkre Isten képmását – cseperedésünk idején teljes gondolkodásunk és minden szokásunk a körülöttünk lévő világ hatása alatt állt. Igaz, hogy a Szent

Szellemmel telt emberi szellem egyik alapja a lelkiismeret, amely segít, hogy valamelyest meg tudjuk különböztetni a jót a rossztól, de a test és a lélek közös véleménye gyakran elnyomja a szellem csendes hangját.

Testünkben és lelkünkben még megmaradt néhány mozgatórugó abból az időből, amikor még nem tartoztunk Isten családjához, és az ellenségnek még mindig van némi földi hozzáférési joga a lelkünkhöz és a testünkhöz amiatt, hogy egykor együttműködtünk vele a bűnben, de az elődeink is adtak neki jogokat a bűneikkel. Ebben a meg nem gyógyult állapotban nincs erőnk szent életmódra váltani, és abban megmaradni: Isten segítségére szorulunk, hogy „jók" lehessünk. Hogyan juthatunk hozzá ehhez a segítséghez? Idézzük fel a Szent Szellem egyik nevét: Segítő.

„És én kérem az Atyát, és más segítőt ád néktek, hogy veletek maradjon mindörökké."

(János 14:16)

„De nem kaptuk már meg ezt a segítséget? Hiszen él már a Szent Szellem az emberi szellememben, miután üdvösséget nyertem, vagy nem?" – kérdezheted. Igen, a Szent Szellem bennünk él, ha üdvösséget kaptunk, de nem a lelkünket irányítja, hanem a szellemünket; s a kettő nem azonos. Sok keresztény figyelmét elkerülte ez a fontos tény: megtéréskor a jövőnk dől el, azaz a célállomásunk: menny vagy pokol. A keresztények már nem a pokolba tartanak, földi haláluk után. A megtérés azonban nem hat azonnal olyan drámaian a földi életvitelünkre, mint a mennyei végállomásunkra.

Talán segít egy kis példa. Vehetünk egy lovat, hogy lovagoljunk rajta. Miután kifizettük az árát, a ló a miénk, de ha még sosem ült rajta ember, a lónak át kell esnie egy nevelési folyamaton, hogy alkalmas legyen lovaglásra. Különböző módszerekkel, fogásokkal elérhetjük, hogy a ló engedelmeskedjen nekünk és lovagolhassunk rajta. Amíg azonban a ló akarata meg nem törik, a gazdájának semmi haszna belőle, mert nem engedelmeskedik, nem szolgálja gazdája céljait és örömét.

Sok keresztény olyan, mint a megülhetetlen ló. Jézus megvásárolta őket a vérével, és ők elismerték Jézus istenségét (lásd az *üdvösségről* szóló 9.0 részt), mégsem adták át soha Neki az uralmat az egész életük fölött. Lehetséges, hogy elismerjük Jézust Úrnak és Istennek, mégsem vetettük alá Neki magunkat még soha: mindazt, akik vagyunk, és amink van. Tehát valójában nekünk Jézus még nem Urunk. Arra hívunk, hogy változtass ezen: mondd el az alábbi mintaimát, és lépj mélyebb kapcsolatba Istennel és kezdj el Jézusnak élni.

Jézust úrrá tevő ima

Úr Jézus, elismerem, hogy szükségem van Rád és elfogadlak, mint
- Megváltómat
- Üdvözítőmet
- Uramat
- Szabadítómat

Meghívlak, hogy légy Ura az egész életemnek:
- A szellememnek – imáimnak, imádásomnak, szellemi felfogóképességemnek, kreativitásomnak és lelkiismeretemnek
- Az elmémnek – a gondolataimnak, emlékeimnek és álmaimnak
- Az érzelmeimnek – érzéseimnek, érzelmi kifejezési formáimnak és reagálásaimnak
- Az akaratomnak, minden döntésemnek és célmeghatározásomnak

Meghívlak, hogy légy Ura a testemnek:

- A szememnek – annak, hogy mit nézek meg, és minden pillantásomnak, tekintetemnek
- A fülemnek – annak, hogy mit hallgatok meg
- Az orromnak – mindannak, aminek az illata eljut hozzám
- A számnak – mindannak, ami belé jut, és minden szónak, ami elhagyja
- A szexualitásomnak
- Minden testi tevékenységemnek

Meghívlak, hogy légy Ura minden múltbeli, jelenlegi és elkövetkező kapcsolatomnak.

Meghívlak, hogy légy Ura a forrásaimnak, az időmnek, az energiámnak, a pénzemnek, valamint minden ingóságomnak és ingatlanomnak.

Jöjj, Úr Jézus és foglald el a Téged megillető helyet életem minden területén!

Köszönöm, hogy kiontottad a véredet azért, hogy szabad lehessek az önzés és a Sátán befolyásától!

Ámen.

5.0 Vízkeresztség

A vízkeresztség az újjászületés része (lásd János 3:1-21). Amikor Nikodémussal beszélgetett, Jézus két fontos dolgot (kulcsot) mondott arról, hogy hogyan léphetünk be személyesen a Királyságába[15]. Bele

---

[15] Az Írásban van egy finom, de néha zavaró feszültség „Isten Királyságával" kapcsolatban. Ez a kifejezés néha az eljövendő, mennyei korszakra vonatkozik; ennek a mennyben megnyilvánuló szempontjára és arra is, ami akkor nyilvánul majd meg, amikor Jézus visszatér a földre. Van azonban egy harmadik értelmezés is: amikor láthatjuk és megérthetjük Isten Királyságát, amint betör ebbe a jelenlegi, gonosz korszak-

kell születnünk ebbe a Királyságba víz és Szent Szellem által. Minthogy Isten Szellem, ha találkozni akarunk Vele, és tenni akarjuk a cselekedeteit, azaz meg akarjuk valósítani az életünkre vonatkozó akaratát, képesnek kell lennünk arra, hogy a szellemi világban találkozzunk Vele. Látnunk, hallanunk és működnünk kell a természetes, földi, de a szellemi világban is, ahol Ő lakik (Isten Királyságában). Ha be akarunk lépni a Királyságba, szükséges „újjászületnünk".

„Felele Jézus és monda néki: Bizony, bizony mondom néked: ha valaki újonnan nem születik, nem láthatja az Isten országát."
(János 3:3)

(A „látni" szó helyén ennek a versnek a görög eredetijében a görög ράω (horaō) szó szerepel; amelynek jelentése: lát, felismer, felfog, figyel rá.)

5.1 Belépés a Királyságba – az első kulcs a víztől születés

Az 1. függeléknek ebben a részében az első kulcsot, a víztől való születést vizsgáljuk meg. Ha nem születünk újjá (ha nem születünk bele Isten Királyságába), nem ismerhetjük igazán Istent, mert nem látjuk, nem halljuk, nem fogjuk fel, amit tesz. Továbbá, ha nem érzékeljük, hogy mit tesz Isten, akkor nem vehetünk részt a cselekedeteiben, ahogy Jézus tette.
Most olvassunk tovább, hogy felfedezzük, hogyan tehetjük a magunkévá a Királyságnak az első kulcsát, az újjászületést! A következő versben Jézus mutatja be nekünk ezt a kulcsot: a vízkeresztséget:

„Felele Jézus: Bizony, bizony mondom néked: Ha valaki nem születik víztől és Szellemtől, nem mehet be az Isten országába." (János 3:5)

---

ba; megnyilvánul azokon keresztül, akik már újjászületéssel beléptek „Isten Királyságába". Azok végzik Jézus cselekedeteit, akik újjászülettek (üdvösséget nyertek).

Az előző szakaszban beszéltünk arról, hogy Jézust Úrrá kell tegyük életünk minden területe fölött. Ennek a fogalomnak szerves része, hogy szükséges meghalnunk személyes, Jézus kívánságaival ellentétes vágyainknak, mert azok alapja nem az, hogy segítsék az Atyaisten akaratának a megvalósulását. Az „Úrrá tevő imával" Jézust úrrá tettük életünk minden területe, része fölött. Az 1. függelék jelen szakaszában összekötjük az önmagunknak való meghalást a vízkeresztséggel.

A Bibliában két, egyre inkább kibontakozó kijelentést találunk a vízkeresztségről. Az első a megtérés keresztsége, amit Keresztelő János vezetett be, illetve végzett.

„És megkereszteltkednek vala ő általa a Jordán vizében, vallást tevén az ő bűneikről."

(Máté 3:6)

A bűnökből való megtérés keresztsége a bűnök nyilvános megvallására is szolgált, valamint a külvilágnak is kifejezte, hogy az érintett megváltoztatta belső hozzáállását a bűnhöz: elfordult tőle. Amint Jézus szolgálata növekedett, Jánosé egyre csökkent, de Jézus tanítványai folytatták a János által elkezdett gyakorlatot.

A vízkeresztségről szóló második kijelentés Máté evangéliumának az utolsó részében kezdődik, amikor a feltámadása után Jézus megparancsolja a tanítványainak, hogy merítsenek be minden új megtértet (kezdő tanítványt) Isten három Személyébe:

„Elmenvén azért, tegyetek tanítványokká minden népeket, megkeresztelvén őket az Atyának, a Fiúnak és a Szent Szellemnek nevében."

(Máté 28:19)

Ebbe a Jézus által megparancsolt keresztségbe is beletartozott a bűnbánat és a bűnvallás. Az evangéliumok elején olvasható feljegyzések szerint azonban van valami több is annál, amit Keresztelő János és Jézus tanítványai gyakoroltak. Jézus itt egy új dolgot említ: az Atya, a Fiú és a Szent Szellembe, vagyis a teljes Istenségbe való bemerítkezés.

A Biblia elmagyarázza, hogy:

- Amikor a víz alá merülünk, szakítunk korábbi életünkkel, a világi, önző életmódunkkal. Jézus halálába merülünk be, amint meghalunk az énünknek; ez a víz alá merülés a halál jelképe (Róma 6:4-5; Kolossé 2:12a).

- Amint kijövünk a vízből, feltámadunk, hogy az Atyaisten családjának a tagjai legyünk és Jézus életét éljük (Róma 6:4-5; Kolossé 2:12b).

Fontos megértenünk, hogy a vízkeresztség szentségét Jézus parancsolta meg. Ez nem csak jelképes tett, hanem valami szellemi történik velünk, amikor engedelmeskedünk ennek az utasításnak. Némelyek ezt drámai módon élik meg, mások nem azonnal érzik nyilvánvalóan a változást, de valami mindig történik bennünk és értünk a szellemi világban. Részünkről a hit cselekedete a bemerítkezés.

5.2 A bemerítkezés folyamatának alaposabb vizsgálata

3. Ábra

Miután megszülettünk víztől, már majdnem készen állunk megnézni az Isten Királyságába vezető második kulcsot: a Szent Szellemtől való születést. Mielőtt azonban továbblépnénk, kicsit jobban elemeznünk kell azt a görög szót, amit keresztségnek, avagy bemerítkezésnek fordítanak. Ez a szó kapcsolódik az Isten Királyságába való belépéshez szükséges mindkét kulcshoz: a víz- és a Szent Szellem keresztséghez is:

Βαπτίζω (**baptizō**) = *bemárt, elsüllyed*.

4. Ábra

Az a lényege, hogy valamit teljesen alámeríteni egy folyadékba és átitatni azzal. A szó jelent szertartásos mosakodást, avagy megtisztulást is, amelynek során egész testünk bemerül a vízbe. Nem azt jelenti, hogy „meghinteni" vagy „ráönteni", sőt azt sem, hogy nedves tárgygyal megérinteni, megnedvesíteni. Ha például egy hajót kellene bemerítenünk, a víz felszíne alá kellene nyomnunk. Amikor a hajót már teljesen ellepné a víz, akkor mondhatnánk, hogy bemerítettük. A bemerítkezés szellemi következményekkel járó fizikai cselekedet. Nem azt mondjuk, hogy a bemerítéstől meg kell fulladnunk; csak egy pillanatra kell a víz alá kerülnünk. Engedelmeskednünk kell az Úr parancsainak: szellemileg mindent halálba kell adnunk, ami a testi (lélek irányította) életből van bennünk, hogy feltámadhassunk Krisztus Jézusban Isten céljai és tervei számára.

5.3 Belépés Isten Királyságába – a második kulcs, a Szellemtől való születés (Bemerülés Szent Szellembe)

Térjünk vissza a János 3-hoz, ahol Jézus Nikodémussal beszélget, és felvázolja neki, hogyan léphet be Isten királyságába. Ebben a történetben Nikodémus az Isten királyságának cselekedetei felől érdeklődik, melyeket Jézus tesz.

Jézus a természetes, világi módon gondolkodó Nikodémust egy mélyebb titokhoz kalauzolja, amelynek a megértése megadatott nekünk.

„Felele Jézus és monda néki: Bizony, bizony mondom néked: ha valaki újonnan nem születik, nem láthatja az Isten országát."

(János 3:3)

Jézus a János 5:19 tükrében válaszol Nikodémusnak: elmagyarázza, hogy Ő, aki víztől és Szent Szellemtől is született, csak azt teszi, amit az Atyától **lát**. Emlékeztessük hát magunkat, hogyan magyaráz el később Jézus egy gyógyulási csodát a zsidóknak:

„Felele azért Jézus, és monda nékik: Bizony, bizony mondom néktek: a Fiú semmit sem tehet önmagától, hanem ha látja cselekedni az Atyát, mert a miket az cselekszik, ugyanazokat hasonlatosképpen a Fiú is cselekszi."

(János 5:19)

Nikodémus nem értette Jézus válaszát, és most már még nagyobb összezavarodottságot árulnak el kérdései. Jézus tehát azzal folytatja, hogy átadja neki – és nekünk – a kulcsokat, amelyeket a fentiekben kezdtünk megvizsgálni:

„Felele Jézus: Bizony, bizony mondom néked: Ha valaki nem születik víztől és Szellemtől, nem mehet be az Isten országába."

(János 3:5)

A titok magyarázata a következő: újjá kell születnünk, ha Isten cselekedeteit akarjuk tenni. Ennek a folyamatnak része az, hogy a vízkeresztség szentsége keretében bemerülünk Krisztusba: az Ő halálába és feltámadásába; ez a bemerítkezés. Az elsőt, a vízkeresztséget azonban követnie kell egy másfajta keresztségnek. A második közeg a Szent Szellem. Hogyan történik ez? Mi imádkozhatunk az emberekért, hogy merüljenek be Szent Szellembe, sőt a kezünket is rájuk tehetjük ennek érdekében, de végső soron Jézusnak kell kinyilvánítania a jelenlétét és felruházni őket a Szent Szellem erejével, ahogyan azt az első pünkösdkor tette. Nézzük, mit mondott Jézus a Szent Szellem keresztségről:

„…Hogy János ugyan vízzel keresztelt, ti azonban Szent Szellemmel fogtok megkereszteltetni nem sok nap múlva."

(Cselekedetek 1:5)

„És ímé én elküldöm ti reátok az én Atyámnak ígéretét; ti pedig maradjatok Jeruzsálem városában, mígnem felruháztattok mennyei erővel."

(Lukács 24:49)

Nikodémus nem értette, hogyan volt képes Jézus annyi elképesztő dologra, de mi már tudjuk: Jézusnak és azoknak is, akik napjainkban végzik az Ő cselekedeteit, a Szent Szellem keresztség ad erőt mindehhez. Ez az ismeret segít egy másik titokba is bepillantanunk: abba, hogyan leszünk képesek mi eleget tenni Jézus elvárásának, amit így fejezett ki:

„Bizony, bizony mondom néktek: A ki hisz én bennem, az is cselekszi majd azokat a cselekedeteket, a melyeket én cselekszem; és nagyobbakat is cselekszik azoknál; mert én az én Atyámhoz megyek."

(János 14:12)

A legtöbbünknek nehezére esik elhinni ezt a verset, első olvasásra.

Pál apostol azonban az efézusi gyülekezetnek írt levelében elmondja, hogy Isten pontosan ezért teremtett minket: hogy Jézus cselekedeteit tegyük:

„Mert az Ő alkotása vagyunk, teremtetvén Általa a Krisztus Jézusban jó cselekedetekre, a melyeket előre elkészített az Isten, hogy azokban járjunk."

(Efézus 2:10)

Jakab segít megértenünk, hogy az újjászületett hívő hitét és üdvösségét a cselekedetek fémjelzik:

„Mi a haszna, atyámfiai, ha valaki azt mondja, hogy hite van, cselekedetei pedig nincsenek? Avagy megtarthatja-é őt a hit?"

(Jakab 2:14)

„Mert a miképen holt a test szellem nélkül, akképen holt a hit is cselekedetek nélkül."

(Jakab 2:26)

Tehát, már kezdjük megérteni, hogy a víztől és Szent Szellemtől újjászületett tanítvány ill. keresztény életében megnyilvánulnak Jézus cselekedetei. Azoktól, akik egyre bensőségesebb kapcsolatba kerülnek Istennel az üdvösség folyamatában (lásd az Üdvösségi táblázatot a jelen függelék 3.0 szakaszában!) elvárható, hogy meglássák az Atya cselekedeteit és a Szent Szellem által csatlakozzanak ahhoz, amit az Atya tesz. Ezek a cselekedetek a természetfölötti eredményei annak, hogy Jézus Krisztuson keresztül Atyánkként ismerjük Istent.

Most, hogy már tudjuk, *miért* kell bemerülnünk Szent Szellembe, tanulmányozzuk tovább, *hogyan* születhetünk Szent Szellemtől! Korábban már olvastuk a Lukács 24:49-et, ami világosan kimondja, hogy Jézus küldi el a megígért Szent Szellemet:

„És ímé én elküldöm ti reátok az én Atyámnak ígéretét; ti pedig

maradjatok Jeruzsálem városában, mígnem felruháztattok mennyei erővel."

(Lukács 24:49)

Erről az ígéretről először Keresztelő János beszélt, aki bejelentette Jézus, a Messiás érkezését:

"Én vízzel kereszteltelek titeket, de ő Szent Szellemmel keresztel titeket."

(Márk 1:8)

Tehát, Jézus merít be minket Szent Szellembe. Ezért, amikor meg akarjuk kapni ezt a keresztséget, Jézust kell megkérnünk, hogy áraszszon és borítson el minket Szent Szelleme jelenlétével; hogy fürdessen meg minket abban.

Ugyanúgy elboríthat és eláraszthat minket a Szent Szellem jelenléte, ugyanúgy felruháztatunk erővel, ahogyan ez Pünkösdkor vagy Kornéliusz házában megtörtént, anélkül hogy valaki látható vagy észrevehető módon megérintene minket, de Jézus használhat egy embert is arra, hogy kézrátétellel imádkozzon értünk. Ez a szolgálat valahogyan átadhatja nekünk a Szent Szellem jelenlétét, s ezzel elindíthatja bennünk a Szent Szellem keresztség átélését:

"Kik (Péter és János) mikor lementek, könyörögtek érettük, hogy vegyenek Szent Szellemet: Mert még senkire azok közül nem szállott rá, csak meg voltak keresztelve az Úr Jézus nevére. Akkor kezeiket reájuk veték, és vőnek Szent Szellemet."

(Cselekedetek 8:15-17)

A Szent Szellem keresztség kapcsán két gyakorlati kérdésről kell szót ejtenünk: a) honnan tudhatom meg, hogy már megkaptam ezt a keresztséget, és b) mi akadályozhatja meg, hogy bemerüljek Szent Szellembe? Nézzünk meg néhány választ!

A Szent Szellem keresztség átélése

A Szent Szellem keresztség szellemi és természetes – azaz fizikai – átélés is. Ezért, amikor megtörténik velünk, tudjuk, hogy megkaptuk, de az emberek különböző dolgokat éreznek közben és a hatások is eltérőek.

Betöltekezhetsz örömmel és nevetéssel, érezheted magadon Isten erejét (ami miatt egy időre összeeshetsz vagy a földre rogyhatsz), nagyon elgyengülhetsz, forróságot vagy bizsergést érezhetsz, látomásod lehet, hallhatod Isten hangját, szólhatsz nyelveken (amelyeket nem ismersz), stb. A Szent Szellem keresztséget követően elkezdenek megnyilvánulni az életedben Isten szellemi ajándékai.

Ha még nem éltél át semmit fizikailag, illetve szellemileg vagy ha még nem kaptad meg a Szent Szellem egyik természetfölötti ajándékát sem, akkor valószínűleg még nem is merültél be Szent Szellembe. Továbbra is törekedj erre és kérdezd Istentől: akadályozza-e még valami, hogy ebben az igen szükséges lépésben be tudd fogadni Őt.

A Szent Szellem keresztség akadályai

Számos tényező késleltetheti a bemerülésünket Szent Szellembe. Az első kérdés az, hogy tevékenyen igyekszel-e elnyerni Istennek ezt az áldását (gondolj vissza az árvízben rekedt ember történetére az 1. fejezetben). A Szent Szellem azokhoz jön el, akik teljes szívükkel keresik (Jeremiás 29:13). Ehhez a kérdéshez kapcsolódik az, hogy: megengedted-e már Istennek, hogy bármit megtegyen veled, amit csak akar, bármikor és bármilyen helyzetben? Szükséges bíznod az Úrban. Természetesen elengedhetetlen, hogy már előzőleg elfogadd Jézust, mint Megváltódat, életed Urává tedd Őt és bemerítkezz víz által (lásd jelen Függelék 1-4. szakaszait).

Bizonyos szellemi akadályok is gátolhatják Szent Szellem keresztségünket, például:
- Meg nem vallott bűn – saját és generációs okkult tevékenység;

hipnózis, asztrológia, ingás vízkeresés, szeánszok, ahol halottakkal lehet beszélgetni, illetve kapcsolatot tartani, spiritizmus, boszorkánydoktorok, vajákosok általi gyógyulás;
- Hamis vallások meg nem tagadott tantételei – saját és generációs gyakorlatok, mint pl. eskük, odaszánási szertartások és idegen istenek meghívása, hogy lakjanak benned vagy cselekedjenek benned illetve rajtad keresztül (ez fakadhat abból is, hogy foglalkoztál harcművészetekkel, a szabadkőművességgel vagy más szervezett szellemi tevékenységekkel vagy csoportokkal, akár a sátánistákkal vagy a boszorkánysággal);
- Ha részt vettél az asztrológiában vagy lelki utazásban, ill. ha foglalkoztál heavy metal zenével (kemény rock-kal vagy más, okkult alapú zenével).

6.0 Életcélunk a földön

Isten az édesanyánk méhében fizikai, anyagi értelemben a melegvérű állatokhoz hasonlóan formált meg minket, de itt vége is a hasonlóságunknak (lásd, a 9. *Az ember felépítése* c. részt). Istennek sokkal nagyobb terve és célja volt velünk, mint az állatvilág tagjaival. Most nézzünk meg néhány tényt önmagunkról.

6.1 Megbízatásunk az 1 Mózesben

Mózes első könyve áttekintést ad Istennek az emberiségre vonatkozó tervéről. Az 1. rész első 25 versében látjuk a teremtés rövid leírását: Isten megengedi, hogy bepillantást nyerjünk, miközben megteremti az anyagi világmindenséget, különös tekintettel a Földbolygóra és mindarra, ami rajta és körülötte van ill. lakik. Az 1. rész utolsó 5 versében kezdi felvázolni Isten az emberrel, legfőbb teremtményével kapcsolatos tervét. A Biblia ezután következő lapjai tele vannak Isten kijelentéseivel Önmagáról és az emberrel eltervezett kapcsolatáról, de segítséget kapunk annak megértéséhez is, hogy kik vagyunk.

Képmás

Figyeld meg, hogy Isten egy fajt, az embert választotta ki arra, hogy az Ő hasonlatosságára (héberül tselem = hasonlatosság, képmás, forma) készüljön (1 Mózes 1:26). A Bibliát tanulmányozva megláthatjuk, hogy azért teremtette Isten az embert Önmagához hasonlóvá, mert olyan kapcsolatot akart létesíteni velünk, ami csak egymáshoz hasonló lények között lehetséges. Könnyen arra a következtetésre juthatunk, hogy ez a kapcsolat volt Isten fő célja az emberiség megalkotásával, amelynek tagjai vagyunk te és én is. Bizonyos értelemben Isten hasonló kapcsolatban akar lenni veled, mint amilyen az Istenség három Személye között fennáll. Ez az emberek, férfiak és nők magas rendű és különleges elhívása.

Kapcsolat és rendeltetés

Isten szerinti rendeltetésünk az, hogy a Föld minden lakóját Hozzá vezessük. Ehhez az Úr először velünk épít ki kapcsolatot. Ha ez már megvan, Vele együttműködve kell kialakítanunk a földön az Isten szerinti működést: engedelmesen az uralmunk alá kell vonnunk bolygónkat, azon belül a természetesen meglévő állat és növényvilágot, amit Isten teremtett. Az Úr arra alkotott minket, hogy olyanok legyünk, mint Ő, tehát uralkodjunk. Földi életünk alatt az első feladatunk az, hogy alakítsuk és szervezzük bolygónk életét, kormányozzuk a földi világot, miközben szabad akaratunkból engedjük, hogy ebben Isten irányítson minket (1 Mózes 1:26).

Szaporodás és sokasodás

Isten tudta, hogy az első férfi és nő, akiket megteremtett, nem tudják egyedül az uralmuk alá vonni a földet. Ezért beléjük építette a szaporodás képességét (héberül parah), hogy szaporodásra képes utódaik lehessenek. Az egymással és Istennel kapcsolatban lévő utódoknak végül elég nagy számban kellett lenniük ahhoz, hogy meg tudják valósítani Isten tervét (1 Mózes 1:28).

Isten terve az emberiséggel

Isten először azt mutatja meg nekünk az emberiséggel kapcsolatban, hogy minket másként kezel, mint a teremtettség többi szereplőjét. Csak minket alkotott a maga képére, vagyis Hozzá hasonlóvá (egyetlen más teremtményt sem; azonban sosem mondta kifejezetten azt, hogy a testünk formája pontosan olyan, mint az Övé). Ezután ránk bízta a feladatot, hogy uralkodjunk a földön és annak minden lakóján (1 Mózes 1:26). E cél eléréséhez a terve megkövetelte, hogy több ember legyen az eredetileg megteremtett kettőnél. Ezért parancsolja meg nekünk, hogy legyünk termékenyek és sokasodjunk (héberül rabah), tehát hozzunk létre hozzánk hasonló egyedeket. Csábíthat a gondolat, hogy a *szaporodás* és *sokasodás* szavakról úgy véljük: ugyanazt jelentik, pedig van köztük különbség.

Az Ő képére

Az emberiségben több rejlik. Isten úgy alkotott minket, hogy a jellemünk, a belső természetünk hasonlítson az Övéhez, de ez még nem valósult meg teljesen Ádám és Éva első lélegzetvételének pillanatában.

A következő bekezdésekben azt látjuk majd: a cél akkor valósul meg, ha Isten, mint Atya még átad valamit Önmagából Ádámnak és Évának, ezt pedig úgy érte el, hogy időt töltött együtt velük. Az emberpár teste már készen volt, de még formálódnia kellett a jellemüknek, és ehhez oktatni kellett őket. Ahhoz, hogy az emberiség eleget tegyen Isten céljainak, atyai nevelésre szorult, mert csak így hordozhatta magában Teremtője képmását. Minthogy biológiailag termékenyek vagyunk, automatikusan olyan kisbabáink születnek, akiknek a teste minden részletében olyan, mint a miénk. A jellemük azonban még nem alakul ki a születésük pillanatára, ahogyan Ádámé és Éváé sem volt készen. Születésünkkor belsőleg még nem hordozzuk Isten képmását; a bevésődés születésünk után kezdődik.

Tehát parancsot kaptunk a szaporodásra, de a sokasodás folyamatában segítenünk kell Krisztust (Isten képmását) is kiformálódni minden gyermekünkben (Galata 4:19 és Példabeszédek 22:6). A gyerekek nem úgy születnek, hogy Isten természete és jelleme eleve kifejeződik bennük és rajtuk keresztül. Engedelmeskednünk kell Istennek azzal is, hogy szaporodunk és azzal is, hogy az Ő képmását kialakítjuk önmagunkban és gyermekeinkben.

A bibliai minta

Az 1 Mózes 2-ben látjuk, hogyan működik ez a folyamat:
- Először Isten volt gyümölcsöző: megteremtette, megformálta Ádámot.
- Ezután elkezdte belenevelni Ádámba a Saját életmódját. Mintát adott neki az isteni rendről – a már rendezett kert képében – és a munka Istennek tetsző folyamatáról („műveld és tartsd fenn az isteni rendet!"). Isten sok időt is együtt töltött Ádámmal, hogy személyesen sokszorozza meg benne Önmaga képmását azzal, hogy a kapcsolatukban hatással van Ádámra és azzal, hogy együtt dolgoznak a mintakertben.
- Isten először azzal bízta meg Ádámot, hogy tartsa karban az Éden kertet, amit Ő, az Úr ültetett. Noha végső soron az az emberiség feladata, hogy az egész földet az uralma alá hajtsa, Isten először a bolygó egy kis részét alakította kedve szerintivé (az Éden kertet), és oda helyezte el Ádámot, hogy lássa, hogyan igazgatja Isten a földet. Az embernek meg kellett értenie ezt a modellt, hogy később a kerten kívül annak megfelelően hajthassa uralma alá az egész bolygót.
- Ennek a gyakorlati kiképzésnek a keretében kezdte el Isten az Ő útjait beépíteni a nemrég megteremtett emberbe. Az Éden kertben Isten közvetlen képzéssel formálta ki a képmását Ádámban, majd később Évában, miközben sétálgatott és beszélgetett velük. Amint fizikai létrejöttüket követően így formálódtak, feladatul kapták azt is, hogy ezt a képmást gyermekeikben is létrehozzák (megsokasítsák), akiknek szintén tovább kellett sokasítaniuk ezt a képmást saját utódaikban.

Fontos megfigyelnünk, hogy a gyerekek esetében mindig szerepet kap a szabad akarat is. Már az első családban is, Ábel úgy döntött, hogy beengedi életébe az isteni bevésést, Káin viszont nem akarta azt.

Ezért Istennek három konkrét célja van a személyes, földi életünkkel:
1. Szaporodjunk, tehát szülessenek gyermekeink.
2. Neveljük bele Isten képmását a gyermekeinkbe, hogy az Ő értékrendje szerint éljenek.
3. Megismerjük Istent és az útjait, hogy tovább fejlődhessen, növekedhessen bennünk a szellemi istenképűség; az Ő útjait, hozzáállását és viselkedését tükrözzük vissza. Ha az Ő útjait tükrözzük, akkor az Ő rendjét valósítjuk meg a földön, miközben hatást gyakorlunk világunkra.

Gyümölcsözés a családon kívül

Pál apostol ezt úgy fejezte ki, hogy legyünk Isten nagykövetei. A János 15:8-ban Jézus elmondja, hogy az Atyját (aki a mi Atyánk is) az dicsőíti, ha sok gyümölcsöt termünk. Ezzel Jézus a világra gyakorolt szellemi hatásunkra utal. A Máté 28:16-20-ban olvasható „Nagy megbízatás"-ban Jézus megparancsolja nekünk, hogy menjünk el az egész világra és tegyük tanítvánnyá az embereket: tanítsuk meg nekik, hogy tegyék meg mindazt, amit Jézus az első tanítványainak parancsolt. Hirdetnünk kell az evangéliumot, be kell jelentenünk a Királyság elérkezését, fel kell támasztanunk a halottakat, gyógyítanunk kell a betegeket, ki kell űznünk a démonokat és meg kell tisztítanunk a leprásokat (Máté 10:7-8). Amint engedelmeskedünk ezeknek a jézusi parancsoknak, garantáltan sok gyümölcsöt termünk. Világszerte megsokszorozzuk Isten képmását azokban és azok között, akik hitre jutnak az élő Istenben és az Ő útjainak megfelelően élnek. Tehát a családban és a családon kívül is van olyan szaporodás és sokasodás, amiben Isten szándéka szerint részt kell vennünk.

Csak akkor teremhetünk gyümölcsöt a családon belül és kívül is, ha ismerjük Istent, újjászülettünk, betöltekeztünk Szent Szellemmel és életünket alávetettük Jézusnak, mint Urunknak. Életünk és rendeltetésünk nem korlátozódik a földi időre és térre, földi rendeltetésünk mellett van mennyei is. Sokan úgy teszünk, mintha a menny csak a végállomásunk lenne, az a hely, ahova menni szeretnénk a testi halálunk után. Az életünk azonban nem csupán abból áll, hogy várjuk, mikor érünk a mennybe. A következő részben látni fogjuk, hogy valóban a menny a végső célunk, de az ottani rendeltetésünk részben attól függ, hogyan élünk a földön.

7.0 Mennyei rendeltetésünk

Amint már láttuk, Isten a maga képére formált minket. Az a terve és célja, hogy alkalmassá váljunk az uralkodásra, hiszen Ő is uralkodik. A földi életünk során ismerhetjük meg Istent, mint Atyánkat és Urunkat (lásd a függelék üdvösségről és Jézus Úr voltáról szóló részeit!), valamint a Neki alávetett életünk eredményeképpen olyanná váljunk, amilyen Ő. Létezésünk azonban nem ér véget azzal, hogy anyagi testünk működése egyszer csak véget ér, azaz a földön meghalunk.

Isten a maga képére tervezett és alkotott minket, Ő pedig a mennyei világok végtelenségében él. Mi is a szellemi világban élünk majd tovább, a mennyben vagy a pokolban. A földi döntéseinktől és életmódunkból függ, hogy hol. A mennyei életünkre azt tervezte Isten, hogy fiaiként és lányaiként szeretetteljes, bensőséges kapcsolatban éljünk Vele, mint Atyánkkal, de dönthetünk úgy, hogy ebből nem kérünk.

A mennyben sok a tevékenység. Akik úgy döntöttek, hogy Istent követik, mint a Király családtagjai, adott mértékben Vele uralkodnak majd a szellemi világok és mind a fölött, ami azokban van (Efézus 2:4-7); hiszen ezt teszik az uralkodó családok! Függelékünkben majd később vesszük szemügyre a mennyei világokat, avagy dimenziókat.

Most vizsgáljuk tovább az uralom fogalmát! Az uralom szó tartalmazza a kormányzás gondolatát. Isten mindenütt uralkodik, a mennyei világokban, a földön és az egész mindenségben. Gondolom ez rendesen felcsigáz téged is! Isten úgy tervezte, hogy ne csak a földi életünkben legyünk Hozzá hasonlóak, hanem földi életünk vége után a mennyben is. A Jelenések 3:21-ben bepillanthatunk abba, amit Isten a mennyei életünkről eltervezett: Jézus azt mondja, hogy ha legyőzzük az ellenséges körülményeket a földi életünkben, akkor a mennyben majd leülhetünk a trónjára, ahogyan az Atya megadta Jézusnak is a jogot arra, hogy az Ő trónjára üljön.

Trónon uralkodók, uralmi övezettel bíró emberek szoktak ülni. Minden hatalom a mennyben és a földön Jézusnak adatott, aki a mennyben, az Atya jobbján trónol, úgy uralkodik. Ha a földön istenfélő módon élünk, és szeretetteljes, engedelmes kapcsolatot alakítunk ki Istennel, akkor Ő feljogosít minket arra, hogy vele együtt üljünk a trónjára, és részt vegyünk a mennyei világok fölött gyakorolt uralmában.

Újra mondom: ez csak egy pillantás a mennyei jövőnkbe, de bátorító és késztető hatású ígéret. Isten azt akarja, hogy a Vele ápolt földi kapcsolatunkon keresztül tanuljunk Róla, az útjairól és a szívéről. Amint az itteni életünkben gyakoroljuk Atyánk útjait, és fejlődünk ezen a területen, mint fiai és lányai, Ő hercegeket és hercegnőket farag belőlünk, akik családtagjaiként csatlakoznak majd Hozzá az uralkodásban, a mennyben.

"...a kegyesség mindenre hasznos, meglévén benne a jelenvaló és a jövő életnek ígérete.

(1 Timóteus 4:8)

8.0 Természetes és mennyei világok

Amint erősítjük magunkban az üdvösségnek és Jézus uralmának a megértését, valamennyire meg kell ismernünk a természetes és a mennyei világot is. Ha olyan sportokat űzünk, mint a futball, a kosárlabda vagy a jéghoki, tudnunk kell, milyen szerepük lehet a játékosoknak és milyen a pálya. Ebben és a következő szakaszban először megnézzük az élet „pályáját", a színteret, ahol az élet egész drámája játszódik a teremtett és a mennyei szinteken. Majd az ezeket követő szakaszban megismerjük az „élet játékának" játékosait, vagy talán még jobb kifejezéssel élve, az élet színdarabjának szereplőit (vagyis az embert és az ember felépítését). Kezdjük hát az élet küzdőterével: a természetes világgal, ahol most élünk, és a mennyei közeggel, ahová földi életünk végeztével kerülünk.

8.1 Az első ég

Ebben a szakaszban szeretnénk bevezetni a természetes világ – különösen a föld – és a szellemi (természetfölötti) birodalom között lévő kapcsolat fogalmi képét.

5. ábra

Az Írás ad némi rendszerezett tanítást a mennyei birodalmakról és azok kapcsolatáról a földdel (a tengerekkel, a hegyekkel, a síkságokkal, stb.) és a hozzá tartozó éggel (azaz a föld egével és légkörével, amihez hozzáadódik a látható univerzum a csillagokkal és más elemeivel), mégis igen kevés bibliai támpontot nyújt egy munkamodell felépítéséhez. Tehát meg kell értenünk a héber „shamayim" szó jelentését.

A héber *shamayim* (Strong féle konkordancia számozás: 8064) szó 392-szer szerepel a Bibliában. Égnek, mennynek és mennyeknek fordítják. Az 1 Mózes 1:17-ben Isten a földet körülvevő természetes világegyetemről beszél, ahol elhelyezte a csillagokat az egekben (*shamayim*). A Jób 28:21-ben ugyanez a szó azt a teret jelzi, ahol a madarak repülnek a föld egén. Sok más versben azonban (pl. Zsoltárok 115:3.) a *shamayim* a szellemi mennyekre utal, Isten lakhelyére. Egyértelmű, hogy ezzel a szóval jelölték a természetes és a természetfölötti világokat is. Mindig a szövegösszefüggésből derül ki, melyikről beszélünk. Most már elkezdhetjük összerakni a modellt.

Ebben a függelékben három világot szeretnénk megvizsgálni. Az első birodalom, vagy ég a földhöz tartozó, természetes mennybolt. Az 1 Mózes 1:26-ban Isten hatalmat adott az emberiségnek a föld fölött, és ez vonatkozott az égen repülő madarakra is. A földi ég egyértelműen az ember uralmi övezetének a része volt.
Számos versből tudjuk, hogy Isten az Ő szent egeiben (*shamayim*) lakik. Pál azonban, aki elragadtatott Isten szent, mennyei világába, „harmadik égnek" nevezi ezt a helyet, amikor az átéléséről bizonyságot tesz a 2 Korinthus 12:2-4-ben. Logikus hát, hogy létezik „második ég" és „első ég" is. A föld légkörét (egét) nevezzük első égnek. A következő két szakaszban tovább formáljuk a mennyei birodalmakat ábrázoló munkamodellünket.

Amint megérted a mennyei világok fogalmát, egyre szilárdabban hiszel majd Isten kijelentett Szavában, és egyre határozottabbak lesznek a róla szóló ismereteid. Ez az alapvető tudás segít majd, hogy magabiztosabban mozogj a szellemi ajándékokban.

8.2 A harmadik ég

A görög „*ouranos*" szó, amit a 2 Korinthus 12:2 is használ, 256-szor fordul elő az Újszövetségben. A harmadik égnek, ahol Isten trónja áll, van egy olyan tulajdonsága, hogy magába foglalja a másik két eget, amint a következőkből kiderül.

Az 1 Mózes 1 leírja, hogy Isten megteremti az egeket és a földet, vagyis a földet és a boltozatot, amibe beletartozik a föld légköre és a természetes környezetünk legtávolabbi része is, a csillagok és a többi bolygó területe.

Szemléltessük Isten teremtett világát egy egyszerű példával: gondoljunk egy lufi felfújására! El tudjuk képzelni, hogy otthon, a nappaliban állunk egy leeresztett lufival a kezünkben.

Ebben a példában mi helyettesítjük Istent, a nappali pedig, noha mérete korlátozott, Isten szent mennyországát, ami a valóságban határtalan. A lufi jelképezi az egész teremtett univerzumot. Amikor belefújunk, olyan alakot ölt és olyan feladatot lát el, ami azelőtt nem jellemezte. A kezünkben van, tehát azt tehetünk vele, amit akarunk, és a lakásunkon, a nappalinkon belül marad. Benne van a lélegzetünk és semmi nem szökhet ki a lufiból a nappalinkba, csak ha megengedjük. Továbbá, ha kívánjuk, valami mást is beletehetünk a lufiba, amikor csak tetszik, mondjuk egy kis gombot, vagy gemkapcsot.

Így van ez a földdel és az egész fizikai univerzummal is. Az egész Isten kezében van, és körülveszi Isten nappalija (lakhelye, a határtalan menny). Isten kibocsátotta a leheletét, amikor szólt (Ézsaiás 55:11) és megformálta a mindenséget (1 Mózes 1). Isten azt tehet a világunkkal, ami Neki tetszik; cselekvően részt vehet benne, beletehet és kivehet belőle dolgokat.

„Pedig a mi Istenünk az égben (shamayim) van, és a mit akar, azt mind megcselekszi."

(Zsoltárok 115:3)

A teremtett világoknak (életünknek a lufiban) két tulajdonságára szeretnénk felhívni a figyelmet: 1. mindenki csak isteni behatásra mehet be a léggömbbe, vagy jöhet ki onnan, és 2. a teremtett univerzumban (a lufiban) nem úgy telik az idő, mint a mennyben – a kettő két különböző rendszer, vagyis az általunk ismert idő nem létezik Isten szent mennyországában.

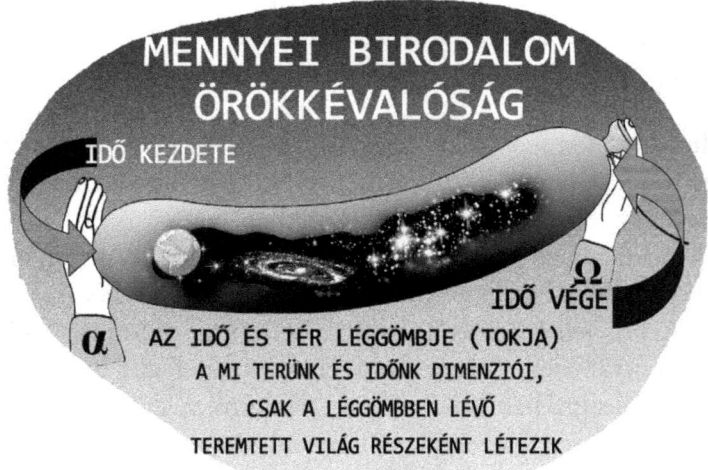

6. ábra:
A mennyekben függő univerzumunk

Nézzük meg kicsit alaposabban ezt a két pontot: a magasabb rendű világban (a harmadik égben) élő Isten belelát a mi alacsonyabb rendű világunkba és bele is tud nyúlni, de mi nem látunk bele az Ő világába és nem is utazhatunk fölfelé kedvünk szerint. Ebből az következik, hogy a felsőbb birodalmakban lakó lények, mondjuk az angyalok behatolhatnak és belenyúlhatnak a földi körülményekbe, illetve hathatnak azokra, vagy felülírhatják (hatálytalaníthatják) azokat. Másodszor az idő a maga teljességében Isten előtt egyszerre jelenik meg, mert az egész benne van a teremtett világ léggömbjében. Isten az Alfa és az Omega, a kezdet és a vég. Ő mindeneket megelőzve létezik és Ő tart össze mindent, Önmagában.

Az Újszövetségben a menny (görög *ouranos*) szó a Máté 3:2-ben olvasható először: *„Térjetek meg, mert elközelített a mennyeknek országa."* Ezt értelmezhetjük úgy, hogy valami Isten jóságából behatolt a bukott földi világba a szent harmadik égből, ahol Isten kormányoz és uralkodik.

Feltehetjük a kérdést: „Milyen messze van tőlünk Isten szent mennyországa?" Erre a kérdésre nem lehet természetes mértékegységekben válaszolni, mert a szellemi világ körülveszi és átitatja a természetes környezetet. A Zsidók 12:1-ben azt írja Pál apostol, hogy a tanúk fellege vesz körül minket. Kik ők? Szerintem mindazok a szentek, akikről a Zsidók 11-ben olvashatunk; akik meghaltak és már nem járkálnak a földön, mint halandók. A mennyei világban élnek, amely viszont magába foglalja a természetes világot, ezért ezek a tanúk is körülöttünk vannak. A mennyei világ nagyobb, mint a földi.

Abban a reményben írtuk le mindezt, hogy az olvasó jobban megérti majd, mi történik, amikor kihirdetjük Isten Királyságát. Amikor Isten bátorítására kinyilvánítást teszünk, Ő belenyúl a világunkba, hogy megtegye, amit akar. Ő nincs távol tőlünk és egy pillanat alatt ideérhet hozzánk (Jeremiás 23:23).

8.3 A második ég
Ennek a szakasznak az utolsó részében a második eget vizsgáljuk meg, amit eddig nem említettünk. Ha van első és harmadik, akkor hol van a második ég? Mi is az igazából? A Jelenések 12:7-9-ben azt olvassuk, hogy az ördögöt és angyalait kidobták a szent, avagy

harmadik mennyből, és levetették egy alacsonyabb rendű világba, a földre. Ezeknek a szellemi lényeknek azonban nincs anyagi testük, a szellemi világban élnek a földön és a föld körül. Ez az ég a föld légkörének határáig terjed. Hasznos visszagondolni arra, hogy a Sátánt „a levegőbeli hatalmasság fejedelmének" és „e világ uralkodójának" nevezi a Biblia. Ezt az Isten jelenlététől távoli, természetfölötti birodalmat nevezzük második égnek.

Az ott élő Sátán és „angyalai" nem hatolhatnak be a fölöttük lévő szintre (a harmadik égbe), oda be sem láthatnak és nem is hathatnak rá Isten engedélye nélkül. Engedetlenségük miatt elveszítették a jogot, hogy ott éljenek, ezért kidobták őket onnan, de ezek a szellemi lények a szellemi rend miatt lenyúlhatnak az alattuk működő szintekre, az első égbe és a földre. Ezeken a helyeken uralkodhatnak, szellemileg kormányozhatnak, mert Ádám eredendő bűne és az emberiség folyamatosan bűnös élete feljogosította őket erre. Folytonos vétkezésünk ad lelkünk ellenségének egyre több szabadságot arra, hogy beavatkozzon bolygónk és az itt élők ügyeibe (az első égben és az alatt).

Az utolsó kérdés így szól: hol a pokol? A poklot Isten különítette el a szellemi világokon belül. Aki ott van, nem lehet közösségben Istennel. Az Újszövetség tizenháromszor említi a poklot közvetlenül. Maga Jézus vezeti be a témát: az első tizenegy esetben Ő beszél róla. A pokol szó a héber *gyehenna* fordítása, ami a Jeruzsálemtől délkeletre fekvő Gehinnon völgyének nevéből ered. A bibliai időkben a szemetet hordták ide, majd elégették (néha öngyulladással is égett. *A ford.*). Jézus tanításából megértjük, hogy a pokol annak a helynek a jelképes neve, ahol az istentelenek majd elnyerik végső büntetésüket. A tűz, fájdalom és bánat helyszíne ez a szellemi világban, távol az Istennel ápolható közösségtől, de Ő minden mástól is elválasztja az ott gyötrődőket.

Most már jobban értjük a kapcsolatot a természetes, földi világok és a szellemi birodalmak között. Megtanultuk, hogy a földi világot, és annak minden elemét érheti isteni hatás a harmadik égből, és istentelen hatás is a második égből. Ezzel a tudással már készen állunk arra, hogy megvizsgáljuk az emberiséget: milyenek vagyunk, és hogyan tudunk kapcsolatot tartani a természetes és a szellemi birodalmakkal, amelyek körülvesznek minket.

9.0 Az emberiség felépítése

Ennek a szakasznak az a célja, hogy megértsük az ember fizikai és szellemi felépítését. Ez a szakmai ismeret az emberről hitünk újabb építőköve: segít, hogy könnyebben kapcsolódjunk teremtő Istenünkhöz, és képessé tesz arra, hogy hatékonyabban imádkozzunk, valamint hatékonyabban fogadjunk el és nyújtsunk szolgálatot, mert egyre inkább látjuk, milyennek teremtett Isten bennünket és másokat.

Ezzel a tudással felkészültebbek leszünk az Írás, önmagunk, Isten, a Hozzá és egymáshoz fűződő kapcsolataink megértésére. Azt is elkezdjük megérteni, milyen kölcsönhatásban állunk természetes és szellemi környezetünkkel, valamint hogyan hatnak ránk ezek a közegek.
A Biblia szerint szellemmel, lélekkel és testtel teremtett minket Isten:

„Maga pedig a békességnek Istene szenteljen meg titeket mindenestől; és szellemetek, lelketek és testetek is feddhetetlenül őriztessék meg a mi Urunk Jézus Krisztus eljövetelére." (1 Thesszalonika 5:23)

A lelket és a szellemet arra alkotta Isten, hogy testben éljen, életet adjon a testnek és működtesse azt. Az alábbi ábra vázlatosan ábrázolja az ember alapvető szerkezetét.

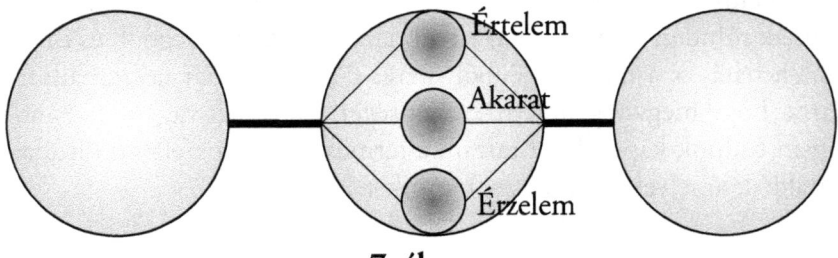

7. ábra:

9.1 A test

Emberi testünk szorosan kötődik a lényünkhöz és Isten lenyűgöző biológiai gépezetnek alkotta, mégsem ez a személyiségünk lényege. A testet vezérlő központja, az agy működteti, mint közbülső láncszem. Az emberi test a földön általánosan megtalálható anyagokból épül fel, vízből és sóból van benne a legtöbb. A testi növekedést, javításokat, karbantartást, az érzékszervek adatainak begyűjtését, a mozgás összehangolását és a reflexválaszokat leszámítva nem az agy kezdeményezi a test tevékenységeit. A tevékenység a lélekből fakad.

9.2 A lélek

A lélek fejezi ki önazonosságunkat: azt, hogy kik vagyunk. A lélek irányítja a test tevékenységeit, feldolgozva a test érzékszerveinek adatait és a szellem üzeneteit. A lélek dolgozza ki a válaszokat, amelyek szerinte a legjobban szolgálják a teljes személyiség érdekeit, vagy amelyeket az adott körülmények között a legmegfelelőbbnek vél a család, a társadalom és a környezet számára, valamint Istenre, vagy esetleg az illető által imádott istenségekre nézve. A lélek három részből áll: az értelemből, az akaratból és az érzelmekből.

Az értelem, az akarat és az érzelmek nem fizikai, hanem szellemi anyagból állnak. Isten valahogyan elültetett a földi testünkben valamit az örökkévalóságból (a szellemi világból). Amikor földi testünk meghal és felbomlik, a lelkünk, amely benne lakott és egybe foglalta személyiségünket és az életünkhöz kapott ajándékokat, nem szűnik meg létezni – csak elszakad a földbolygó teremtett világától, mert megszűnnek itteni feladatai.

A lélek a fizikai testhez tartozó agyon keresztül kommunikál a testtel. Az agy megkapja az információt vagy az utasítást a lélektől, és a testet arra készteti, hogy a lélekből származó összetett hatásnak megfelelően reagáljon. Ekkor a lélek által kezdeményezett cselekedetek összefonódnak azokkal a cselekedetekkel, amelyeket az agy magától működtet; ilyen a lélegzés, a szívverés, a nedvesítő célú pislogás, stb. Néhány területen a lélek könnyen felülírja az agy automatikus működését, például vissza tudjuk tartani a levegőt, ha víz alá merülünk, vagy tudunk nem pislogni egy ideig, ha nagyon nézünk valamit – legalább is addig, amíg az agy ki nem adja a vészjelzést, aminek a hatására elkezdi elnyomni a lélek hatását, hogy megakadályozza a test károsodását.

Az értelem

Noha gyakran azt hiszik, hogy az agy a gondolataink forrása, de ez nem igaz. Az agy minden megismerési folyamatát az értelem irányítja. Az értelem nélkül nem kerülhetnek gondolatok az elménkbe. Nem azt mondjuk, hogy az agynak nincsenek értelmi működései, csak azt, hogy ezeket az értelmi működéseket az értelem vezérli és bonyolítja, ahogyan a számítógépet a processzor.

A lélek (értelem) gondolkodási tevékenysége áttekinti és feldolgozza a testi érzékszervekből érkező természetes információt, a rövid és hosszú távú emlékeket, amelyeket tárolunk, és az emberi szellemből érkező szellemi információt (lásd 9.3 *Az emberi szellem* c. részt). Az elme mindezek alapján eldönti, mi szolgálja leginkább az egész személynek és hitrendszereinek az érdekét. Ezután akciótervet dolgoz ki, hogy kiszolgálhassa ezt az érdeket. A tervet, vagy célt az akarat valósítja meg.

Az akarat

Az akarat adja ki a végrehajtási utasítást a lélek összetett működésének, és ezt az utasítást az agynak szóló parancsokká alakítja, amelyeket az agy továbbít a test különböző részeibe, hogy azok tettekkel (vagy tétlenséggel) reagáljanak az utasításra. Az akarat lelkünk és testünk mozgatórúgója – ebben gyakran összefog a céllal. Amikor az akarat utasításokat kap az értelemtől, és/vagy az érzelmektől, az agyon keresztül megparancsolja a testnek, hogy engedelmeskedjen. Szélsőséges esetben mondhatjuk, hogy valakinek a személyisége vagy jelleme gyenge vagy erős akaratú, attól függően, hogy milyen gyakorisággal tudja végrehajtani értelme terveit. Az akarat a döntésekben is szerepet kap. Úgy tűnik, ilyenkor átfedésben van az értelem működéseivel. Úgy látszik, az értelem és az akarat együttesen dönt, és együtt tervezi meg a cselekedetek végrehajtását, de az akarat erőteljesebb szerepet kap a tervek megvalósításában.

Az érzelmek

Az érzelmek átfedésben vannak az akarattal és az értelemmel is: színezik és befolyásolják ezek tevékenységét. Az érzelmek közvetlenül is kommunikálnak az aggyal, olyan reakciókat gerjesztve, mint a nevetés, a sírás, a remegés és még sok egyéb. A legtisztább értelemben véve az érzelmek működése egyetlen területen nem fedi át az értelmünk és az akaratunk tevékenységét: a valaki, valami vagy egy (valós vagy képzelt) helyzet minőségi kiértékelésével kapcsolatos érzéseink függetlenek. Ezeket a belső reakciókat az értelemmel és az akarattal együttműködve, vagy szinte önállóan, közvetlenül a testnek küldik az érzelmeink. Ezért az érzések megváltoztathatják a tetteinket, a beszédünket, izmaink feszültségét, a testtartásunkat, az arckifejezésünket, a könnyeinket, a vérkeringésünket, légzésünk sebességét, stb.

A kifejezett érzelmekből áll össze az, amit a kapcsolatok nyelvezetének is nevezhetnénk. Belőlük derül ki, mit érzünk belül. Ezt az érzést kifejezzük a környezetünknek. Néhány érzelem, minthogy részben automatikus, közvetlenül kötődik élettani működésünkhöz, s ezért erőteljesen befolyásolhatja egészségünket és testünk jólétét. Amikor együttműködnek az akarattal és az értelemmel, az érzelmek hozzáállásokhoz, érzelmi alapú viselkedési mintákhoz vezethetnek, amelyek befolyásolják, vagy alakítják másokhoz fűződő kapcsolatainkat.

Isten időlegesnek teremtette az érzelmeinket. Megköveteli, hogy minden nap, elalvás előtt kifejezzük azokat. Ha egy ébrenléti időszakon belül nem fejeződnek ki valahogyan, általánosságban véve háromféle problémát okozhatnak: fizikai, szellemi és lelki problémákat. A ki nem fejezett érzelmek fizikai szempontból mérgezően hatnak a testre. Isten nem úgy alkotta a testünket, hogy együtt éljen a tárolt érzelmek állandó nyomásával, ezért a hatásukra romlani kezd az egészsége és a működése.

A ki nem fejezett érzelmek szellemi szempontból rést ütnek a minket körülvevő isteni védelmen, és így a Sátán lehetőséget kap arra, hogy szellemi sebezhetőségünk miatt meglátogasson minket.

Lelki szempontból, a tárolt érzelmek elkezdik szennyezni az értelmet és az akaratot, amelyek ettől elkezdenek az átélt érzelmi nyomást enyhítő stratégiákat megtervezni és végrehajtani. Sajnos úgy tűnik, hogy a ki nem fejezett érzelmek valahogyan sokszorozódnak és burjánzanak, s ezért még nagyobb nyomást gerjesztenek, mint amit eredetileg átéltünk.

9.3 Az emberi szellem

A legegyszerűbben kifejezve, az emberi szellem ad életet és lélegzetet a testnek úgy, hogy közli a lélekkel, mit akar Isten (2 Mózes 35:21). A Jakab 2:26-ban azt olvassuk, hogy a test halott az (emberi) szellem nélkül. Az emberi szellem az alkotókészség központja, s így Isten jellemét tükrözi, aki szintén kreatív.

Megtérésünkkor (lásd az illusztrációt 2.0 Az *üdvösség* c. szakaszban) emberi szellemünk kommunikálni kezd Istennel (ezt néha úgy fejezik ki, hogy megelevenedünk Isten számára). Ekkor a Szent Szellem beköltözik emberi szellemünkbe. Megtérésünkkor nem a lelkünkben vagy a testünkben vesz lakozást a Szent Szellem, inkább az emberi szellemünkben: az Isten helye bennünk.

A megváltottaknak egyenesen az emberi szellemével közli Isten az érzéseit, a gondolatait és az akaratát. Ezután az emberi szellem dolga továbbadni Isten közléseit a lelkünknek. Ahogy a Bibliában, a Róma 7-ben olvassuk, a lélek és a szellem küzd egymással. Ha gondosan megvizsgáljuk a lélek és a szellem összecsapását, megfigyelhetjük, hogy az emberi szellem a lélek tevékenységi területeit (avagy működéseit) tükrözi (azaz a gondolkodást, az akaratot és az érzéseket), miközben Isten útjait védelmezi.

Amikor hitre jutottunk Jézusban és elindultunk az üdvösség folyamatában, a Szent Szellem beköltözött emberi szellemünkbe. Ezután az emberi szellem közölni tudja, illetve ki tudja fejezni Isten szívét a számunkra, és meg is teszi, de a léleknek továbbra is szabad az akarata arra, hogy önállóan, vagy Isten szívével összhangban cselekedjen. Az emberi szellemben működik a lelkiismeret, az imádás, a megkülönböztető képesség és Isten ismerete – abban az emberi szellemben, amit megelevenített a Szent Szellem és amiben benne is lakozik Isten Szelleme. Amikor azonban újjászületünk (ez egy további lépés), erősödik a Szent Szellem befolyása az életünkben, és erőt kapunk arra, hogy Jézus cselekedeteit tegyük.

Isten parancsai és a szellemi törvények

2. FÜGGELÉK

1.0 Bevezetés

A 2. fejezetben megvizsgáltunk négy szellemi törvényt, amelyek hatnak földi életünkre. A továbbiakban azt is megtudtuk, hogy talán áthágtuk Isten parancsait pusztán azért, mert kommunista uralom alatt éltünk. Vagyis lehet, hogy a kísértések, a stressz és a nyomás hatására (tudva vagy tudatlanul) megnyitottuk magunkat e szellemi törvények hatásai előtt, mert ezek akkor lépnek működésbe, amikor vétkezünk.

Ebben a függelékben nem közelről vizsgáljuk az Igéket, ahogyan a 2. fejezetben tettük, hanem általános alapelveket veszünk szemügyre. A törvény részletei viselkedési határokat tűznek ki számunkra, hogy felkészítsenek a keresztény életmódra, de meg kell ismernünk Isten szívét is, hogy lássuk, Ő hogyan rakja össze a dolgokat. Ha jobban megértjük, hogyan gondolkodik és cselekszik Isten, nem válunk törvénykező farizeussá. Noha fontosak a részletek és a konkrétumok, néha mégsem látjuk életünk erdejét az útban álló magas fáktól. Egyszerűbben szólva: ha fogalmilag értjük a dolgokat, elkezdhetjük lehántani életünkről a bűn szövevényét és ránk rétegződő következményeit.

Ki kell vágnunk a zűrzavar aljnövényzetét, különösen Isten törvényeivel kapcsolatban, ha rálátást akarunk kapni a dolgokra. Meg kell értenünk, mit jelent a „parancs, vagy parancsolat" és a „törvény". Sokunkat befolyásol, sőt, akár félre is vezet a „törvény" szó mai használata. Gyakran halljuk, hogy valaki egy törvényszegő emberről beszél, pedig mi sem áll távolabb az igazságtól. Ha valakinek a viselkedése áthágja a „viselkedés" törvényi határait, akkor az illető nem a törvényt szegte meg, amely előírja a helytelen magatartás büntetését, hanem átlépte a törvényi korlátot, és erre mondja a törvény, hogy ezért fizetnie kell. Ha egy törvényt megszegnek, az valójában nem is törvény. A szellemi, a természeti és a kormányzati törvények tévedhetetlenül kimondják, mi fog történni különböző események következtében. A tömegvonzás törvényéből megtudjuk, hogy ha leugrunk egy szikláról, lezuhanunk. Ez minden esetben így történik. A „parancs" és a „törvény" szavak, noha rokonok – két teljesen különböző dolgot jelentenek.

Most nézzük meg általában véve, hogyan kötődnek Isten parancsai a szellemi törvényeihez. Amint kibontakozik a téma, felfedezzük, hogyan jöhetünk ki és hogyan hozhatunk ki másokat ennek az információnak a segítségével az átok és ítélet alól, be Isten áldásaiba. A következőket fogjuk sorban megvizsgálni:

- Isten életünkre vonatkozó irányelveit, amelyek kifejeződhetnek parancsokban.
- Szellemi törvényeit, amelyek vagy áldással, vagy átokkal fizetnek a magaviseletünkért.
- Végül, az Isten rosszallásából a jóindulatába vezető utat, ami a bűnvalláson, a megtérésen és a Jézus nevében elnyerhető bűnbocsánaton keresztül vezet.

2.0 Isten parancsai

A Sínai hegynél olyan erőteljes volt az égzengés, a forgószél, a sötétség, a homály, a lángoló tűz és a trombitaszóhoz hasonló szavak, hogy az izraeliták könyörögtek: ne kelljen hallaniuk. Isten odakiáltott a népének, miközben ők épp készültek lelépni egy szellemi szikláról, hogy halálra zúzzák magukat. Az emberek élete és viselkedése nem is hasonlított Isten rendjére, ezért az Úr hívta őket vissza a biztonságba. Ki kellett őket menteni a veszélyből, és Isten kegyesen adott nekik egy szellemi korlátot, hogy ne essenek le: a biztonság viselkedési zsinórmértékét, a Tízparancsolatot.

Testies emberi természetünk mindig a maga kedve szerint akar cselekedni, de ez csak halálhoz vezet. Isten rálátására van szükségünk:

"Van oly út, mely igaz az ember szeme előtt, de vége a halálnak útja."

(Példabeszédek 16:25)

Minthogy Isten útjai nem a mi útjaink, hajlamosak vagyunk az Ő viselkedési korlátait túl szűknek vagy utasítgatónak látni, pedig ezek inkább a mennyből ledobott mentőövek, hogy megmeneküljünk a szellemi, és sokszor testi halálból.

Amikor Isten parancsairól hallunk, először a Tízparancsolat jut az eszünkbe, pedig sok egyéb utasítás is olvasható a Bibliában; mindegyik a földi életünkre vonatkozó útmutatás. Vannak köztük közvetlen felszólítások, mint viselkedési szabályok. Mások példabeszéd formájában szerepelnek. A harmadik információforrásunk a bibliai beszámolók sora nemzetek történelméről, városok, falvak, egyének és családok történeteivel fűszerezve. Akármilyen is legyen megjelenési formájuk, a céljuk mindig az, hogy segítsenek nekünk utánozni mennyei Atyánkat. Ő szent, igazságos, igaz és szerető. Az Isten útjaitól való elhajlást bűnnek nevezzük.

3.0 Az élet sebességkorlátai

Talán segít, ha Isten parancsaival párhuzamba állítunk egy földi példát. A legtöbb országban vannak utak és gépjárművek. Az élet és a vagyon védelme érdekében a kormányzatok meghatározták, milyen gyorsan haladhatunk ezeken az utakon. Minden útszakasz sebességhatára megállapításához a terület körülményeit vették figyelembe. Helyenként út menti táblákra írják ki vagy a közlekedési környezetnek megfelelően szabják meg (pl. lakott területen belül vagy kívül, iskola vagy kórház közelében, stb.).

Ezek a sebességhatárok parancsok: nem szabad gyorsabban haladni. Ha engedelmeskedsz a parancsnak, tovább élhetsz az autóvezetés kiváltságával. Ha gyorsabban mész, ki kell fizetned a kormányzati törvényben előírt büntetést. Ez gyakran egy konkrét összeg. A helytelen magatartás büntetésére előírt díjat úgy találták ki, hogy fájjon, ezért inkább betartsuk a szabályt és ne veszélyeztessük önmagunkat, másokat és értékeiket.

Isten is kitáblázta szellemi „sebességhatárait". Ezek a viselkedésünkre vonatkozó parancsai. Beírta őket a Bibliába is és a szívünkbe is. Továbbá, ha nem vagyunk biztosak a dologban, imában közvetlenül megkérdezhetjük Isten véleményét az élethelyzetünkről.

4.0 Szellemi törvények

Most nézzük meg közelebbről Isten szellemi törvényeit, hogy meglássuk, hogyan működnek a javunkra vagy ellenünkre. Negatív értelemben a szellemi törvények, a közlekedési szabályokhoz hasonlóan, akkor lépnek működésbe, amikor áthágjuk Isten viselkedési irányelveit (parancsait). Engedetlenségünk kiemel minket Isten áldásainak és védelmének övezetéből, és áthelyez a bajok földjére:

„Ha pedig nem hallgatsz az Úrnak, a te Istenednek szavára, hogy megtartsad és teljesítsed minden parancsolatát és rendelését, a melyeket én parancsolok ma néked: reád jőnek mind ez átkok, és megteljesednek rajtad."

(5 Mózes 28:15)

Ha azonban alkalmazkodunk Isten irányelveihez (engedelmeskedünk), Ő az áldásáról biztosít minket:

„És reád szállanak mind ez áldások, és megteljesednek rajtad, ha hallgatsz az Úrnak, a te Istenednek szavára."

(5 Mózes 28:2)

5.0 Törvények és parancsok egy példán keresztül

Vizsgáljuk meg a szellemi parancsok és törvények működését úgy, hogy belépünk egy példázatba! A történet elején egy csodaszép, zöld legelőt látunk. A figyelmünket legelőször a lágy, friss szellőben hullámzó, lenyűgözően buja gyep ragadja meg. A szél a réti virágok illatát hozza, és még van benne valami mély és megnyugtató: a dús aroma, amely egyenesen a földből fakad fel.

Nem ez az első látvány a legfontosabb, ez csak a példázat kezdete, de erre figyelünk fel először. Az illat elkezd összeforrni a látvánnyal. Előbb-utóbb észreveszünk egy csörgedező, éneklő patakot, amelynek kristálytiszta vize sima kavicsokon és nagyobb köveken játszadozik, miközben igyekszik valahová.

Most felemeljük a tekintetünket és távolabb látjuk, hogy a rét lágyan emelkedni kezd, míg végül egy alpesi rétekkel tarkított, valamint illatozó cédrusokkal és fenyőkkel telehintett, lélegzetelállító szépségű hegybe torkollik. Fokozatosan ráébredünk, hogy a fényben van valami döbbenetes: bizonyos értelemben úgy tűnik, mintha mindenütt fluoreszkálna; tisztán átlátszó fény, ami ragyogó, de ennek ellenére nem bántja a szemet, inkább szokatlanul tiszta látást tesz lehetővé a világossága. Semmire nem hasonlít, amit a földön átélhetünk. Amint pillantásunk felfelé kúszik a lejtőn, érzékeljük, hogy egyre világosabb a környezetünk és egyre élénkebbek a színek: a látvány egyre intenzívebb, miközben a hegy csúcsa felé nézünk, amely teljesen belevész a fényözönbe.

Ó, hogy' is nem vettük észre! Mindenütt roppant elégedett juhok legelésznek, szökdécselnek, heverésznek és szundikálnak egyesével, kettesével és csoportosan. Elégedettek, dús a gyapjújuk, fehérek, jól tápláltak és gyönyörűek. Egy pillanat... nem érdekes? Nem is tudom, hogyan magyarázzam. Noha a juhok forgolódnak és sétálgatnak, valahogyan mindig szemben vannak a heggyel és annak dicsőséges fényével. Geometriai fogalmakkal nem írható le a jelenség, mert amit látunk, az lehetetlen a föld három dimenziós terében.

Ezután vesszük észre a legmegdöbbentőbb dolgot – hogy' is kerülte el a figyelmünket: egy csodaszép, fehér kerítés fut a rét mentén, ameddig a szem ellát, mindkét oldalon. Feltételezzük, hogy valahogyan biztosan körülveszi az egész hegyet, de ez nem látható teljes bizonyossággal.

Van itt egy érthetetlen dolog: a kerítésen túl a fény azonnal erőteljesen csökken. A fűszőnyeg kerítésen túli része barnára vált. Nem arról van szó, hogy már barna, hanem gyorsan barnul, mintha elhalna. Az ember úgy véli, hogy a barnulás végén elérkezik végső állapotához: halott barna lesz. Leginkább olyan, mint egy vízesés. A víz folyamatosan zuhog lefelé, és ha az aljára nézünk, hát, addigra már valóban leérkeztek a cseppek. Mégis, ugyanakkor a víz folyamatosan zúdul le a mélybe. Úgy tűnik, hogy itt a kerítésnél, az élet és halál földje között az élet folytonosan a halálba zuhan. Minél távolabb vagyunk a kerítéstől, annál gyorsabb a halálba süllyedés és a sötétség, a hóhér bárdjának sebességével köszönt be.

Várjunk csak! Itt, a sarkon néhány báránynak sikerült hátat fordítani a fény és élet hegyének. A lököttek próbálnak enni abból a szörnyű, haldokló fűből a kerítés túloldalán. Érthetetlen. Miért ennének abból? Amint ezen kezdünk töprengeni, egyszerre csak kimondjuk ezt, és hirtelen belekerülünk a látásba. Most már ott állunk az egyik juh mellett, amely igyekszik enni a halál étkéből. Könyörgünk neki és húzgáljuk a gyapját, de az oda se hederít. Furcsa. Amint küszködünk ezzel a báránnyal, észrevesszük, hogy talajszinten egyáltalán nem látni a halódó fű barnaságát. Sőt, inkább kövérebbnek, egészségesebbnek, fényesebbnek és hívogatóbbnak látszik. A juhok, amelyek hátat fordítanak az élet és fény hegyének, megtévesztés áldozatai és nem látják a halálos csapdát. Amikor a juh, amelyiket megpróbáltuk megmenteni, áttöri a kerítést és eltűnik a sötétben, mély zokogás szakad fel a bensőnkből és minden ízünkben megráz.

Miközben hosszú ideig hullattuk a veszteség és tehetetlenség keserű könnyeit, ráébredünk, hogy végleg megváltoztunk. Ebben az erőteljes pillanatban megkérjük Istent: hadd értsük meg mindezt! Ekkor ugyanolyan hirtelen, ahogy talajszintre kerültünk, ismét mennyei távlatból szemléljük a jelenetet.

Továbbra is látjuk a kerítés túloldalán legelő juhokat. Amint megízlelik a halált, megtébolyodnak. Egyre izgatottabban taszigálják a kerítést. Aztán áttörnek rajta, a kerítés pedig helyrejön, mintha sosem repedt volna meg.
Ahogy a juhok egyre többet fogyasztanak a haldokló fűből, ők is halódni kezdenek. Mi kiabálunk: „Ne! Ne! Forduljatok vissza!" – de ők nem hallanak minket és egykor fehér gyapjuk sárgulni kezd, majd nagy csomókban kihullik. A juhok biztos léptei imbolyogni kezdenek. Némelyik elbukik. Mások már zihálva a földön fekszenek és vonaglanak. A homályban megjelenik egy förtelmes fenevadak vontatta nagy, fekete szekér. Árnyszerű alakok meg-megállnak, hogy felhányják rá a tetemeket, aztán a menet odébbáll.

5.1 A példázat jelentése

Egyszerű: a kerítés Isten igaz életmódra vonatkozó parancsait és előírásait jelképezi. A kerítésen belül találhatók Isten áldásai, jelenléte és élete. A kerítésen túl, Isten útjaitól távol van a külső sötétség, a halál, a Sátán birodalma. Amikor hátat fordítunk Istennek és nem engedelmeskedünk az életünkre adott parancsainak, akkor kitörünk a védő kerítésen túlra. A parancsok az Isten által lefektetett határok, amelyek megmutatják, hol végződik az Élet és a Fény, és hol kezdődik a szellemi és a testi halál. Amikor hátat fordítunk Istennek, valami miatt hívogatónak látjuk a bűnt és megtévesztés alá kerülünk, de ez az ajtó a halálba nyílik. Amikor engedetlenek vagyunk Isten parancsaival szemben, rájövünk, hogy áttörtük a védőkorlátját: nem a sötétség jön be a Fény Birodalmába, hanem mi esünk bele a sötétségbe.

Isten szellemi törvényeiből megtudjuk, mi történik velünk és családunkkal, ha elfordulunk Istentől és benyomulunk a bűnbe. Az általános átfogó törvény az, hogy ha kihágást követünk el, elszigeteljük magunkat Isten életadó jelenlététől. Ő tökéletes, szent, szeretettel és élettel teljes. Ő a fény, ezért ha oda utazunk, ahol Ő nincs jelen, akkor Isten természetéből következően, az Ő ellentétét jelentő dolgok földjén kötünk ki, ahol tökéletlenség, szentségtelenség, gyűlölet, halál és természetesen sötétség honol. Isten parancsaiból áll a kerítés, ami akadályozza, hogy oda tévedjünk.

Bizonyos értelemben mindegy, melyik parancsnak nem engedelmeskedtünk, hiszen mindenképpen Isten védőkorlátján és áldásain kívül kerülünk emiatt. Amikor túllépjük a biztonságos vezetésre vonatkozó törvényi sebességhatárt (vagyis megszegjük a kormány parancsát), érvénybe lép a büntetésünket kiszabó törvény. Hasonlóképpen, a Bibliában igen világosan szerepel az Isten néhány parancsa iránti engedetlenségért járó büntetés, de Istennek nem minden törvényét fogalmazza meg ilyen nyilvánvalóan az Írás. Továbbá, akár évek is eltelhetnek, sőt nemzedékek válthatják egymást az engedetlenség és a törvény foganatosítása (vagyis érvényesülése) között. Azt azonban tudnunk kell, hogy a Biblia szerint Isten nem csúfoltatik meg: amit vetünk, azt aratjuk (lásd Galata 6:7).

Isten parancsai, előírásai és utasításai jelentik a védőkorlátot életünk körül. Isten törvényeitől függ, hogy áldást vagy átkot, életet vagy halált kapunk, akár megírattak, akár nem, akár megértettük és betartjuk őket, akár nem (lásd 5 Mózes 30:19).

6.0 Átlépés a halálból az életbe

Itt, a földön a keresztények és a többiek is eldönthetik, hova utaznak: az élet vagy a halál, az áldás vagy az átok földjére. Mi döntünk. Aki engedelmeskedik Istennek, vagy legalább Isten korlátain belül él, az élvezheti az áldásokat. Akik engedetlenek Isten iránt, illetve nem tartják be az irányelveit, azok megtapasztalják, hogy a halál valamilyen formája belép az életükbe. Ez lehet a pénzügyek, a házasság, a kapcsolatok, a jó értelmi képesség és az érzelmi stabilitás hanyatlása, majd halála, vagy megnyilvánulhat betegségben, erőtlenségben, balesetekben, tragédiákban és még sok, más dologban. Isten parancsai, előírásai és törvényei az egész emberiségre vonatkoznak.

Ezek a törvények egyetemesek, ezért minden embernél működnek. Hasonlóképpen kormányozza Isten azokat is, akik a mennybe jutnak és azokat is, akik a pokolba tartanak. Itt a földön learatják engedelmességük gyümölcseit, vagy Isten magatartásunkat érintő irányelvei iránti engedetlenségük következményeit azok is, akik már kaptak üdvösséget, és azok is, akik még nem.

Dönthetőnk úgy is, hogy elfordulunk korábbi, nem elfogadható életmódunktól, és Isten akarata szerint fogunk élni. A legtöbb országban, ahol a történelem során a zsidó-keresztény erkölcs uralkodott, Isten viselkedési szabványait tükrözte a jogrendszer: az istentelen viselkedést úgy büntette a kormányzat, hogy az Isten szerinti életmódra bátorítson. A hívőket és a nem hívőket is sok szempontból egyformán arra terelgetik, hogy a halál útjairól térjenek az élet útjaira. Aki engedelmeskedik, élvezheti az ezért járó előnyöket és kiváltságokat.

Azt is eldönthetjük, hogy korábbi életünkről olyan utakra váltunk, amelyeket nem szabályoznak közvetlenül kormányzati törvények. Például, alkoholistává válni nem törvénytelen, amíg viselkedésünkkel nem veszélyeztetünk másokat, ez a magatartás mégis ellentétes Isten útjaival, valamint mi magunk, családunk és utódaink következő nemzedékei is mind megszenvedik engedetlenségünk gyümölcseit. Ha részesedünk abban a kiváltságban, hogy felismerjük: rossz úton járunk, akaratunkkal szembe fordulhatunk múltbeli viselkedésünkkel és eldönthetjük, hogy nem alkoholizálunk tovább.

A változás eldöntésére jó példa Jules Marine, az 1980-as évek igen sikeres motivációs szónoka, aki évekig alkoholista volt. Egyszer csak eldöntötte, hogy nem iszik tovább, hanem józanul él. Eltervezte, hogy ezért a döntésért és a józanság fenntartásáért azzal jutalmazza önmagát, hogy megtakarítja az összes pénzt, amit szeszre költött volna és vesz magának egy luxus Rolls Royce-ot. Amikor találkoztam vele, még mindig uralkodott a függőségén és a Rolls Royce-ban ült. Nem volt hívő, de eldöntötte, hogy minden nap ellenáll a függőségnek. Mivel nem ivott, megtarthatta és vezethette álmai autóját. Az alkohol felemésztette volna a pénzét, az autóvezetési kiváltságát és még sok egyéb dolgot is az életében.

Nincs mindnyájunkban akaraterő és képesség arra, hogy Jules Marine-hez hasonlóan gyűjtsünk vagyont, de mi is megszabadulhatunk a belénk ivódott bűnöktől, ha úgy döntünk, hogy megváltozunk (megtérünk). Már hitetlenként is naponta tudtunk harcolni függőségeink és bűnös természetünk ellen, hogy megmaradjunk az Isten szerinti életmódban és élvezzük ennek előnyeit.

Isten a keresztényeknek felkínál egy másik utat is. Ez hasonlóan kezdődik: felismerjük, hogy viselkedésünk helytelen. Ezért eldöntjük, hogy megváltozunk, vagyis szívből megtérünk, és ennek eredményeként elfordulunk a bűntől. Az Istennel kapcsolatban álló kereszténynek bocsánatot kell kérnie Mennyei Atyánktól, elismerve, hogy bűnösök vagyunk, mert áthágtuk parancsait. Ezt nevezzük bűnvallásnak. A bűnt bűnnek nevezzük, ahogyan Isten. Elismerjük, hogy Ő előírta a helyes viselkedést, de mi mást tettünk. Ezután a keresztény bocsánatot kér Jézus vére által, aki azért halt meg a kereszten, hogy magára vegye bűneink büntetését, s így nekünk ne kelljen elszenvednünk a kiérdemelt büntetést.

Joggal kérdezheted, miért fontos ez a második megközelítés, hiszen a keresztények és a nem keresztények is élvezhetik az Isten szerinti viselkedés gyümölcseit, és ehhez csak meg kell változni. A válasz ez: minden bűnért, Istenellenes viselkedésért halálbüntetés jár, a halál pedig Istentől való elválasztottságot jelent – földi, időleges értelemben, és szellemi, örökkévaló értelemben is.

Amikor elhagyjuk a bűnös életmódot, ez olyan, mintha kilépnénk egy mocsaras, sáros területről, és ráállnánk egy jó, aszfaltútra. A mocsárban nagyon nehezen haladtunk. A sár ellenállt a mozgásunknak és ráragadt a lábunkra, talán több centi vastagságban, de még amikor kievickélünk is az ingoványból, vastagon sáros, iszapos marad a cipőnk és továbbra is megnehezítheti a járásunkat, amíg meg nem tisztítjuk a bakancsunkat. A bűn ugyanígy ragad ránk.

Konkrétabb példa: ha bankrablásból éltünk, büntetést érdemlünk, még ha eldöntöttük is, hogy nem tesszük többé (vagyis megtértünk), és elfordultunk ettől az életmódtól. Ha még nem ültünk ezért, egész életünkben bujkálnunk kell, hogy le ne leplezzenek. Ahogyan a mocsaras területen megtett utunk hátráltatja járásunkat az aszfalton, a múltbeli bűneink is hozzánk tapadnak szellemileg és Isten rosszallásában maradunk, amit megérdemlünk. Lehet, hogy amint megváltozunk, elkezdjük átélni az Isten igaz útján járással járó előnyöket, de talán nehezen látjuk, élvezzük és tartjuk meg ezeket az áldásokat, mert még mindig aratjuk, amit bűnünkkel vetettünk. A nem hívők nem szabadulhatnak meg (tisztulhatnak, vagy gyógyulhatnak meg) múltbeli bűneikből, mert nem ismerik Jézust, s ezért nincs joguk Jézus drága vérét a szavaikkal bűneiknek és azok hatásainak eltávolítására alkalmazni.

7.0 Gyakorlati megvalósítás

Három lépéssel menekülhetünk meg a bűnnek (a halál birodalmának) időleges büntetésétől, hogy szabadok (tiszták) legyünk és igazul éljünk:

- Bűnvallás
- Bűnbánat vagy megtérés
- Bűnbocsánat

Bűnvalláskor elismerjük Isten és általában egy másik keresztény előtt, hogy vétkeztünk. Megnevezzük a bűnt Isten leírása szerint és egyetértünk Istennel abban, hogy rosszat tettünk. Fontos ezt egymás előtt megvallanunk, mert Isten ezt parancsolta.

„Valljátok meg bűneiteket egymásnak és imádkozzatok egymásért, hogy meggyógyuljatok: mert igen hasznos az igaznak buzgóságos könyörgése."

(Jakab 5:16)

Megtéréskor eldöntjük, hogy feladjuk régi viselkedésünket és Isten igaz útján járunk. Isten mondta, hogy szükséges más úton járnunk, ha újra az áldásaiban akarunk élni.

„Bánjátok meg azért és térjetek meg, hogy eltöröltessenek a ti bűneitek, hogy így eljöjjenek a felüdülés idei az Úrnak színétől."

(Cselekedetek 3:19)

„Most azért jobbítsátok meg a ti útaitokat és cselekedeteiteket, és hallgassatok az Úrnak, a ti Isteneteknek szavára, és az Úr megbánja a veszedelmet, amellyel fenyegetett titeket."

(Jeremiás 26:13)

A bűnbocsánattal jogi felmentést kapunk, tehát mentesülünk az Isten törvényében megszabott jogos büntetés alól. Ez csak akkor lehetséges, ha szóban alkalmazzuk magunkra Jézus vérét. Ez azt jelenti, hogy igényeljük, illetve segítségül hívjuk Isten gondoskodását, ami Jézus áldozatában, szenvedéseiben és kereszthalálában nyilvánult meg.

„A kiknek bűneit megbocsátjátok, megbocsáttatnak azoknak; a kikéit megtartjátok, megtartatnak."

(János 20:23)

8.0 Összefoglalás

Isten olyan bölcs és annyira szeret minket, hogy kijelentette nekünk útjait a Bibliában és megparancsolta, hogy éljünk azoknak megfelelően. Amikor engedelmeskedünk Isten parancsainak, akkor élvezzük ennek előnyeit. Ha engedetlenkedünk, az bűn. Ilyenkor könnyen érhet minket halál és pusztulás: a sötétség birodalmának rabszolgáivá válhatunk.

Bűnvallás, bűnbánat és a Jézus vére által lehetséges bűnbocsánat nélkül is elkezdhetünk valamelyest Istennek tetszőbb módon viselkedni, ha elég erős az akaratunk, vagy kedvezők a körülmények. Ekkor azonban továbbra is követ minket a halál, a pusztulás és a zaklatás a sötétség birodalmából. Végül minden bűn halálbüntetést hoz az elkövetőjére. Ez a szellemi törvény ugyanolyan biztos, mint hogy sáros lesz a lábunk, ha átsétálunk egy lápos, iszapos területen. A múltbeli bűneink okozta megterheléstől csak úgy menekülhetünk meg, ha egyenként, konkrétan megvalljuk őket. Ha ezt elmulasztjuk, számítanunk kell időleges problémákra (földi bajokra) és veszteségre az örökkévaló birodalmakban is (nem kapunk jutalmat és kiváltságokat a mennyben).

Még egy csodálatos áldás származik abból, ha bűneinket az Úrhoz visszük megvallással és megtéréssel, hogy bocsánatáért esedezzünk: megkérhetjük a Szent Szellemet, akit Segítőnek is neveznek, hogy erősítsen meg minket és segítsen, hogy ne essünk el újra abban a bűnben, amit igyekszünk elhagyni.

Tudnunk kell, hogy a 2. függelékben nem az üdvösségre koncentrálunk, hanem a bűnbocsánat elnyerésére fokuszálunk, mely Jézustól jön, aminek a következtében kapcsolatba kerülünk Vele, és végül a mennybe juthatunk. Itt bűneink földi következményeiről beszélünk és a mennyei jutalom elvesztéséről, ami konkrét, meg nem vallott bűneink következménye. Sokkal könnyebben érünk haza, ha lemossuk a bakancsunkat, miután kijutottunk a sáros, mocsaras rétről. Tudnunk kell, hogy mielőtt belépünk otthonunk ajtaján, úgy is meg kell tisztítanunk a lábunkat. A sáros bakancsban járás nem zárja ki a hívőt a mennyből, csak igen gyötrelmessé teszi földi életútját.

A szellemi kötelékek, amelyek megkötöznek minket

3. FÜGGELÉK

Eskük, szertartások és fogadalmak

Az eskük, szertartások és fogadalmak az erős kapcsolatok kialakításának alapelemei egyének között a földön és a szellemi világban is. Emberek között ezek a lépések létrehozhatnak jó vagy rossz célt szolgáló kölcsönös függést – ez az érintettektől és szívük szándékától függ, valamint attól, hogy miben állapodtak meg. Természetfölötti lényeknek is tehetünk esküt vagy fogadalmat és miattuk is részt vehetünk szertartásokon. Ilyenkor a másik fél lehet Isten, vagy a sötétség erői. Akár földi embereknek, akár szellemi lényeknek szánjuk oda magunkat, természetfölötti szálakból állnak az erő kötelei, amelyek a két felet egymáshoz rögzítik. A kötélnek Isten szellemi törvényei adnak erőt, amelyek minden természeti törvénynek is az alapját képezik.

Most azért vizsgáljuk ezeket az eskük, szertartások és fogadalmak során kialakuló természetfölötti köréseket, mert hosszú ideig fennmaradnak és szolgálják jó vagy gonosz céljukat. Szavainknak és tetteinknek, azaz esküinknek, szertartásainknak és fogadalmainknak szellemi erejük van ahhoz, hogy áldást vagy átkot hozzanak ránk. Isten azt mondja, hogy a földi életünkben kimondott minden szavunknak és minden tettünknek vannak szellemi következményei, és e korszak végén számot kell adnunk mindenről. Azért vagyunk felelősek minden földi szavunkért és tettünkért, mert erejük van ártani vagy áldani.

„*De mondom néktek: Minden gondatlan beszédért, a mit beszélnek az emberek, számot adnak majd az ítélet napján.*"

(Máté 12:36)

„*Mert nékünk mindnyájunknak meg kell jelennünk a Krisztus ítélőszéke előtt, hogy kiki megjutalmaztassék a szerint, a miket e testben cselekedett, vagy jót, vagy gonoszt.*"

(2 Korinthus 5:10)

A hamis vallásokban és kultuszokban is használnak esküket, szertartásokat és fogadalmakat, például a sátánizmusban, a boszorkányságban és az okkult csoportokban, hogy minden résztvevőt összekössenek egymással és a sötétség erőivel. Ezek a kötelékek a szellemi világ Sátán alá tartozó részének jogot adnak arra, hogy a sötétség kormányzataként irányítsák mindazokat, akik ezekben a tevékenységekben részt vettek önként, vagy akaratlanul. Továbbá, ez a sötét kormányzat más emberek és földi szervezetek irányítása alá is helyezi az áldozatait.

A jelen könyv témáját tekintve: a kommunizmus erejét azok az eskük, szertartások és fogadalmak szilárdították meg, amelyekben az iskolákban vettek részt a diákok, a gyermekszervezeteken belül: a kisdobosok, az úttörők és a KISZ-esek között. Ugyanígy bővült tovább ez a hatalom a pártban, a fegyveres testületekben, a civil szerveződésekben, valamint a gyárakban, TSZ-ekben és egyéb szervezetekben.

Az eskük, szertartások és fogadalmak erejének a megtörése

Négy kezdő lépés segítségével indulhatunk el a szabadság felé az alól a hatalom alól, ami alá helyeztük magunkat ezekkel az eskükkel, szertartásokkal és fogadalmakkal. A minket egyénekhez, csoportokhoz és gonosz szellemekhez kötő helytelen kapcsolatokból a következő lépések által kezdhetünk kiszabadulni:

- Megtagadjuk az esküket, szertartásokat és fogadalmakat.
- Megvalljuk az ezekhez kapcsolódó bűnöket.
- Megbánjuk ezeket a bűnöket (és bocsánatot kérünk Istentől ezekért a vétkekért).
- Bocsánatot nyerünk Jézus nevében (*ezt általában az az újjászületett hívő hirdeti ki nekünk, aki segít végigimádkoznunk ezeket a kérdéseket).

*„A kiknek bűneit megbocsátjátok, megbocsáttatnak azoknak; a kikéit megtartjátok, megtartatnak."

(János 20:23)

A fenti folyamat Jézus vére által megszünteti az ellenség jogos követeléseit az életünkkel szemben és lehet, hogy azonnal megkönynyebbülünk, de nem biztos. Ehhez általában még két további lépés szükséges:

- Fel kell szabadulnunk a lelki kötelékek alól, amelyek annak a csoportnak a tagjaihoz fűznek minket, amelyhez tartoztunk (lásd alább a lelki kötésekről szóló részt).
- Meg kell szabadulnunk a bűnös tevékenységünkhöz kötődő minden gonosz szellemtől, amelyek a kiképzésünkön és a csoport bűnös tevékenységein és céljain keresztül jöttek be az életünkbe (lásd a *Szabadító szolgálat* című 6. függeléket).

Szükséges lehet az is, hogy belső gyógyulást kapj az emlékeidre és az érzelmeidre, valamint azokra a sérülésekre, amelyek a lelkedet és a szellemedet megsebezték a csoporton belül téged ért esetleges visszaélések miatt. Ezek gyógyító hatású lépések, miután felszabadultál a kötelékek alól, amelyeket az eskük, a szertartások és a fogadalmak helyeztek rád. Hívd be Jézust minden sebzett területre, hogy meggyógyítson Szent Szelleme által!

Lelki kötelékek

Mi az a lelki kötelék?

A különböző egyének között lehetséges szellemi kapcsolat vagy kötés egyik formája, amit meg kell vizsgálnunk. Amint már fentebb tárgyaltuk, ezek a kötelékek szolgálhatnak előnyünkre vagy kárunkra. Például Jonatán és Dávid esetében Isten szerinti kötelékről beszélhetünk.

"Minekutána pedig elvégezte a Saullal való beszélgetést, a Jonathán lelke egybeforrt a Dávid lelkével, és Jonathán úgy szerette őt, mint a saját lelkét."

(1Sámuel 18:1)

Erőteljes lelki köteléket láthatunk Jákob és Benjámin között is.

"Ha tehát most visszamenéndek a te szolgádhoz, az én atyámhoz, és e fiú nem lesz velünk, mivelhogy annak lelke (élete – héberül nephesh) ennek lelkéhez (életéhez – héberül nephesh) van nőve" (kötve, kötözve – héberül qashar)...

(1 Mózes 44:30, zárójelbe tett magyarázatok a szerzőtől)

A lelki kötelék kialakulása

Lelki kötelékek számos módon létrejöhetnek. Mindegyik az egyének között meglévő erős szellemi kapcsolat eredménye. A gyümölcse vagy áldás és segítség, vagy átok és kontroll. A lelki kötelékek létrejöttének néhány példája:

- Erős, Isten szerinti kapcsolatok – szülők és gyermekeik, testvérek és más közeli, fontos családtagok, mondjuk nagyszülők között.
- Erős közös átélések révén, pl. katasztrófák, balesetek, kínzás, erőszak stb..

- Szexuális érintések és közösülés által – házasságon belül és kívül is.
- Szertartásokon történő közös részvétellel – például a beavatásra kerülő, és azok között, akik vezetik az esküt szertartásoknál, fogadalmaknál, illetve lebonyolítják azokat.

Szexuális úton kialakuló lelki kötelékek

Isten Szava szerint, amikor egy férfi és egy nő szexuálisan egyesül, „egy testté" válnak, szellemileg összekapcsolódik (összekötődik) a lelkük.

„Annakokáért elhagyja a férfiú az ő atyját és az ő anyját, és ragaszkodik feleségéhez: és lesznek egy testté."
(1 Mózes 2:24)

Ez a szexuális egyesülésben létrejött szellemi kapcsolódás a házassághoz szükséges mély elkötelezettség és kölcsönös függés alatt húzódik meg. Segíti a férfi és nő együttműködését egy életen át, hogy sikeresen felneveljék gyermekeiket az Úrnak, jól gondoskodjanak egymásról, és eredményesen végrehajtsák az Úrtól kapott feladataikat.

Minden szexuális egyesüléskor (beleértve más, erősen szexuális jellegű cselekedeteket is) életünk végéig tartó lelki kötelékeket hozunk létre, illetve erősítünk meg egy másik emberrel, akár van közöttünk házassági elkötelezettség, akár nincs. Az 1 Mózes 34:3-ban azt olvassuk, hogy Sekhemnek, a khivveus Khámor fiának a lelke kötődött Dínához, Jákob lányához, akit megerőszakolt.

„Avagy nem tudjátok-é, hogy a ki a paráznával egyesül, egy test vele? Mert KETTEN LESZNEK, úgymond, EGY TESTTÉ."
(1 Korinthus 6:16, kiemelés a szerzőtől)

A házasságon belül szexuális módon létrejött lelki kötelékek Isten áldásának a forrásai. A bűnös eredetű, szexuális módon létrejött lelki kötelékek azonban az átkok élethosszig fennálló utánpótlási útvonalai és démoni befolyást hozhatnak mindkét érintett életébe. Ha később összeházasodunk azzal, akivel már volt erkölcstelen szexuális kapcsolatunk, ez nem szünteti meg, nem töri meg és nem változtatja jóvá a házasság előtt már létrejött Istenellenes szexuális köteléket. Ebben az esetben a házasság csupán létrehoz egy másik, immár Isten szerinti lelki köteléket ugyanazok között a felek között, akik között már működik Istenellenes, átkokat termelő lelki kötelék.

Sok ősi, pogány vagy misztériumvallás beavatási szertartásainak részét képezték szexuális cselekedetek. Az imádási szertartások növelték a kontroll erejét a résztvevők élete fölött. A sátánizmusban, a boszorkányságban és más okkult tevékenységekben még ma is fennállnak ilyen gyakorlatok.

Szabadulás az Istenellenes lelki kötelékektől

Mindez rossz hírként hangozhat, de ez csak egyik a bűn sok ára közül, amit meg kell fizetnünk. Másrészt, feltétlenül jó hír az, hogy Krisztus meghalt a kereszten a bűneinkért. Jézus vére megváltást kínál e bűnös csapdából. Ez a megváltás elérhető a Krisztus Jézusban hívő, újjászületett emberek számára. Amikor a Szent Szellem meggyőz minket szexuális bűneinkről, megszabadulhatunk, ha készen állunk elhagyni ezeket a bűnöket és megtagadni a gyönyört, amit okoztak. Az eljárás a következő:

Az átok jogi alapjának megszüntetése

- Tudatosodik bennünk, hogy szexuális bűnt követtünk el.
- A szellemünkben meggyőz az Úr és mi egyetértünk azzal, amit Ő mond a szexuális bűnünkről.
- Megtagadjuk a gyönyört, amit ez a bűn okozott.
- Sokszor meg kell bocsátanunk ezt a bűnt önmagunknak és szexuális partnerünknek is.

FÜGGELÉK

- Minden egyes partner vonatkozásában, akivel szexuális bűnbe keveredtünk, külön-külön megvalljuk ezeket a bűnöket.
- Megtérünk minden egyes esetből, partnerenként, akikkel szexuális bűnt követtünk el.
- Miután valóban megtettük ezeket a lépéseket, a lelkigondozónk bocsánatot hirdet nekünk minden bűnre Jézus Krisztusnak a kereszten kiontott vére – golgotai engesztelő halála – által.

A fentiek közül az utolsó négy lépést a legjobb egy tanítványképző vagy lelkigondozói alkalmon megtenni, legalább egy, de inkább két megbízható, újjászületett keresztény jelenlétében, aki tudja, hogyan kell Isten szavával szolgálni imádkozva, és a lelkigondozás ajándékán belül. Az ilyen segítő ismeri és tapintatosan tudja használni saját hatalmát Krisztusban. Legalább az egyik lelkigondozód legyen veled azonos nemű (tehát férfiaknak férfiak, nőknek nők szolgáljanak)!

Az Istenellenes lelki kötés eltávolítása

Az első hét lépés megtétele után olyan állapotban vagyunk, hogy Jézus elveheti az Istenellenes lelki köteléket és kiűzhet minden démont, amely élt a lehetőséggel és a joggal, amit a szexuális bűn biztosított neki. A kívánt szabadságot elérhetjük a következő lépésekkel:

- Az imádkozó lelkigondozó megkéri Jézust[16], hogy a szexuális partnerek lelkének minden részét, ami bűnös módon egymáshoz kötődött, küldje vissza ahhoz a félhez, akihez tartozik. Heteroszexuális kapcsolatoknál arra kérjük Jézust, hogy a nő minden részét küldje vissza a nőbe, a férfi minden részét

---

16 *Fontos: jóllehet, ezt a folyamatot Istenellenes lelki kötelékek elvágásaként írjuk le, mi magunk nem alakíthatjuk vagy mozgathatjuk egy ember lelkét egyik helyről vagy állapotból a másikba. Ez varázslás lenne! Isten ahhoz adott nekünk erőt a szolgálatban, hogy megbocsássuk a bűnöket, tanácsoljuk, gyógyulást hozzunk és démonokat űzzünk. Ezért kérjük Jézust arra, hogy állítsa helyre a bűnös lelkét olyan állapotba, amilyenben a (most kezelt) szexuális bűn elkövetése előtt volt*

pedig a férfiba (homoszexuális kapcsolatok felszámolásakor is ugyanígy járunk el a felekkel).

- Ezután a lelkigondozó azonnali távozást parancsol minden gonosz szellemnek, amely az Istenellenes lelki köteléken keresztül jött be a lelkigondozottba (lásd a szabadulásról szóló 6. függeléket).

Amikor más bűnök, mondjuk kontroll és leuralás, bántalmazás, vagy szertartások, eskük és fogadalmak miatt létrejött lelki kötelékek elvágásáért imádkozunk, a szolgálati folyamat igen hasonló a szexuális bűnök esetén használthoz. A lelkigondozottnak meg kell bocsátania önmagának és azoknak, akik vele együtt követték el a bűnt, vagy akik megsérülését okozták. Meg kell tagadnia minden istentelen esküt és szertartást is, amelyben részt vett, és meg kell semmisítenie minden anyagot és tárgyat is, ami a beavatás révén került a tulajdonába, aminek alávetette magát.

4.

Bálványimádás

FÜGGELÉK

A világot kormányzó szellemi törvények című 2. fejezetben megismertük a bálványimádás törvényét a hamis vallások vonatkozásában. Aztán a 8. fejezetben, amelynek a címe *Foglyok*, felfedeztük, hogy az egykori Szovjetunióban gyakorolt kommunizmus egy hamis vallás formáját mutatta, s ezért megnyitotta a bálványimádás ajtaját a szellemi és fizikai kötelékek előtt.

Ebben a függelékben a bálványimádást tágabb értelmében vizsgáljuk. E rövid, fogalmi tanulmány célja az, hogy segítsen ráébrednünk más megtévesztésekre, amelyek csapdájába beleeshettünk. Ha meg akarunk menekülni a bálványimádás hatalmától, először meg kell látnunk, hogyan hatott ránk. Ha ezt a hatást el akarjuk kerülni a jövőben, fel kell ismernünk azt különböző formáiban. Amikor nem látjuk meg, vagy nem ismerjük fel a bálványimádást, az áldozatává válhatunk. Vizsgáljunk hát meg néhány alapfogalmat!

A 2 Mózes 20-ban olvasható *Tízparancsolatból* az első kettő a bálványimádásról szól. Isten azt mondja, ne tegyük, mert árt. Mégis úgy tűnik, hogy a világon a bálványimádás az első számú probléma. Nekünk, keresztényeknek talán egyértelmű, hogy bálványimádás leborulni egy szobor, egy képmás vagy egy hamis isten előtt, de beleeshetünk a bálványimádás rejtettebb változataiba: megtéveszthetnek vagy becsalogathatnak azokba, és végül a befolyásuk alá kerülhetünk.

Mi a bálványimádás?

Minthogy megtévesztően hathat, a biztonság kedvéért meg kell kérdeznünk: mi is a bálványimádás? Többek között úgy is beleeshetünk ebbe a bűnbe, hogy nem ismerjük fel. Lehet idegen istenek, talán fa vagy fémszobrok imádása, de a bálványimádásnak ez a formája a legtöbb keresztény számára elég nyilvánvaló.

Ha más formát ölt, csapdába ejthet minket a bálványimádás azzal, hogy odavezet **valakihez**, **valamihez**, egy **folyamathoz** vagy egy **anyaghoz**, amitől azt szeretnénk megkapni, amit Isten akar nekünk adni. A bálványimádás gyakorlatának általános alap-meghatározása mondjuk így szólna: ha Istenen kívül bármi mástól várunk el valamit, amit Isten akar nekünk adni. Íme, néhány példa:

Egy anyag: dohány, alkohol, kábítószer, stb.
Bálványimádás, ha cigarettával vigasztaljuk magunkat. Isten a minden vigasztalás Istene, és a Szent Szellemet is nevezik, többek között Vigasztalónak. Az anyagokkal való visszaélés testi halálhoz is vezet. Tehát anyagok helytelen használata az öngyilkosság bűnébe torkollik.

Egy folyamat vagy tevékenység – ha bármely tevékenységet azért végzünk, hogy vigaszt vagy békességet nyerjünk életünk olyan területein, amelyeken a múlt vagy a jelen nehézségei miatt épp szorongás, fájdalom vagy feszültség van bennünk, igen valószínű, hogy az a tevékenység számunkra bálványimádás.

Az egyik ilyen bálványimádó gyakorlat az önkielégítés. A Szent Szellemtől meggyőzve a legtöbb keresztény rájön, hogy ez helytelen tevékenység. Az emberek általában titokban végzik, és nem beszélnek róla másoknak. Ha te is helytelennek érzed, és titokban csinálod, ebből tudnod kell, hogy bűn. Az a baj, hogy az egyház nem foglalkozik a megfelelő módon ezzel a jelenséggel, mert egyetlen Ige sem említi konkrétan az önkielégítést.

Egyszer egy ifjú hölgyet lelkigondoztunk, aki megkérdezte, hogy rossz dolog-e az önkielégítés. Noha éreztük, hogy igen, nem tudtuk, mit feleljünk. Halk imával kétségbeesetten Istenhez kiáltottunk, hogy adja meg a helyes választ. Ő azonnal megnyugtatott minket, hogy valóban helytelen gyakorlatról van szó, mert kimeríti a bálványimádás bűnének a fogalmát, hiszen önmagát vigasztalja vele az ember ahelyett, hogy Istenhez folyamodna a vigaszért és békességért, amit Ő akar neki adni.

Az önkielégítéssel van egy másik bűnprobléma is: a legtöbben elképzelnek egy ellenkező nemű partnert önkielégítés közben, és így beleesnek egy hasonló bűnbe, a pornográfiába, amiben szerepet kapnak a képek. A Biblia szerint már az házasságtörés, ha úgy nézünk rá valakire, aki nem a házastársunk, hogy elképzeljük vele a szexuális tevékenységet. Tehát az önkielégítés legalább két bűnös területet érint: a bálványimádást és a házasságtörést.

Anyagiasság – ha a dolgok vagy a pénz birtoklása vagy megszerzése beárnyékolja a kapcsolatunkat Istennel, a házastársunkkal vagy a családunkkal, meg kell vizsgálnunk, mi történik velünk. Nem olyan szükséget töltünk-e be ezzel önmagunkban, amit Isten akar megoldani? Ilyenkor könnyen bálványimádásba eshetünk. Ezen a területen a másodlagos bűn az, hogy helytelen módon használjuk fel az időnket és a pénzünket, s így elhanyagoljuk a (fizikai és gyülekezeti) családunkat – hátrányba kerülnek szeretteink, akikért Isten parancsa szerint felelősek vagyunk.

Egy ember vagy csoport. Bálvánnyá tehetjük hitvesünket, gyermekeinket, családunkat, az egyetemet, a munkánkat vagy a kedvenc csapatunkat. Mindegyik álruhában lévő esetleges bálványt ugyanúgy ismerhetjük fel: ezekre figyelünk Isten helyett, és ezektől várjuk szükségeink és kívánságaink kielégítését, nem Istentől? Ha igen, akkor meg kell tagadnunk ezt a bűnt, meg kell vallanunk, mint bálványimádást és Istenhez kell kiáltanunk, hogy bocsásson meg nekünk Jézus vére által (lásd még a *Szabadító szolgálat* című 6. függeléket).

Hamis istenek. Bálványimádás, ha két- vagy háromdimenziós képmásokat imádunk, vagy egyszerűen a mögöttük húzódó neveket vagy szellemeket. Ezek a bálványok lehetnek a szellemi világ lakói (a második égből – lásd 1. függelék), vagy olyan emberek képei, akik éltek a földön, pl. Buddha, Konfucius, Lenin, Sztálin, Mao elnök, vagy már halott bibliai szereplők, mint Szűz Mária vagy Szent Péter.

Áttekintés

Klasszikus értelemben bálványimádás az, ha egy olyan személyt ábrázoló szobrot vagy képet imádunk, aki a szellemi világban él, de a bálványimádás többről is szólhat, mint hogy megkérsz egy hamis istent (gonosz szellemet), hogy adjon növekedést a vetésednek vagy feleséget a fiadnak, esetleg adjon egészséget, üzleti sikert, stb.

A bálványimádás, a maga számos formájában, lopva is bekúszhat az életünkbe. A bálványimádás szellemei mindig együtt dolgoznak a megtévesztés és a gúnyolódás szellemeivel. Isten azt akarja, hogy ne ezekhez, hanem Hozzá jöjjünk minden szükségünk betöltése érdekében.

A bálványimádás átkai

A bálványimádás kapta az első két helyet a *Tízparancsolatban*. Amikor beleesünk ebbe a bűnbe, átkot vonunk magunkra, ami behatol a családtagjainkba is a minket követő negyedik nemzedékig (2 Mózes 20).

A Zsoltárok 135:15-18. részletezi az átkok némelyikét, amelyek ránk és családunkra szállnak a bálványimádás gyakorlata miatt. Ezek az átkok hatnak városokra és nemzetekre is.

„A pogányok bálványai ezüst és arany, emberi kezek alkotásai. Szájuk van, de nem beszélnek, szemeik vannak, de nem látnak; Füleik

vannak, de nem hallanak, és lehelet sincsen szájukban! ***Hasonlók lesznek hozzájuk alkotóik is, és mindazok, a kik bíznak bennük.***"

(Zsoltárok 135:15-18, kiemelés a szerzőtől)

Első olvasásra úgy tűnik, hogy ezek a versek magukat a bálványokat írják le, de a 18. versből kiderül, hogy a bálványimádókon megjelennek ugyanezek a vonások. Ezeknek a tulajdonságoknak két formáját kell most megvizsgálnunk:

- Bűnünk hosszú távú hatását hordozzuk a testünkben.
- A bálványimádás átkának szellemi hatásait is le kell aratnunk.

A fizikai hatás lehet nehézség a beszéd terén: a hétköznapi kifejezési képességünkben vagy a nyelveken szólásban. Romolhat a testi vagy szellemi látásunk vagy hallásunk. Sok légzési nehézség kötődik a bálványimádáshoz, pl. az asztma, allergiák, a tüdőtágulás, a tüdőrák, stb. A 115. Zsoltárból kiderül, hogy a bálványimádás járási nehézségekhez (azaz a lábfej, a boka és a lábszár betegségeihez) és kéz problémákhoz is vezethet. A fizikai bajok gyakran azokat a területeket támadják meg, amelyek részt vettek a bálványimádó tevékenységben: a térdeket, amelyek meghajoltak a bálványok előtt, az ajkakat, amelyek a szobrokat, a gyűrűket és az amuletteket csókolgatták, a lábfejet, amelyről levettük a cipőnket, hogy meglátogassuk egy hamis vallás templomát (akár városnézés közben).

A bálványimádás szellemi hatásai sokszor felszínre kerülnek imaszolgálat közben, akár az vett részt bálványimádásban, akiért imádkozunk, akár valamelyik családtagja. Amint elkezdünk gyógyulásért imádkozni, valami a szellemi világból erőt vesz a lelkigondozotton, aki ettől talán képtelen lesz mozogni, látni vagy hallani, mert a bálványimádás szellemei feltárulkoznak és megmutatják erejüket. Megismétlem: ezek a szellemek a bálványimádás bűnei és az azokat kísérő átkok miatt kapnak engedélyt arra, hogy hatalmat gyakoroljanak egy ember fölött. Mindezek a fizikai és szellemi hatások megszűntethetők imaszolgálattal.

A bálványimádás eltörlésének alaplépései

- Először is fel kell ismernünk, melyik tevékenység a bálványimádás, illetve meg kell látnunk, hogy azzal van dolgunk.
- Azután meg kell vallanunk, hogy részt vettünk, illetve családunk részt vett bálványimádásban.
- Ezután meg kell térnünk a bálványimádó gyakorlat(ok)ból.
- Majd át kell vennünk Isten bocsánatát, amit Jézus nevében az a szolgáló hirdet ki nekünk, aki imádkozik értünk.
- Ezt követően ki kell űzni a bálványimádás minden szellemét (távozást kell parancsolni nekik).

Napjainkban, a saját múltunkban és családunk közelmúltbeli nemzedékeiben is (négy generáción belül) sok forrása lehet a szervezett bálványimádásnak, különösen vallási alapon:

- buddhizmus
- hinduizmus
- mormonizmus és más kultuszok
- szabadkőművesség
- halott szentek imádása, elhunyt barátaink vagy családtagjaink megidézése szeánszokon
- kommunizmus – talán nem hittük el, amit mondtak nekünk, de ha együttműködtünk a rendszerrel, mint kisdobosok, úttörők, KISZ-tagok vagy párttagok, ezzel leborultunk a kommunizmus bálványai előtt.

Hogyan találjuk meg önmagunkban a bálványimádás lehetséges gyökereit

A bálványimádás néhány gyümölcse az életünkben, amelyeket jelenleg is tapasztalhatunk – a testi betegségeken kívül:

- Olvassuk a Bibliát, de nem tudunk igazán figyelni rá.
- Álmosak vagyunk a gyülekezetben és nem értjük túl jól az eseményeket.
- Talán tényleg nagyon nehezen halljuk Isten hangját.
- Szeretnénk nyelveken szólni, de nem tudunk.
- Úgy tűnik, nem tudjuk gyakorolni a szellemi ajándékokat.
- Be akarunk merülni Szent Szellembe, de valahogy nem jön össze, amikor imádkoznak értünk.

5. Időleges kontra örök
FÜGGELÉK

Ki, mit, hol és mikor?
Isten beszél az anyagi teremtett világra (az univerzumra) és a mennyei, örökkévaló világokra vonatkozó dolgokról is (lásd 1. függelék, 8.2. szakasz: *A harmadik ég*). Istent azonban nem mindig könnyű megérteni; szükség lehet imára, képzésre, Istennel kapcsolatos tapasztalatra és eltökéltségre. Megesik, hogy saját korlátaink miatt könnyen félreértjük Őt. Ebben a függelékben két olyan kérdést vizsgálunk meg, amelyek a bizonyos bibliai részek értelmezése körüli zűrzavart tükrözik:

1. Félreérthetjük, melyik földi időszakról beszél Isten
2. Félreérthetjük, hogy melyik helyre gondol Isten: azt gondoljuk, hogy a földről beszél, amikor mennyei (örök) dolgokra utal.

„Mivelhogy nem a láthatókra nézünk, hanem a láthatatlanokra; mert a láthatók ideig valók, a láthatatlanok pedig örökkévalók."

(2 Korinthus 4:18)

A Föld
Mivel földi emberek vagyunk, földi átéléseink szemüvegével nézünk. Ezért helytelenül a földi életünkre vonatkoztatunk néhány állítást Isten Szavából, amelyek a mennyei világokat írják le.

Isten a Földön helyezett el minket, ezen az apró bolygón, amely a Tejút nevű galaxis egyik kis csillaga körül kering ebben a hatalmas világmindenségben. Anyagi világunkban az idő rendezett módon telik: mindegyik másodperc követi az előzőt, de ezt az anyagi mindenséget a maga összes, Istentől rendelt fizikai törvényével együtt körülveszik, beburkolják és átitatják (lefedik) a szellemi birodalmak, amelyekben másként mérik az időt és a teret is, és amelyek semmilyen felismerhető módon nem függnek össze a teremtett anyagi univerzummal. Ha összehasonlítjuk a szellemi világot a földivel, azt látjuk, hogy ezer év olyan, mint egy nap, és egy nap olyan, mint ezer év (2 Péter 3:8). A két világ nagyon különbözik egymástól. Túl sokszor próbálunk „segíteni" Istennek azzal, hogy az Írás feltételezett „ellentmondásaira" természetes magyarázatot adunk anélkül, hogy értenénk a dolgokat. Csak a mi értelmünkben vannak ellentmondások – Isten Beszédében nincsenek.

Isten azért adta nekünk Szavát, a Bibliát, hogy segítsen megértenünk az anyagi és a mennyei világokat, miközben kijelenti nekünk saját személyét, jellemét, célját, terveit és alapelveit. Azt reméli és tervezi, hogy fel tud készíteni minket eljövendő életünkre, amit a mennyei világokban élünk majd Vele együtt. Ennek a felkészülésnek a Földön kell lezajlania.

„*És ha Atyának hívjátok őt, a ki személyválogatás nélkül ítél, kinek-kinek cselekedete szerint,* **félelemmel töltsétek a ti jövevénységetek idejét.**"

(1 Péter 1:17, kiemelés a szerzőtől)

Isten kijelentett igazságainak némelyike mai, földi körülményeinkre vonatkozik, mások pedig a jövőre szólnak. Ismét mások nem erre a Földre utalnak, hanem a jövendőbeli, új Földre. Vannak olyan bibliai állítások is, amelyek egyáltalán nem a Földre, hanem a mennyei birodalmakra értendők.

Úgy érezzük, azt a legfontosabb megértenünk, amit Isten a jelenlegi és jövőbeli állapotunkról fejt ki, meg arról, hogy hogyan váljunk Hozzá hasonlóbbá. Igéjét lámpásnak szánta a lábunk elé, ami megvilágítja jelenbeli elhívásunkat és az Őfelé vezető ösvényünket (jövőbeli utunkat – Zsoltárok 119:105). Most vizsgáljunk meg néhány Igerészt, és közben határozottan próbáljuk kerülni a földi jellegű gondolkodást!

Prófétai jövő

A Bibliában Isten prófétai szolgái és szolgálóleányai beszélnek jövendőbeli körülményekről, amikor vagy amelyek közepette Isten megtesz valamit; így írják le azt is, hogy milyen lesz a helyzet, miután majd Isten elvégez valamit a jövőben. Ezek a férfiak és nők a prófétai jövőről beszéltek. Például a 4. fejezetben, melynek címe *A család bűnei*, felfedeztük, hogy a Jeremiás 31:27-34-ben Jeremiás nem saját kora körülményeiről beszél (a földi időt, avagy a naptárt tekintve). Isten elrepítette őt a jövőbe egy látomásban, hogy meglássa, milyen lesz majd Izrael. Jeremiás egy eljövendő kort látott, „ama napokat", amelyek az ő ideje után következnek, sőt a miénk után. Ezek az események még váratnak magukra földi szinten.

Prófétai múlt

A próféta beszélhet eljövendő eseményekről úgy, mintha már megtörténtek volna. Amikor megtörténnek, múlttá válnak. Ézsaiás több mint ötszáz évvel Krisztus születése előtt írt úgy, mintha Jézus már megszületett és meg is halt volna a vétkeinkért. Látomásban Isten elvitte Ézsaiást a jövőbe, hogy álljon ma, mellettünk és visszatekintsen arra, amit Krisztus kétezer évvel ezelőtt tett értünk:

„És ő megsebesíttetett bűneinkért, megrontatott a mi vétkeinkért, békességünknek büntetése rajta van, és az ő sebeivel gyógyultunk meg."

(Ézsaiás 53:5)

Minthogy Isten az időn belül és kívül is van egyszerre, bármilyen szögből megmutathatja nekünk a dolgokat, tetszése szerint. Ő mindent egyidőben lát, az elejétől a végéig, az időben és azon túl.

A mennyei és a földi nézőpont összevetése

Az Efézus 2:6-ban látunk példát arra, amit prófétai jövőnek is nevezhetnénk. Valójában a mennyei világba pillanthatunk bele, ahol már minden megtörtént:

> *"És együtt feltámasztott és együtt ültetett a mennyekben, Krisztus Jézusban."*
>
> (Efézus 2:6)

Ez egy mennyei állítás. A földi idő egymásutániságában még nem jutottunk a mennybe és nem ülünk Krisztussal a mennyei helyeken, de Isten, aki a mennyei helyeken van az időn kívül, az idő teljességét látja önmaga előtt kiterítve, és így nézve már minden megtörtént (lásd a példát az 1. függelék 8.2 szakaszában). A mennyei világok egymást átfedve és egymással párhuzamosan alkotják Isten birodalmát. Isten szempontjából már ott ülünk Krisztussal a mennyben. A mi szempontunkból még itt élünk a földön, nem érzékeljük és nem éljük át a mennyet, csak annyit tudunk róla, amit a Bibliában olvasunk.

Könnyebben elképzelhetjük az időnek és térnek ezt a kettőségét, ha egy kitalált íróra gondolunk, aki könyvet írt olyan eseményekről, amelyek a múltban kezdődtek, de továbbnyúlnak a jövőbe. A kézirat ott hever az asztalon a szerző előtt. A történet szempontjából már megtörtént a múlt, a jelen és a jövő is, mert a könyvben szereplő idő nem kapcsolódik a mi időnkhöz. A szerző mindent tud az első oldaltól az utolsóig, hiszen ő alkotta a történetet. Ha akarja, változtathat az eseményeken, a végkifejleten, a történések időzítésén, sőt az egyes szereplők életének a hosszán és a jutalmon is, amit elnyernek. A szereplők nem lépnek ki a történetből, nem szakadnak el a könyv lapjaitól, és nem ténykednek kedvük szerint a szerző világában. Mi, földlakók sem látogathatunk a mennybe kedvünk szerint.

Az üdvösség folyamata

Sokan úgy hiszik, hogy a megváltás azonnal a miénk, amikor elfogadjuk Krisztust (lásd 1. függelék 2-3 szakaszok). Sokan arról is meg vannak győződve, hogy ennek a feltételezés szerint azonnali üdvösségnek a pillanatában rögtön betöltekezünk Szent Szellemmel is. Mindkét nézet megrekeszti növekedésünket Krisztusban. Valóban igaz, hogy amikor hitre jutunk, megigazulunk: igaznak tekintenek minket a mennyekben (Róma 10:9), tehát attól a perctől kezdve biztosak lehetünk az üdvösségünkben (Róma 10:13), vagyis abban, hogy az örökkévalóságot Istennel fogjuk tölteni. Isten szempontjából és a mi földi nézőpontunkból is elmondhatjuk azonban, hogy az üdvösség kimunkálása folyamat, amely földi életünk végéig tart (2 Korinthus 2:15 és Filippi 2:12). Ez akkor is igaz, ha csak néhány percig élünk, ahogy a kereszten lévő latornál látjuk (Lukács 23:42-43) és akkor is, ha száz évnél is tovább élünk.

Az egyén szempontjából az üdvösség olyan, mint egy város felújításának a folyamata. Egy leendő beruházó kiválaszt egy telket, amire építeni szeretne. A telken áll egy romos épület, amelyben mindenféle törvénytelen tevékenység zajlik. A beruházó megvásárolja a területet és körülveszi egy magas kerítéssel. Aztán bontani kezdi a régi építményt, mielőtt felépíti az újat. A régi rom eltűnik, az alap egy részét felújítják, más pontokon új alapot fektetnek, aztán az egészet kiöntik vasbetonnal. Végül kezdődhet az építkezés.

Amikor hitre jutottunk, tele voltunk bűnnel és helytelen cselekedetekkel, mint a régi rom. Krisztus azonban már ezt megelőzően meghalt (kifizette az árat) értünk, amikor még halottak voltunk vétkeinkben és bűneinkben (Efézus 2:1-10).

Amint elhittük az üdvösség üzenetét, Isten elpecsételt minket, mint saját – körülvett jelenlétének kerítésével – és a Szellemével védeni kezdett minket. Ezután elindította bennünk lebontó és megújító megváltási munkáját.

„A kiben ti is, minekutána hallottátok az igazságnak beszédét, idvességetek evangyéliomát, a melyben hittetek is, megpecsételtettetek az ígéretnek ama Szent Lelkével, A ki záloga a mi örökségünknek Isten tulajdon népének megváltatására, az Ő dicsőségének magasztalására."

(Efézus 1:13-14)

Ez az elpecsételés az életünkben nem azonos a Szent Szellem keresztséggel, avagy a Szent Szellemmel történő betöltekezéssel (1. függelék, 5.3 szakasz), amikor Jézus betölt (felruház) minket felülről való erővel.

A bűn időleges hatása a hívő életében

Először nézzük meg, milyenek voltak Pál apostol tanítványai! Pál az Efézusi gyülekezethez tartozó hívőknek írt, akikről tudta, hogy hűségesen megmaradtak Isten tanítványképző programjában.

„Azért immár nem vagytok jövevények és zsellérek, hanem polgártársai a szenteknek és cselédei az Istennek, Kik fölépíttettetek az apostoloknak és prófétáknak alapkövén, lévén a szegletkő maga Jézus Krisztus, A kiben az egész épület szép renddel rakattatván, nevekedik szent templommá az Úrban; A kiben ti is együtt építtettek Isten hajlékává a Szellem által."

(Efézus 2:19-22)

Pál a korinthusi gyülekezetnek is írt, ahol apostoli csapatával egy évnél jóval hosszabb időt eltöltött: személyesen képezték tanítvánnyá a hívőket. Intette az ottaniakat, hogy kezeljék egymást annak megfelelően, amivé Isten tette őket Krisztus megismerése által, ne pedig a szerint, akik azelőtt voltak:

„Azért ha valaki Krisztusban van, új teremtés az; a régiek elmúltak, ímé, újjá lett minden."

(2 Korinthus 5:17)

Ez mennyei kijelentés a földi tanítványok mennyei identitásáról (avagy állapotáról). Noha test szerint ugyanúgy néznek ki (olvasd el az egész részt!), a menny szempontjából mások lettek. Pál nem azt állítja, hogy már itt a földön befejeződött a megszentelődésünk (avagy a megváltás folyamata az életünkben), hiszen az életünk végéig tart, csak arra buzdít, hogy bánjunk egymással tisztelettel, mert Isten gyermekei vagyunk. Ez a vers nem azt mondja, hogy már a földön meggyógyultunk minden betegségből, sőt azt sem, hogy minden meg nem vallott bűnünk következményeit megúszhatjuk.

Pál ugyanannak a levélnek egy későbbi részében még mindig azt mondja, hogy a mennybe tartó, Szent Szellemmel betöltött címzettjei „új teremtések Krisztusban" (hívők), akik elkezdtek Isten erejében járni, de még nem békültek meg Istennel a múltjuk (azaz a megtérésük előtti életük) minden dolgát illetően:

„Mert félek ... Hogy mikor újra odamegyek, megaláz engem az én Istenem ti köztetek, és sokakat megsiratok azok közül, a kik ezelőtt vétkeztek és meg nem tértek a tisztátalanságból, paráznaságból és bujaságból, amit elkövettek."

(2 Korinthus 12:21)

Pál igen gyötrődött. Az ellenség megvakította ezeket a tanítványokat, hogy ne lássák azokat az átkokat (démoni belépési pontokat), amelyek múltbeli döntéseik miatt voltak az életükben! A korinthusiak nyilván annyira lelkesek voltak üdvbizonyosságuk és a szellemi ajándékaik miatt, hogy sokan nem is akartak gondolni arra, hogy az ellenség még mindig hozzájuk férhet.

Ha elfogadjuk Jézust, mint Megváltónkat, bekerülünk Isten családjába és megváltozik a végállomásunk, ahol az örökkévalóságot töltjük majd; nem a pokolba tartunk, hanem a mennybe. Amikor majd odaérünk, felkiálthatunk: „Megmenekültem (a pokoltól)!", de még a mennybe tartó hívőknek az életében is meg kell történnie annak a folyamatnak még itt a földön, amelynek során kiiktathatjuk életünkből a büntetést, az átkot és a bűnös állapotot (1 Thesszalonika 5:23).

Végül, minden ember, keresztények és nem keresztények egyaránt elszenvedik a földön múltbeli, jelenlegi és még elkövetkező bűneik gyümölcseit, de ugyanakkor jutalmat kapnak Isten szerinti viselkedésükért. A földi viselkedésre vonatkozó jutalmazásnak és büntetésnek van örökkévaló (mennyei) rendszere is:

> „...*a kegyesség mindenre hasznos, meglévén benne a jelenvaló és a jövő életnek ígérete. Igaz ez a beszéd, és méltó, hogy mindenképpen elfogadjuk.*"
>
> (1 Timóteus 4:8-9)

A 6. függelékben, amely a *Szabadító szolgálatról* szól, még többet megtudhatsz arról, hogyan szüntethetjük meg az ellenség bejárási jogát az életünkben.

Szabadító szolgálat

FÜGGELÉK

1.0 Bevezetés – a szabadságra vezető út

Ezt a könyvet végigolvasva rájöttünk, hogy a kommunizmus idején átélt sok dolog megnyitott minket gonosz szellemek befolyása előtt. Ha jelentős mértékű gyógyulást és szabadulást akarunk kapni a kommunizmus idején elszenvedett sérüléseinkből, számíthatunk rá, hogy szükségünk lesz szabadulásra. Ahhoz, hogy megszabaduljunk a démoni uralomtól, egyrészt bíznunk kell Krisztusban, aki megszabadít minket, másrészt valamennyire ismernünk kell az ellenség módszereit, amelyekkel rabszolgaságba hajt minket. Ebben a függelékben ezeket vizsgáljuk meg.

Az alapelv így szól: amikor vétkezünk, alkalmat adunk az ellenségnek arra, hogy rabszolgává tegyen minket.

„Felele nékik Jézus: Bizony, bizony mondom néktek, hogy mindaz, a ki bűnt cselekszik, szolgája a bűnnek."

(János 8:34)

Ettől azonnal felvetődik bennünk néhány kérdés: milyen bűnei voltak a kommunizmusnak és hogyan jöhetek ki az ezekből származó rabszolgaságból. Ezeket könyvünk két részében fejtettük ki (Özvegyek, árvák és foglyok), de nem magyaráztuk el bővebben a szabadító szolgálat mögött rejlő alapelveket.

Most lépjünk tovább: vizsgáljuk meg a szabadulás néhány alapelemét, hogy a szolgálathoz rendelkezzünk némi alapszintű tudással arról, hogy miként szabadulhatunk meg és hogyan szabadíthatunk meg másokat a démoni befolyás alól. Ha nem tudjuk mindezt, lelkünk ellensége továbbra is kihasznál és legyőz minket, amikor megpróbálunk szentségben járni, károsítja egészségünket, megfoszt a bővelkedéstől és megakadályozza, hogy az igazság és jogosság munkásaivá váljunk. Rendkívül sebezhetők vagyunk az ellenség részéről, ha nem ismerjük valamelyest a jelen függelékben feltárt anyagot.

„Elvész az én népem, mivelhogy tudomány nélkül való."

(Hóseás 4:6)

2.0 Ki szolgálhat szabadítással

Ha megvizsgálnánk Jézus mindazon gyógyítását, amelyekről az Újszövetség beszámol, azt látnánk, hogy hozzávetőleg a harmadrészük közvetlenül és egyértelműen köthető a betegekből történő démonűzéshez. A gyógyulásnak ezt a fajtáját nevezzük szabadító szolgálatnak. Jézus azt mondta, hogy mi, hívők, ugyanígy fogunk eljárni.

„Bizony, bizony mondom néktek: A ki hisz én bennem, az is cselekszi majd azokat a cselekedeteket, a melyeket én cselekeszem; és nagyobbakat is cselekszik azoknál; mert én az én Atyámhoz megyek."

(János 14:12)

A Jézusban hívők kiűznek gonosz szellemeket a szenvedőkből, ahogyan Jézus is tette. Ezt Jézus nevében végzik a Szent Szellem erejével. Isten azt akarja, hogy vegyünk részt ebben a szolgálatban.

„És előszólítván tizenkét tanítványát, hatalmat ada nékik a tisztátalan lelkek felett, hogy kiűzzék azokat, és gyógyítsanak minden betegséget és minden erőtelenséget."

(Máté 10:1)
A Máté 28-ban Jézus kiterjesztette ezt a hatalmat minden hívőre, aki úgy döntött, hogy a tanítványaként él, tehát engedelmeskedik a parancsainak.

3.0 Ismerd az ellenségedet!

3.1 Az ellenség tervei

Lehet az az első benyomásod, hogy a szabadítás ijesztő vagy megfélemlítő tevékenység. Talán azt kívánod, bárcsak sosem találkoznál gonosz szellemekkel, pedig valószínűleg már átélted gonosz szellemek működését önmagadon vagy másokon keresztül, csak nem ismerted fel. Amint tovább fejtegetjük a témát, egyre kellemesebben és egyre nagyobb biztonságban érzed majd magad; talán lelkesedni is kezdesz majd azért, hogy eltávolíthatod a Sátán befolyását a saját életedből és másokéból.

Először is azt kell tudnunk, hogy léteznek gonosz szellemek (démonok) és ellenállnak Isten Királyságának, tehát Isten céljainak és népének is. Másodszor, amint a jelen függelék 2. szakaszában láttuk, nekünk, újjászületett hívőknek, akik alávetettük magunkat Krisztusnak, hatalmunk van a démonok fölött. Nem ők állnak fölöttünk. Ennek a hatalomnak a gyakorlásához egy kicsit többet kell tudnunk a gonosz szellemekről és egyéni, valamint csoportos működésükről.

„Öltözzétek föl az Isten minden fegyverét, hogy megállhassatok az ördögnek minden ravaszságával szemben."

(Efézus 6:11)

„Mert nem vér és test ellen van nékünk tusakodásunk, hanem a fejedelemségek ellen, a hatalmasságok ellen, ez élet sötétségének világbírói ellen, a gonoszság lelkei ellen, melyek a magasságban vannak."

(Efézus 6:12)

A démonok szellemi lények. A második égben laknak (lásd 1. függelék 8.3. rész). Ki tudják terjeszteni gonosz befolyásukat a földre, mert az emberiség feljogosította őket erre a bukásával és a korokon végigvonuló, folyamatos bűnös viselkedésével – ebbe napjaink is beletartoznak. A démonok dolga az, hogy a Sátán befolyását behozzák a földi világba. Ehhez olyan embereket használnak, akiknek az életébe bejuthatnak a szellemi kapukon keresztül, amelyeket az érintettek bűnei, vagy az elszenvedett bántalmazások és életük más sérülései nyitottak ki.

3.2 Hogyan dolgozik az ellenség

A démonok szellemi lények, ezért belenyúlhatnak életünk bármelyik fizikai és szellemi részébe. Hatást gyakorolhatnak a testünkre és a lelkünkre. Ők okoznak sok testi erőtlenséget és betegséget, valamint folyamatosan igyekeznek úgy befolyásolni minket, hogy segítsük a Sátán munkáját.

Valószínűbb, hogy a démonok akkor tudnak hatni ránk, azaz arra késztetni, hogy valami rosszat mondjunk vagy tegyünk, amikor a legkevésbé tudunk uralkodni magunkon (mondjuk túl fáradtak vagyunk, stresszben vagyunk, érzelmi nyomás alatt állunk vagy egy vita közepén találjuk magunkat). Nem igazán irányítanak minket, inkább mi döntünk úgy, hogy engedünk javaslataiknak, nyomásuknak. Az a gond, hogy általában nem jövünk rá, hogy egy gonosz szellem manipulál minket, és a befolyásukat a saját gondolatainknak, értékelésünknek véljük. Durvább esetekben, amikor az akaratunkból már többet átadtunk a démonoknak, kialakulhat bennünk kényszeres viselkedés, ami már nem áll tudatos akaratunk és elménk uralma alatt.

3.3 Hogyan vethetünk véget az ellenség közvetlen hozzáférésének az életünkhöz

A Sátán szolgái, a démonok a saját bűneink és családunk bűnei révén nyernek közvetlen hozzáférést az életünkhöz. Besétálhatnak a munkahelyünkre, elvonulhatnak a titkárnőnk mellett és kérdezés vagy előzetes bejelentkezés nélkül beléphetnek az irodánkba. Kedvük szerint bejöhetnek a lakásunkba, egyenesen a hálószobánkba. Amikor a munkahelyünkön, a gyülekezetben vagy bárhol máshol egy csoport előtt állunk, hogy beszéljünk hozzájuk, felléphetnek a színpadra és megvádolhatnak, összezavarhatnak, vagy megszégyeníthetnek minket. Nem állíthatjuk le őket, mert a bűnünk hívta be őket az életünkbe.

Nem csak az elménkhez van joguk, hanem a testünkhöz is: a bőrünkhöz, a hajunkhoz, a szerveinkhez, a csontjainkhoz, az ízületeinkhez és a csontvelőnkhöz, a vérünkhöz, az izmainkhoz, a hájunkhoz és az inainkhoz. Szabadon beléphetnek az érzelmeinkbe és a gondolkodásunkba. Benyomulnak a döntéseinkbe és a terveinkbe.

Minden pont, ahol úgy döntöttünk, nem engedelmeskedünk Isten útjainak, nyitott ajtó az ellenség befolyása előtt. Noha megmenekültünk a pokoltól és a menny a végső úti célunk, a földön az ellenség előidézheti korai halálunkat, szétrombolhatja az életünket, és bűnre csábíthat.

Amikor megtudjuk, hogy Jézus Krisztus megment minket, ez olyan, mintha az Úr felhúzna egy vitorlát az életünk kis csónakjára és a Szent Szellem elkezd minket az Isten kívánta irányokba fújni. Ha azonban közelről megvizsgáljuk a csónakunkat, sok lyukat látunk rajta azokon a pontokon, ahol vétkeztünk, tehát a múlt zátonyra futásainak nyomainál. Ezeken keresztül folyamatosan szivárog be a víz, és ezzel lelassít minket és veszélyezteti az életünket. Ez a nem kívánt és változó súly hat a pályánkra, és ahogy csónakunk egyre merül, mélyebben lévő zátonyokba ütközünk és szaporodnak a lyukak. Aztán, amikor megpróbáljuk megszabni az életünk pályáját, de nem tanácskozunk a Szent Szellemmel, újra és újra zátonyra futunk, és minden esetben több lék és gyengeség támad az életünkben.

Sokaknak azt tanították, hogy amikor elfogadják Jézust a Megváltójuknak, megszűnnek múltbeli életük hatásai. Ez igaz abban az értelemben, hogy beléphetünk a mennybe (lásd az *Időleges kontra mennyei* című 5. függeléket), de minden bűn jogot ad az ellenségnek a belépésre, azok is, amelyeket megtérésük előtt követtünk el – épp úgy, mint az előző példában: a csónakon minden lyuk beengedi a vizet.

Az a kérdés, hogy mivel tömhetjük be a lyukakat. Hogyan szüntethetjük meg az ellenség hozzáférési jogát az életünkhöz? Először is, fel kell ismernünk, hogy a bűn miatt életünk adott területei nyitottak az ellenség befolyása és behatolása előtt. Ezután Jézus vérével be kell zárnunk ezeket az ajtókat (belépési pontokat) – azokat is, amelyeket mi nyitottunk meg, és azokat is, amelyeket családunk bűnei idéztek elő (vagyis a generációs bűnök; 4. fejezet: *A család bűnei*).

Nagyon egyszerű folyamattal megszüntethetjük az ellenség hozzáférési jogát az életünkhöz.

3.4 A bennünk lakozás/befolyásolás jogának a megszüntetése

- Valljuk meg bűneinket (illetve családunk bűneit) egymásnak.
- Bocsássunk meg önmagunknak és felmenőinknek, akik ezekkel a bűnökkel lehetővé tették, hogy az ellenség belénk hatoljon!
- Térjünk meg a megnevezett bűneinkből és a közvetlen vérvonalunkon hozzánk elérkezett bűnökből is.
- Fogadjuk el a bűnbocsánatot Jézus nevében!

Az első lépés az ellenség életünkhöz fűződő jogainak az eltörlése. A második az ellenség jelenlétének a megszüntetése. Ha egy bűn jogot ad egy démonnak az életünkhöz, azt a démont nem tudjuk kiűzni a testünkből és a lelkünkből. Miután viszont eltöröltük azt a jogot Jézus vérével, már nem túl nehéz elűzni a démont a közelünkből. Akkor könnyebbülünk meg, amikor végül sikerül eltávolítani.

3.5 Az ellenség kiűzése a keresztények életéből

- Jézus nevében parancsold meg a démonnak, hogy menjen el.
- Tartsd nyitva a szemed és figyeld, mi történik!
- Valahogyan bizonyságot kell kapnunk arról, hogy történt valami. Bizonyítékra van szükségünk, hogy valami távozott. Ezt végső soron a Szent Szellem adja meg egy szellemi felismerésünkön vagy a testi látásunkon keresztül, de az is lehet, hogy az tesz bizonyságot, aki megszabadult. Ha Isten nem adja jelét, hogy a szabadulás megtörtént, akkor nem lehetünk biztosak benne.

4.0 Alapismeretek a szellemi világról

A fentiekben elmondtuk: Jézus hatalmat adott nekünk a gonosz szellemek fölött, mégis lehet, hogy azok nem mennek el azonnal, amikor ezt megparancsoljuk nekik. Nézzük meg ezt kicsit alaposabban, hogy felfedezzük ennek okát és megtudjuk, hogyan orvosolhatjuk a problémát.

A hadseregek tábornokainak és az iskolai tanároknak ismerniük kell tekintélyük hatókörét, az alájuk rendeltek tulajdonságait és azt, hogyan működnek egyenként és testületileg. Nem elég, ha valaki ragyogó stratéga vagy kiválóan ismeri a tantárgyát. A sikerhez ismernünk kell azokat is, akik alánk tartoznak. Még a hatalom és a tudás együttese sem elég. Abban a birodalomban is el kell igazodnunk, amelyben tevékenykedni szeretnénk. Vizsgáljunk meg hát néhány alapfogalmat a démonokról és a szellemi világok működéséről.

4.1 A gonosz szellemek jelleme és tulajdonságai

A démonok szellemi lények. Van értelmük, tudásuk, tapasztalataik és érzelmeik. Ismerik az Írásokat és tudják, hogy a keresztényeknek hatalmuk van fölöttük. Ezeknek a gonosz szellemeknek a legfőbb főnöke a Sátán, de a hatalmat a démonok általában egymás fölött lévő rangszinteken gyakorolják, ami hasonlít a hadseregek felépítésére.

Ha feladatukat nem tudják végrehajtani egy ember, egy gyülekezet, egy felekezet stb. életében, büntetést kapnak. A démonok teremtmények. Eredetileg angyalok voltak, de úgy döntöttek, hogy csatlakoznak a Sátán lázadásához. Noha valóban kivettettek Isten jelenlétéből, és megszűntek mennyei feladataik, jelentős szellemi erejük maradt.

4.2 Az ellenség felismerése

A démonok, akiknek zaklatniuk kell a föld lakóit, adott munkaköröket látnak el (ez lehet kéjvágy, perverzió, hazugság, megtévesztés, halál, bálványimádás, zűrzavar, erőtlenség, vakság, eretnekség, gyilkosság, függőségek és még sok egyéb). A démonoknak lehet nevük, mint szellemi egyéneknek, de ez minket nem érdekel. Amikor megszólítunk egy démont, hogy távozást parancsoljunk neki, vagy megkötözzük (vagyis megtiltjuk, hogy cselekedjen egy adott helyzetben és időszakban), az a legkönnyebb és a legjobb, ha a feladatköre szerint azonosítjuk, pl.: „halál szelleme", vagy még egyszerűbben „halál".

Néha nem vagyunk egészen biztosak benne, hogy egy adott bűnnel milyen szellemek léptek be egy emberbe. Így nehezebb néven szólítani a démont. Ilyen esetben, ha a Szent Szellem nem jelenti ki a nevüket, azonosíthatjuk a démonokat annak az ajtónak, vagyis bűnnek a megnevezésével, amin keresztül bejöttek. Pl.: „minden szellem, amely ezen a hazugságon keresztül jött be, parancsolom nektek Jézus nevében, hogy azonnal távozzatok!" A szabadulás bonyolultabb akkor, ha valakibe rendszeres bejárásuk volt a démonoknak, mert az illető benne volt hamis vallásokban és kultuszokban, vagy olyan rendszerekben, mint a kommunizmus. Ilyenkor nem lehet minden démont egyszerre eltávolítani egy gyűjtő paranccsal, hogy mindegyik távozzon, amelyik ezen a gyakorlaton keresztül jött be.

Ezekkel vagy egyenként vagy kisebb csoportokként kell elbánni. A csoportokat jellegük, munkakörük vagy belépési pontjuk szerint azonosítjuk. Pl. „azok, amelyek a vörös úttörőnyakkendő viselésén keresztül jöttek be". Ha azonban azokat a démonokat akarjuk eltávolítani, amelyek az úttörők kiképzésén keresztül jöttek be valakinek az életébe, akkor a tanításon tételesen végig kell mennünk; meg kell vallani mindegyik bűnös tételt, és meg kell térni belőle. Ezután űzhetjük ki az egyes lépések démonait (lásd a 10. fejezetet: *Szabadulás a kommunizmustól – a szolgálat folyamata*). Ez ellentétesnek tűnhet azzal, amikor Jézus egyszerre űzött ki sok démont egy emberből a Márk 5:9-ben, de azok mind a „Légió" gyűjtőnév alatt működtek. Továbbá, azok a démonok elismerték Jézus tekintélyét, mint aki „a Magasságos Isten Fia" (a bűntelen).

A démonizáló rendszereket, amilyen a kommunizmus is, uralkodó szellemek irányítják, amelyek segítenek összehangolni a különböző démonok erőfeszítéseit, amelyek a rendszerben dolgoznak. Jézus „erős embernek" nevezte ezeket az uralkodó szellemeket, mert a tekintélyük alatt lévő csoport összesített ereje az övék, az egész a rendelkezésükre áll. Ilyen uralkodó szellemek, az alájuk vetett csoporttal együtt, lakozhatnak egyetlen emberben, és ezzel kicsit bonyolultabbá teszik a szabadulás folyamatát, hiszen nem elég csupán kiűzni egy démont. Minthogy nem csak egy szellem tartózkodhat az emberben, a társaik segítségével sokszor könnyebben ellenállnak a kiűzésnek. Jézus megadta a stratégiát, hogy elbánhassunk szervezetten működő gonosz szellemekkel is.

„Avagy mi módon mehet be valaki a hatalmasnak házába és rabolhatja el annak kincseit, hanemha megkötözi előbb a hatalmast és akkor rabolja ki annak házát?"

(Máté 12:29)

A szabadítás folyamatában a hatalmunkkal megkötözhetjük a magasabb rangú vagy tekintélyű démonokat, amíg a kisebbeket kiűzzük. Az erős ember ereje megsokszorozódik, amikor megparancsolja más szellemeknek, hogy vele együtt álljanak ellen a kiűzésnek. Ha megkötözzük a magasabb rangú szellemeket, ezzel megtiltjuk nekik, hogy segítsenek az alacsonyabb rangúaknak ellenállni a kiűzéssel szemben.

Általánosságban véve egyszerű a stratégiája annak, hogy embereket megszabadítsunk ilyen szellemi szervezetektől, amelyek mondjuk a kommunizmus alatt felépültek: meg kell kötöznünk a magasabb rangú szellemeket, hogy ne védhessék a csoportjukat, és aztán ki kell űznünk a démonokat, akiknek már nincs segítőjük. Ebben a folyamatban többnyire azokkal a démonokkal kezdjük, akik a legrégebben léptek be az illetőbe. A kommunizmus esetében azokkal indítunk, amelyek a legkorábbi fogadalmakon és szertartásokon (vagyis a kisdobosságon, majd az úttörőségen) keresztül jöttek be.

Amikor már jobban megtanultuk, hogyan működnek a gonosz szellemek bizonyos helyzetekben, elkezdhetjük megállapítani, hogy egy adott démoni rendszerben általában milyen erős ember (uralkodó szellem) van. A kommunizmusban számos erős ember tevékenykedett, némelyiknek a leírását alább olvashatod.
Az egyik démoni birodalom vagy csoport vezetője Jézabel. Ő az erős ember és alacsonyabb rangú démonok tartoznak hozzá:

- Megtévesztés és hazugságok
- Zűrzavar
- Hitetlenség
- Gúnyolódás
- Bálványimádás, stb.

Egy újabb birodalomban a Halál az erős ember a maga alárendelt démonjaival:

- Erőtlenség
- Gyilkosság, stb.

FÜGGELÉK

Egy további birodalomban az Antikrisztus az erős ember, az alárendelt démonok pedig:

- Káromlás
- Antiszemitizmus
- Ateizmus
- Evolúció (darwinizmus), stb.

5.0 Összefoglalás a szabadító szolgálat folyamatáról

5.1 Felkészülés: az ellenség jogainak megszüntetése
- Megvalljuk saját bűnünket (bűnös gyakorlatunkat).
- Megtérünk saját bűnünkből.
- Bűnbocsánatot kapunk Jézus nevében. Ezek a lépések eltörlik a démonok jogát ahhoz, hogy személyes bűneink miatt zaklassanak minket.
- Megvalljuk a vérvonalunkban lévő közvetlen elődeink bűneit.
- Megtérünk a bűnös gyakorlatból (megtagadjuk azt).
- Megbocsátunk családtagjainknak, akik elkövették azokat.
- Jézus vérét helyezzük önmagunk és vétkező elődeink közé. (Ezek a lépések eltörlik a démonok jogát ahhoz, hogy családunk bűnei miatt zaklassanak minket.)

5.2 Szolgálat – a szabadítás folyamata
- Kötözd meg az adott erős embert (az uralkodó szellemet, aki az éppen kiűzés alatt álló démon főnöke).
- Parancsold meg Jézus nevében annak a gonosz szellemnek (neve, munkaköre szerint), aki a bűnön keresztül lépett be az érintettbe, hogy távozzon!
- Figyeld, mi történik! Ha nincs közvetlen bizonyságod az Úrtól, vagy abból, amit látsz, kérdezd meg azt, akiért imádkozol,

hogy mi történt, és hogy érzi magát. Figyeld, hogy javul-e az állapota!
- Ha bizonyságod van arról, hogy szabadulás történt, köszönd meg Istennek a kedvességét és az irgalmát!
- Kérd meg Istent, hogy zárja be a szellemi kaput, ami lehetővé tette, hogy ez a szellem (vagy csoport) bejöjjön az emberbe.
- Hívd a Szent Szellemet, hogy tisztítsa meg a lelkigondozottat attól, ami elhagyta az életét, és töltse is be Önmagával.
- Ha nem kapsz megerősítést arra, hogy a démon elment, meg kell kérdezned az Urat, mi ennek az oka. Több ok is lehet, mondjuk egyéb, rejtett bűn, rossz hozzáállás, észre nem vett ősi bűn, stb. Azokon a területeken kell szolgálni, amelyekre a Szent Szellem felhívja a figyelmedet. Ezt követően újra szólnod kell azokhoz a szellemekhez, amelyek korábban nem akartak elmenni.

Legjobb a szabadító szolgálat fent vázolt lépéseit olyan tanítványképzési vagy lelkigondozói alkalom keretében megtenni, ahol legalább egy, de lehetőleg két megbízható, újjászületett keresztény van velünk, aki ismeri a Krisztusban kapott hatalmát és tud is abban tapintatosan működni; tudniuk kell, hogyan használhatják Isten igéjét a lelkigondozás és imaszolgálat ajándékán belül. Legalább az egyik lelkigondozó legyen olyan nemű, mint akiért imádkozunk!

Tudd, hogy a szabadító szolgálat fenti lépéseit életünk minden területére alkalmazhatjuk. Ezért, ha fogadalmak, szertartások és oktatások egész sorozata kötözött meg, lehet, hogy többször végig kell járnod a fenti lépéseket, mire a bűn mindezen területeit sikerül kitisztítani.

Ez a függelék nem kimerítő tanítás a szabadulásról. Csak meg akarta osztani e könyv olvasójával a démonok kiűzésének gyakorlati, biblikus módját. Ha az újjászületett, Szent Szellemmel betöltött olvasó követi az egyes témákhoz leírt imamintákat, ahogyan ebben a könyvben szerepelnek, akkor elegendő információ áll a rendelkezésére ahhoz, hogy önmaga is megszabaduljon.

Ezt a könyvet önsegítő eszköznek szánjuk, hogy könnyebben megszabadulhass a szellemi károsodástól és szennyeződéstől, ami azért ért, mert a szovjet típusú kommunista rendszerben éltél. Még sok mindent elmondhatnánk a démonokról és a szabadító szolgálatról – egész könyvek születtek már a témáról.

Ha többet akarsz tanulni minderről, még olvashatsz könyvekről, tanfolyamokról és más dolgokról is a következő oldalon.

Carpe diem
(Latin: Ragadd meg a napot!)

Carpe diem – ezt a kifejezést gyakran idézik Homérosz egyik latin verséből. Népszerű fordítása: „Ragadd meg a napot!" Ha azonban jobban megvizsgáljuk a kor kultúráját, inkább úgy fejezhetjük ki a mondás jelentését: használjuk ki a lehető legjobban az életünkben adódó lehetőségeket.

Ha ez a könyv áldást jelentett neked, elmondjuk, hogy további lehetőségeid is vannak az Istenben való növekedésre, az Ő megismerésére és arra, hogy megtanulj Vele járni.
Ha többet akarsz, ragadd meg az alkalmat: látogasd meg e könyv számára létrehozott honlapot: http://www.FreedomTruths.com

- Az Özvegyek, Árvák és Foglyok más nyelven (angol és román). Előkészületben: orosz, német stb.
- Tudj meg többet a szerzőről
- Fedezz fel más könyveket, melyek segítenek szellemi növekedésedben
- Értesülj képzési és oktatási lehetőségekről
- Lépj velünk kapcsolatba, ha szeretnéd, hogy a szerző meglátogassa gyülekezeted egy konferencia vagy kurzus keretében
- Küld el véleményed vagy bizonyságtételed e könyvvel kapcsolatban

ÚJ SOROZAT

AZ IGAZSÁG ÉS SZABADSÁG SOROZAT

Ezek a könyvek képezik az *Igazság és szabadság sorozat* első három darabját. Az Ellel Ministries, nemzetközi gyógyító és szabadító szolgálat kiemelkedő tanításán alapszanak. A könyvek mélyreható betekintést adnak azokra a kulcskérdésékre vonatkozólag, amelyek visszatartják az embereket életcéljuk elérésétől, és gyakorlati lépésekkel szolgálnak szabadságuk elnyerését illetően. Világszerte sok keresztényre volt nagy hatással az Ellel Ministries tanítása, amely húszéves imaszolgálati és képzési tapasztalatot tudhat maga mögött. A továbbiakban megjelenésre váró címek: Gyógyulás szabadulás által 1. és 2. kötet (átdolgozott és bővített kiadás), Lelki kötelékek, Harag, Bántalmazás, Befedezettség, Gyógyulás és közbenjárás, Szabadság a kontroll csapdájából, Az életet élni érdemes, Megbocsájtás: Isten mesterkulcsa

www.ingramcontent.com/pod-product-compliance
Lightning Source LLC
Chambersburg PA
CBHW060457090426
42735CB00011B/2017